método 4

DE ESPAÑOL

B2

Libro del alumno

ESPAÑOL LENGUA EXTRANJERA

Coordinadores
Salvador Peláez Santamaría y Sara Robles Ávila

Autores
Diana Esteba Ramos
Francisca Miranda Paredes
Salvador Peláez Santamaría
Purificación Zayas López

ANAYA ñ ELE

Coordinadores

Salvador Peláez Santamaría, profesor del Área de Lingüística General y coordinador académico del Centro Internacional de Español de la Universidad de Málaga

Sara Robles Ávila, profesora titular del Departamento de Filología Española I de la Universidad de Málaga

Autores

Diana Esteba Ramos, profesora del Departamento de Filología Española I de la Universidad de Málaga

Francisca Miranda Paredes, profesora del Centro Internacional de Español de la Universidad de Málaga

Salvador Peláez Santamaría, profesor del Área de Lingüística General y coordinador académico del Centro Internacional de Español de la Universidad de Málaga

Purificación Zayas López, profesora del Centro Internacional de Español de la Universidad de Málaga

3.ª reimpresión: 2018

Equipo editorial
EDICIÓN Y COORDINACIÓN: Milagros Bodas y Sonia de Pedro
ILUSTRACIÓN: Ximena Maier
CUBIERTA: Proyectos gráficos/PGA
DISEÑO Y MAQUETACIÓN: Mar Morales
CORRECCIÓN: Ana Orenga
EDICIÓN GRÁFICA: Nuria González y Mar Morales
ESTUDIO DE GRABACIÓN: Anaya Educación

Fotografías

Archivo Anaya (Balaguer, T.; Cosano, P.; Jove, V.; Lezama, D.; Moya, B. H.; Quintas, D.; Ramón Ortega, P.-Fototeca de España; Redondo, M.; Ruiz, J.B.; Sánchez, J.; Valls R.); 123 RF / Quick Images.

Fotografía de cubierta

Getty Images

© DE LA AUTORÍA: Diana Esteba Ramos, Francisca Miranda Paredes, Salvador Peláez Santamaría y Purificación Zayas López
© DE LA COORDINACIÓN: Salvador Peláez Santamaría y Sara Robles Ávila
© DE LOS DIBUJOS Y GRÁFICOS: Grupo Anaya, S. A.
© DE ESTA EDICIÓN: Grupo Anaya, S. A. 2014

DEPÓSITO LEGAL: M-18075-2014
ISBN: 978-84-678-3043-9
PRINTED IN SPAIN

Las normas ortográficas seguidas en este libro son las establecidas por la Real Academia Española en su última edición de la *Ortografía*.

EL000417/1E3I - 1181422

MÉTODO ANAYA ELE:
UNA PROPUESTA INNOVADORA

MÉTODO Anaya Ele se presenta como una **propuesta innovadora** en el campo de la didáctica del Español que pone de manifiesto los avances en el ámbito de la enseñanza-aprendizaje de las segundas lenguas y de las lenguas extranjeras no solo desde el punto de vista teórico y procedimental sino desde la experiencia de un grupo de autores y coordinadores que, apoyados en las directrices técnicas y doctrinales de la ciencia, han plasmado en este método **lo mejor de la tradición** y de las **nuevas corrientes metodológicas.**

COMUNICACIÓN / PRAGMÁTICA

Son los dos pilares sobre los que se fundamenta **MÉTODO Anaya Ele. La lengua es comunicación y en este método resultan clave los aspectos pragmáticos, discursivos y los usos culturales de la lengua.** Así hemos querido plasmarlo en el manual, ya que todos los contenidos vienen demandados por una necesidad comunicativa y aparecen contextualizados en actuaciones auténticas. El objetivo es que el estudiante no solo desarrolle su competencia lingüística, sino también que produzca mensajes adecuados y apropiados a las situaciones de uso y a los fines para los que se construyen, que atienda a los aspectos codificados de la lengua y la cultura y, gradualmente, nivel tras nivel, a los no codificados, a los significados y a los sentidos, al contenido completo que se actualiza en una comunicación concreta. En definitiva, perseguimos desarrollar en el estudiante extranjero la **competencia pragmática,** entendiendo por tal la que se ocupa de la comunicación en toda su complejidad y extensión.

FOCO en el ALUMNO

MÉTODO Anaya Ele centra la atención en el **estudiante,** eje del **proceso de enseñanza-aprendizaje.** Por ello, se le asigna una función plenamente activa en todo momento y en todas las secciones que conforman las diferentes unidades del manual: atendiendo a sus motivaciones e intereses, incentivando su participación, promoviendo la reflexión, animándolo a la interacción significativa, ejercitando todas las destrezas y, en suma, facilitándole el aprendizaje de la lengua y la cultura.

MÉTODO Anaya Ele se dirige a estudiantes extranjeros jóvenes y adultos que desean aprender español con una secuencia didáctica perfectamente graduada, que va desde el nivel A1 hasta el nivel C2, y que sigue atentamente los presupuestos y las recomendaciones del *Marco común europeo de referencia para las lenguas* (MCER) y del *Plan curricular del Instituto Cervantes* (2007).

CONOCIMIENTO Y EXPERIENCIA: GARANTÍA DEL MÉTODO

Los equipos de trabajo de **MÉTODO Anaya Ele** poseen una **sólida formación** específica en el campo de la enseñanza de ELE y una **demostrada experiencia docente** con estudiantes extranjeros. Han combinado el saber teórico en el ámbito de la didáctica de lenguas extranjeras, fruto de la investigación y de la docencia universitaria como profesores especialistas y responsables de la línea de investigación dedicada a la enseñanza de ELE en los estudios de grado, máster y doctorado de la Universidad de Málaga, y la labor docente en el área de la enseñanza de español con alumnos y alumnas extranjeros. Esa doble vertiente –bien fundamentada metodológicamente y experimentada en el día a día de la docencia– se percibe con claridad en las páginas de este método y es la garantía de su valor. Este manual es, pues, la plasmación de una metodología que se fundamenta en las buenas prácticas que han surgido de tres ejes complementarios: **la formación, la investigación y la experiencia de sus promotores.**

INTENSIVO Y EXTENSIVO

MÉTODO Anaya Ele es un curso de español que ofrece una secuencia, pensada para desarrollarse en unas 80-100 horas de clase; y una sección *¡extra!* en cada unidad, diseñada como material para cubrir un curso extensivo o como complemento de refuerzo del curso intensivo. El manual se caracteriza por ofrecer un rico banco de prácticas que permite al docente y al estudiante avanzar en los contenidos y reforzarlos en su funcionalidad comunicativa.

Hemos querido mostrar un caudal extenso de propuestas didácticas, de manera que ni el profesor ni el estudiante sientan que les falta material para lograr los objetivos que se marcan en cada unidad del libro.

No obstante, la secuencia didáctica permite adaptar el método a cursos intensivos más breves y modularlo para alumnos que tengan distinto grado de dificultad en el aprendizaje de ELE. Además, como complemento perfecto del Libro del Alumno se ha elaborado el Cuaderno de Ejercicios, que se presenta como un valioso material de apoyo y de refuerzo de todos los contenidos aprendidos en las distintas unidades.

Su estructura en dos partes permite el manejo autónomo por parte del estudiante y la localización de las prácticas que desee trabajar en cada momento. En la sección **CONCENTRADOS EN LA LENGUA** el foco se dirige a las cuestiones lingüísticas tanto gramaticales como léxicas, fonéticas y ortográficas; mientras que en **CONCENTRADOS EN LAS DESTREZAS** se atiende a la puesta en práctica y a la ejercitación de las habilidades comunicativas orales y escritas, receptivas y productivas. Asimismo, esta última sección está diseñada también para la ejercitación de los contenidos por destrezas siguiendo de cerca el modelo de actividades de los **exámenes DELE.**

UN MÉTODO GRADUADO, DINÁMICO, CLARO

En el **MÉTODO Anaya Ele** se ha puesto mucha atención en la graduación y secuenciación de los contenidos de cada unidad, de manera que el estudiante vaya avanzando progresivamente sin tropiezos, sin lagunas. Para ello, hemos tratado de combinar el *input* con la consolidación y el refuerzo como un principio básico del método, de manera que en todo momento el estudiante se sienta capaz de desarrollar las acciones que se le proponen con los recursos que previamente se le han facilitado.

Hemos tratado de que la producción comunicativa a lo largo de cada unidad fluya natural en contextos de usos cercanos, necesarios e interesantes para el alumno.

ESTRUCTURA

El Libro del Alumno consta de **10 unidades** articuladas en cuatro secciones más el apartado *¡extra!*

Arrancamos con CONTEXTOS, sección entendida como la puerta por donde entra y sale la comunicación. En esta primera parte aproximamos a los alumnos a los contenidos de la unidad. En **CONTEXTOS** vamos a encontrar muestras de lengua (oral y escrita) en uso, textos aportados, *input* de entrada pero también actividades productivas en las que se va a pedir al estudiante que se exprese, que produzca mensajes, que genere un *output* empleando sus conocimientos previos, su experiencia o su intuición surgida a partir del *input* motivador aportado. Se trata de un primer acercamiento de carácter general a determinadas cuestiones lingüísticas y comunicativas programadas en la unidad.

▶ **Nos concentramos en** OBSERVA, APRENDE Y RECUERDA la sección dedicada a la **reflexión sobre el funcionamiento de la lengua** y a las conceptualizaciones **a partir del cuestionamiento.** Este espacio muestra la concepción metodológica que es la base del manual: asignar a los alumnos un papel activo en el proceso de enseñanza-aprendizaje para que, desarrollando su capacidad de inferencia, puedan ser capaces de ir descubriendo por sí mismos reglas, usos y estrategias de comunicación en español. En **Observa, Aprende y Recuerda** vamos a encontrar contenidos lingüísticos que el alumno, en una primera fase, tendrá que intentar descubrir a partir de muestras de comunicación por medio de estímulos, de sugerencias y de una incitación bien pautada.

Posteriormente, se presentan cuadros de contenidos explícitos tratados en la unidad (reglas, funciones, usos, recomendaciones, etc. sobre aspectos morfosintácticos, léxicos, fónicos, ortográficos, pragmáticos, culturales...). El objetivo de estos cuadros es proporcionar al estudiante de manera clara, concisa y ordenada las cuestiones lingüísticas de cada unidad que le sirvan para confirmar sus inferencias y como material de consulta.

▶ **Ejercitamos los contenidos en** PRACTICA. Es un espacio para ensayar el *input* y concentrarse en la lengua mediante prácticas destinadas a la interiorización, a la aprehensión y automatización de reglas, usos y funciones; en definitiva, se trata de **la fijación de los contenidos lingüísticos.** En esta fase el estudiante será capaz de generar productos comunicativos como respuesta a un extenso corpus de ejercicios orales y escritos de reflexión y ensayo lingüísticos.

▶ **Finalmente, en la sección** EN COMUNICACIÓN animamos a los alumnos a la producción más libre, menos pautada, más próxima a los hablantes nativos de español, a través de actividades orientadas a **la ejercitación comunicativa** y centradas en la **transmisión de significados.** El estudiante en esta sección hace un uso personal de los recursos y de las herramientas que se le han proporcionado a lo largo de toda la unidad; tiene que activar su aprendizaje previo y ponerlo en uso, en comunicación auténtica en contextos reales y próximos a su entorno vital.

▶ Y para acabar cada unidad, se incluye la sección

¡extra!

que consta de tres áreas:

✔ **¡EXTRA! CONTEXTOS**
✔ **¡EXTRA! PRACTICA**
✔ **¡EXTRA! EN COMUNICACIÓN**

Está concebida como material para un curso extensivo que permita cubrir un mayor número de horas de clase, aunque en cursos de menor duración esta parte se puede usar como complemento de alguna o de todas las secciones de la unidad. En este espacio no se introducen contenidos nuevos sino que se refuerzan los de cada unidad mediante la **ampliación** de contextos de uso, nuevas prácticas formales centradas en la lengua y en su funcionamiento, y **minitareas de comunicación** semidirigidas y libres.

UN MÉTODO COMPLETO

MÉTODO Anaya Ele es una gran apuesta editorial que ofrece recursos muy variados para dar respuesta a las necesidades de los alumnos y profesores de español en el proceso de enseñanza-aprendizaje de ELE. Se compone de los siguientes materiales:

Libro del Alumno + CD audio
Cuaderno de Ejercicios + CD audio
Libro del profesor + CD audio

ÍNDICE

	Funciones comunicativas	Contenidos gramaticales
► Unidad 1		
¡Qué tiempos aquellos! pág. 12 Situación comunicativa: **Recordando anécdotas**	• Describir lugares, objetos • Narrar • Comenzar y continuar un relato • Controlar y reaccionar ante el interlocutor • Expresar planes e intenciones • Expresar deseo, proponer y aconsejar • Saludar	• Usos del presente de indicativo • Los pasados del modo indicativo • Nuevos usos del pretérito imperfecto: acción interrumpida o modificada, imperfecto de conato, lúdico, onírico… • Condicional simple: probabilidad, deseo, recomendación, petición cortés… • Revisión del futuro simple • El género y número de los sustantivos
► Unidad 2		
¡Ojalá tuviera buenas vistas! pág. 32 Situación comunicativa: **Buscando piso**	• Expresar deseos (I) • Expresar probabilidad • Expresar ánimo, tranquilidad y consuelo.	• El imperativo • Revisión del presente de subjuntivo • Los tiempos de pasado de subjuntivo: pretérito perfecto, imperfecto y pluscuamperfecto • Oraciones de deseo • Oraciones de duda y probabilidad • El adjetivo: prefijación, sufijación y posición
► Unidad 3		
Y tú, ¿cómo lo ves? pág. 50 Situación comunicativa: **Leyendo y comprando en la red**	• Pedir y dar opinión • Expresar aprobación, desaprobación y prohibición • Expresar acuerdo y desacuerdo • Expresar certeza y evidencia o falta ambas • Expresar obligación y necesidad • Expresar ruego, deseo (II), gustos y sentimientos • Corregir o precisar una información	• Oraciones sustantivas: verbos de opinión, actitud, conocimiento y percepción • Verbos de sentimiento y obligación • Expresiones de certeza y valoración • Correspondencia de tiempos • *Ser y estar* + adjetivos: cambio de significado o matiz • La estructura *Lo que es / está es* + adjetivo • Prefijos que cambian el significado de las palabras: negación, tiempo, tamaño, oposición
► Unidad 4		
Por un mundo mejor pág. 70 Situación comunicativa: **El medioambiente en el día a día**	• Expresar finalidad • Expresar causa • Expresar modo • Expresar impersonalidad (I) • Reformular en la conversación • Reclamar por escrito	• Oraciones causales y finales • Oraciones modales • Valores de *SE:* impersonalidad, pasiva-refleja, verbos de movimiento con cambio de significado, voz media, mitigador de la responsabilidad • Cuantificadores e indefinidos
► Unidad 5		
Queremos un pueblo… pág. 92 Situación comunicativa: **¿Campo o ciudad?**	• Expresar condición • Amenazar • Expresar concesión • Aconsejar	• Oraciones condicionales con diferentes nexos • Oraciones concesivas: alternancia modal • Uso de diferentes nexos concesivos • Oraciones reduplicadas con valor concesivo

Contenidos léxico-semánticos	Contenidos socioculturales	Contenidos pragmáticos	Contenidos fonéticos y ortográficos
• Léxico de las relaciones sociales y familiares • Expresiones con *ser* • Relaciones de amistad	• Relaciones de amistad • Estereotipos y valores relacionados con algunos nombres: *ser una maruja, ser un donjuán…* • Convenciones sociales: bodas, reunión de antiguos compañeros de clase… • Expresiones de identidad colectiva: refranes, frases y modismos • Nombres: apodos e hipocorísticos	• Fórmulas de intercambio social • Fórmulas para los encuentros: *¿qué es de tu vida?, por ti no pasan los años, te dejo…* • Marcadores ordenativos del discurso • Textos narrativos	• Combinaciones silábicas: diptongo, triptongo
• Léxico relacionado con la vivienda: construcción, compra, alquiler… • Edificios públicos: monumentos, museos, iglesias…	• Arquitectura religiosa española • Vivienda y mercado inmobiliario	• Fórmulas de agradecimiento: *se lo agradezco, no sabe cuánto se lo agradezco…* • Intensificación de los elementos del discurso: superlativo absoluto con prefijos tipo (*súper-, extra-, archi-, ultra-* / con repetición del sustantivo • Fórmulas para tranquilizar y consolar: *venga, vamos, tranquilízate, no te pongas así…*	• Revisión de la pronunciación de las letras *g/j* • Ortografía: palabras con *g/j*
• Léxico relacionado con la información y la comunicación: prensa escrita, televisión, radio e Internet • Léxico relacionado con las actividades artísticas: música y danza, escultura…	• Repercusión de los medios de comunicación en la vida diaria: compras por Internet, radio • Participación de los ciudadanos en los medios de comunicación	• Conectores contraargumentativos: *a pesar de, no obstante, sin embargo, en cambio* • Conectores de contraste: *mientras que, en cambio* • Adverbios evaluativos: *afortunadamente, desgraciadamente, curiosamente* • Verbos performativos para atenuar los mandatos: *rogar, pedir…*	
• Léxico relacionado con el medioambiente • Accidentes geográficos • Léxico relacionado con la economía	• Particularidades geográficas • Utilización de los nombres de animales para virtudes y defectos • Mantenimiento y limpieza de espacios públicos: reciclaje	• *Se* mitigador de la responsabilidad. • Conectores reformuladores: • *Mejor dicho, de todas forma, en cualquier caso, por cierto, …* • Escritos formales (I): cartas de reclamación	• Repaso de las normas de acentuación
• Léxico sobre espacios urbanos y rústicos y su abastecimiento: servicios de trasportes, servicio postal, servicio sanitario, servicios sociales • Léxico sobre viajes y alojamientos turísticos	• Tipos de viajes: guiados, tercera edad, fin de estudios…; ecoturismo, turismo de aventura…; turismo idiomático… • Formas de viajar	• Valores pragmáticos en el contraste indicativo / subjuntivo con los conectores concesivos	

ÍNDICE

	Funciones comunicativas	Contenidos gramaticales
▶ Unidad 6		
Cuando haya encontrado un trabajo — pág. 114 Situación comunicativa: **En busca de trabajo**	• Expresar tiempo • Rechazar un tema o un aspecto de él • Interrumpir una conversación • Concluir un relato • Expresar impersonalidad (II)	• Oraciones temporales: anterioridad, posterioridad, inmediatez, simultaneidad y delimitación de la acción • El futuro perfecto (I): expresión de una acción futura anterior a otra acción futura • Uso del artículo neutro • Sufijos derivativos: *ería, -ero/-era, -ismo, -ción, -sión, -cción, -miento, -mento, -dor/-dora, -tor/-tora* • Impersonalidad a través de la 2.ª persona del singular, de la 3.ª persona del plural, del pronombre *uno/una* y de la expresiones *todo el mundo, la gente*
▶ Unidad 7		
No solo de trabajo vive el hombre — pág. 136 Situación comunicativa: **Planes de ocio**	• Expresar consecuencia • Expresar la voz pasiva • Usar distintas perífrasis verbales • Conectar las distintas partes de una narración y reformular	• Oraciones consecutivas con indicativo: conectores consecutivos e intensificadores • Pasiva con *ser* y *estar*: pasiva de acción / pasiva de resultado • Perífrasis verbales de infinitivo, gerundio y participio
▶ Unidad 8		
Toca cuidarse — pág. 154 Situación comunicativa: **Cuidando la salud**	• Expresar probabilidad en el pasado, presente o futuro • Expresar cambio y transformación • Expresar negación	• Futuro perfecto (II): probabilidad en el pasado cercano • Condicional compuesto: probabilidad en el pasado • La expresión de la probabilidad con indicativo y subjuntivo • Marcadores de probabilidad • Verbos de cambio: *ponerse, quedarse, hacerse, volverse*
▶ Unidad 9		
A pedir de boca — pág. 174 Situación comunicativa: **Distintas formas de comer**	• Definir y describir • Intensificar el discurso	• Alternancia modal en las oraciones de relativo • Oraciones de relativo explicativas y especificativas • Oraciones de relativo sin antecedente • Uso de los adverbios relativos *donde* y *como* • *Por* y *para*
▶ Unidad 10		
El horóscopo decía que… — pág. 192 Situación comunicativa: **Astrología y supersticiones**	• Trasmitir las palabras de otros	• Estilo indirecto: verbos introductores y correlación temporal • Uso de los pronombres de Sujeto • Uso de los pronombres de Objeto de Directo e Indirecto • Pronombre neutro *lo*
Transcripciones — pág. 212	**Glosario** — pág. 229	

Contenidos léxico-semánticos	Contenidos socioculturales	Contenidos pragmáticos	Contenidos fonéticos y ortográficos
• Léxico relacionado con el mundo laboral • Léxico relacionado con la organización del Estado	• La venta ambulante • Conciliación laboral y familiar • La incorporación al mundo laboral de los jóvenes y la movilidad • Los tres poderes del Estado: legislativo, ejecutivo y judicial	• Fórmulas para interrumpir una conversación, concluirla o rechazar hablar de un tema: *hablando de otra cosa, y nada, antes de que se me olvide…* • Gestos significativos para la comunicación durante la entrevista de trabajo • Escritos formales (II): cartas de presentación, currículum vítae	
• Léxico relacionado con las actividades de ocio • Léxico relacionado el mundo de las compras	• El sector del ocio y del tiempo libre • La cultura del deporte	• Estructuradores de la narración: de inicio, de continuidad y de cierre • Marcadores reformuladores de la información: explicativos, recapitulativos, rectificativos, de distanciamiento y digresores	• Distinción entre *sino / si no*
• Léxico relacionado con la salud	• Establecimientos de belleza y salud: clínicas, balnearios • Hitos de la sanidad en España e Hispanoamérica • Medicinas alternativas y complementarias • La salud de las personas mayores	• Tipos de negación: reiterada, enfática, reafirmante, artificiosa (con negación atenuada)	
• Léxico relacionado con la cultura gastronómica • Léxico relacionado con los estudios • Expresiones coloquiales con preposiciones	• Origen de algunos platos españoles o hispanoamericanos • Establecimientos de restauración • Diferentes formas de educar	• Intensificación de los elementos del discurso con elementos suprasegmentales • Textos descriptivos	• Paréntesis, corchetes, comillas, guion, raya y barra
• Léxico relacionado con los signos del Zodíaco • Léxico del carácter y la personalidad • Léxico de los sentimientos y estados de ánimo	• Supersticiones y creencias populares: las meigas, la santería, las brujas, Noche de San Juan, Día de Todos los Santos…	• Cambio en el orden de los elementos oracionales: reduplicación del Objeto Directo e Indirecto; presencia obligatoria del pronombre de Objeto Directo antepuesto excepto en oraciones exclamativas e interrogativas • Citas encubiertas para eludir la responsabilidad de lo dicho o señalar que la información viene de terceros	

¡Qué tiempos aquellos!

▶ **Necesitamos aprender**

- Los tiempos de indicativo
- El género y el número de los sustantivos
- Fórmulas de intercambio social

▶ **Para**

- Describir y narrar
- Expresar planes y aconsejar
- Controlar y reaccionar ante el interlocutor

1 ¡Cómo pasa el tiempo!

► **A** 🕙 **1 01** Maribel y Juanjo recuerdan su época universitaria mientras ven un álbum de fotos. Escucha y lee su conversación. ¿Seguís en contacto con antiguos compañeros de clase? ¿Pertenecéis a alguna asociación de antiguos alumnos?

Maribel: Cuando ves estas fotos te das cuenta de lo rápido que han pasado estos años.

Juanjo: Sí, y de cómo hemos cambiado. ¡Ay, fíjate qué jovencito estaba yo aquí, con ese flequillo y esas gafotas que llevaba…!

Maribel: Ja, ja, ja, es verdad. Por aquel entonces solo nos conocíamos de vista, pero en esta otra foto ya habíamos empezado a salir juntos.

Juanjo: ¡Qué tiempos aquellos! Fue, si no recuerdo mal, cuando terminamos el primer año de carrera. Fíjate lo guapa que estás aquí, Maribel.

Maribel: ¡Qué melena más larga tenía, madre mía, casi no me reconozco!

Juanjo: Te quedaba muy bien.

Maribel: ¿Eso significa que te gustaba más antes?

Juanjo: No, mujer, ahora también estás estupenda. Por ti no pasan los años…

Maribel: ¡Qué exagerado eres!

Juanjo: Mira, este de aquí es Pepe el Sabelotodo. ¿Te acuerdas de él? Se pasaba el día entero rodeado de libros. Era un auténtico ratón de biblioteca pero también era un donjuán: todas las chicas estaban locas por él.

Maribel: Es verdad. Hace siglos que no lo vemos. Juan sabrá algo de él, era su mejor amigo.

Juanjo: ¡Hombre!, aquí está la Modelitos; me parece que se llamaba Alicia, ¿no?

Maribel: Ah, no me la recuerdes; ¡qué mal me caía! Nos miraba a todas por encima del hombro.

Juanjo: No te pases, podías ser más objetiva. Eso no es del todo cierto… Mira, aquí estamos en la cena de fin de carrera con algunos de nuestros profesores: Miguel, el de Literatura; María, la de Filosofía… ¡Qué recuerdos!

Maribel: Desde luego, como aquel día que entra un perro en clase y todos empezamos a reírnos, y va el profe y no dice ni pío. ¡Como si fuera normal!

Juanjo: Sí, es verdad, siguió dando la clase como si nada y el pobre perro al final salió de allí asustado.

Maribel: ¡Qué risa! Oye, un momentito…

Juanjo: ¿Qué estás pensando?

Maribel: No estaría mal celebrar una cena de antiguos alumnos, así podíamos reencontrarnos y recordar viejos tiempos. ¿No te parece?

Maribel: Bien pensado, vamos a intentar contactar con ellos.

Juanjo: Perfecto, a ver cómo lo organizamos.

► **B** Pensad en cómo habéis cambiado en los últimos años: ropa, peinado, forma de pensar…, y comentadlo con vuestros compañeros.

> Yo antes estaba más delgado que ahora.

> Pues yo llevaba gafas, pero me operé de la vista hace más o menos cuatro años.

► **C** Maribel y Juanjo utilizan un mote o apodo para referirse a algunos compañeros. Es una práctica muy habitual en los pueblos y en los centros escolares. ¿Sucede lo mismo donde tú vives? ¿Tienes algún mote? ¿Conoces a alguien que lo tenga? Explica su significado.

> Sí, en mi pueblo es normal poner apodos a la gente. A mi vecino le llamamos el Prisas porque siempre va corriendo a todas partes.

► **D** Fíjate en las expresiones resaltadas, analiza el contexto y explica su significado.

▶ **E** En el diálogo, Maribel y Juanjo hablan de dos compañeros: Pepe, el Sabelotodo, y Alicia, la Modelitos. ¿Por qué creéis que sus compañeros los llamaban así?

> Posiblemente, Pepe…

> Yo creo que Alicia…

> No sé, no sé… A lo mejor…

▶ **F** 🕐**1 02** En la actividad 1 A se expresa la probabilidad en el pasado con el condicional simple. Ahora escucha cada intervención y relaciona. Después escribe en tu cuaderno dos ejemplos más para cada propuesta.

Intervención 1.ª — Expresar un deseo

Intervención 2.ª — Expresar recomendación

Intervención 3.ª — Posterioridad respecto a un momento pasado

▶ **G** 🕐**1 03** A continuación vas a oír los motes de otros compañeros de Maribel y Juanjo. Escucha las descripciones que hacen de cada uno de ellos y relaciónalas con el mote más adecuado.

1
2
3
4

El Juergas

El Bocatas

El Numeritos

El Lirón

▶ **H** Imagina cómo serán, vivirán o qué harán los antiguos compañeros de Juanjo y Maribel en la actualidad.

El Lirón antes se pasaba todo el día durmiendo, pero yo creo que ahora dormirá poco porque posiblemente tendrá hijos, a lo mejor mellizos, y tendrá que trabajar mucho para mantenerlos…

2 ¿Y sabes qué pasó aquel día…?

▶ **A** En el diálogo de la actividad 1 A Maribel y Juanjo nos cuentan una anécdota que sucede en clase. Localízala en el texto. ¿En qué tiempo aparecen los verbos? ¿Cuál es la intención de utilizar este tiempo si realmente se están refiriendo a un hecho del pasado?

- ▶ Yo creo que será para…
- ▶ Es posible que sea con la idea de…

▶ **B** Ordena las palabras que aparecen en la siguiente ficha y podrás comprobar si tu respuesta es correcta o no.

> ● presente *El* usa con indicativo valor pasado *información* de (x2) se para la actualizar
>
> El _____ información.

▶ **C** Recuerda una anécdota de alguna de tus clases u otro momento. Luego expónsela a tus compañeros usando este tiempo verbal. Presta atención a los recursos que aparecen en la sección de GRAMÁTICA Y LÉXICO para introducir un tema y reaccionar.

> \> ¿Sabéis qué? El otro día en el aeropuerto, mientras esperábamos nuestro vuelo, una mujer que parecía una maruja **va, enciende** una radio… y **se pone** a escuchar ópera ensimismada.
>
> \< ¡Anda! Normal, es que basta de estereotipos, ¿no?

▶ **D** ¿Recuerdas otros usos del presente de indicativo? Relaciona las dos columnas.

Usos

1. Verdades universales y refranes.
2. Acciones que suceden en el momento en que hablamos.
3. Acciones habituales, costumbres.
4. Hechos pasados: en la conversación oral coloquial para dar más actualidad a lo que se cuenta.
5. Hechos pasados en la narración escrita, para dar más vivacidad a la historia.
6. Dar órdenes que deben cumplirse inmediatamente y sin discusión.
7. Hechos futuros: cuando se presenta la acción como segura o planificada.

Ejemplos

a) *Dentro de un año celebramos nuestras bodas de plata.*

b) *¡Te comes todo el plato y te callas! ¡Estoy hasta las narices!*

c) *España gana el Mundial en 2010.*

d) \> *¿Puedo poner un poco la radio?*
   \< *No, sabes que cuando conduzco no me gusta.*

e) \> *¿Vienes mucho por aquí?*
   \< *Sí, prácticamente todos los sábados.*

f) *Para saber hablar es preciso saber escuchar.*

g) \> *¿Por qué discutiste el otro día con Carlos?*
   \< *Pues no va y me dice que si no le voy a devolver los cien euros que le debo… ¿Es que no se fía de mí o qué?*

3 ¿Llegué, llegaba, llegaría, había llegado?

▶ **A** En la actividad 1 A, Juanjo y Maribel cuentan varias acciones relacionadas con el pasado pero con diferentes matices. Busca ejemplos donde el verbo exprese estas acciones.

1. Una acción terminada en el pasado: _____

2. Una acción puntual, única: _____

3. Una acción pasada conectada con el presente: _____

4. Una acción pasada anterior a otra acción también pasada:

_____

5. Características del pasado: _____

6. Acciones habituales: _____

7. Una petición formal o propuesta: _____

▶ **B** Ahora observa los dibujos y relaciónalos con la oración que mejor explique lo que ves en ellas.

1.
Cuando ya había llegado a casa, al cabo de un rato, encontré mi móvil, ¡menos mal!

2.
Cuando llegaba a casa, encontré el móvil: se me había caído del bolso por la mañana.

3.
Cuando llegué a casa, encontré mi móvil en el suelo, ¡qué despistada ando últimamente!

▶ **C** 👥 Ahora, en parejas, completad las siguientes afirmaciones con el nombre del tiempo verbal adecuado.

1. Para expresar una acción terminada en el pasado usamos _____.

2. Para expresar una acción puntual o única usamos _____.

3. Para expresar una acción pasada conectada con el presente usamos _____.

4. Para expresar una acción pasada anterior a otra acción o momento también pasado usamos

_____.

5. Para hacer una petición formal o proponer algo usamos _____.

4 Yo iba a… pero…

▸ Lee algunas de las cosas que los hijos de Maribel y Juanjo les dicen a veces y conecta cada texto con el valor de pretérito imperfecto correspondiente.

TEXTOS

1 Mamá, no te enfades, yo **iba a terminar** los deberes, pero mi hermano me ha quitado el lápiz. Por eso no los he terminado.

2 Papá, anoche soñé que **vivía** en otro planeta y que **había** un montón de extraterrestres.

3 **Podíais pasar** más tiempo con nosotros, siempre estáis muy ocupados.

4 De verdad que **pensábamos ordenar** la habitación, pero es que mamá nos llamó para merendar y nos fuimos para la cocina.

5 **Debías dejarnos** ver un ratito más la tele, hoy es sábado. Eres demasiado estricto.

6 ¿Que qué **estábamos haciendo** cuando entró el profesor en clase? Pues nada, no sé por qué se enfadó.

7 **Pensábamos** que estabais enfadados con nosotros. ¡Uf, menos mal!

8 Mamá, jugamos a que tú **eras** una princesa y yo un pirata, ¿vale?

VALOR DEL IMPERFECTO

A Pensamiento o creencia interrumpidos por el contexto.

B Intención de hacer una acción que se interrumpe o se frustra por algo.

C En el lenguaje infantil para simular situaciones.

D Narración de hechos soñados.

E Crítica atenuada.

F Acción pasada interrumpida o modificada por otra.

5 No es lo mismo

▸ **A** Recuerda que en español hay verbos que no pueden usarse sin pronombres personales y otros que cambian de significado o adquieren un matiz diferente en función de si se utilizan con pronombres o no. Relaciona ambas columnas.

▪ Verbos reflexivos (*ducharse,…*)	La acción la efectúan varios sujetos, unos en otros o unos con otros.
▪ Verbos con pronombre de objeto indirecto (*molestar,…*)	Se construyen con los pronombres *me, te, le, nos, os, les.*
▪ Verbos recíprocos (*abrazarse,…*)	La acción la hace y la recibe el mismo sujeto.

▶ **B** 👥 Ahora, en parejas, observad las fotos, leed las situaciones y corregid, si es necesario, las estructuras en negrita. Decid por qué.

1

El chico **está mirándose** un cuadro.

> *Yo creo que «**está mirándose**» es incorrecto porque, en esta situación, el verbo no necesita el pronombre se.*

< *Sí, es verdad. Entonces lo correcto sería «**el chico está mirando un cuadro**».*

2

La chica **le mira** en el espejo porque se está arreglando para salir.

_____

3

¡Qué bien me lo he pasado este fin de semana! **Quedé con** mis amigos porque hacía tiempo que no salíamos juntos.

_____

_____

4

La pareja **se mira** con amor y ternura.

_____

5

Me parece que voy a pedir otra talla, este pantalón **queda** grandísimo.

_____

_____

6

Clara tiene que **quedarle** en la cama, tiene fiebre y dolor de garganta.

_____

_____

7

Me encanta **bañar** a los niños, se lo pasan bomba jugando juntos en el agua.

_____

_____

8

Hoy **hemos bañado** en la playa: el agua estaba genial.

_____

_____

Gramática y léxico

Usos del presente de indicativo

– En los refranes y para hablar de verdades universales, de realidades atemporales.

*La memoria **es** como el mal amigo; cuando más falta te **hace**, te **falla**.*

*La Tierra **gira** alrededor del Sol.*

– Para narrar hechos del pasado con más cercanía: presente histórico.

*García Lorca **nace** en Granada en 1898.*

– Para actualizar en la lengua oral acciones pasadas.

*Pues mira, el otro día **va** uno y me **dice** que soy igual que un amigo suyo y que si **tengo** un hermano gemelo…*

– Para dar órdenes que deben cumplirse enseguida.

*Ahora mismo me **dices** la verdad o no **sales** de aquí.*

– Para acciones futuras muy seguras o planificadas.

*Tranquilo, si **salimos** la semana que viene, te **avisamos**.*

Algunos usos del pretérito imperfecto

– Expresar una acción pasada interrumpida o modificada por otra, por el contexto o por el discurso.

***Me estaba echando** una siestecilla cuando sonó el teléfono.*

– Pensamiento o creencia interrumpida por el contexto.

*¡Vaya! **No sabía** que fumabas. (Ves a un amigo tuyo fumando).*

< ¿Quieres que vayamos a la ópera?

*> ¡Anda! **Creía / Pensaba** que no te gustaba la ópera.*

– Expresar una intención interrumpida por algo: imperfecto de conato.

*Justo cuando **iba** a salir de casa, me llamó mi jefe.*

– Valor lúdico y onírico: narración de hechos soñados.

*Venga, ahora tú me **pedías** un helado y yo te lo **preparaba**…*

*He soñado que **volaba** y **veía** la ciudad desde arriba y sentía cosquillas en el estómago.*

– Crítica atenuada.

***Podías** haberme ayudado un poco más.*

*Creo que **debías** ser más diplomático.*

Usos del condicional simple

– Para expresar un deseo.

*Me **encantaría** acompañarte, pero es que estoy muy ocupado.*

– Para expresar recomendación.

*Yo **volvería** a pedirle perdón.*

– Para criticar o aconsejar con suavidad.

***Deberías** ser más educado.*

***Podrías** pensar antes de hablar.*

– Para expresar posterioridad respecto a un momento pasado.

*Me comentó que hoy **llegaría** más tarde.*

– Petición cortés.

*¿Te **importaría** acompañarme al despacho?*

– Para expresar probabilidad o falta de seguridad en el pasado.

*Anoche **serían** las diez cuando llegué a casa.*

*¿Dónde **irían** anoche mis padres?*

◄ ◄ ◄

▣ Gramática y léxico

EL SUSTANTIVO: GÉNERO

- **Femenino**
  - Normalmente, los terminados en *-a,* excepto *día, sofá, planeta, mapa, pijama, problema, tema, idioma, sistema* y el nombre de los colores (*el rosa*).
  - Palabras terminadas en *-tad, -dad, -tud, -ción, -sión, -triz, -anza, -ancia, -encia, -ez, -umbre, -isis, -tis, -zon* (excepto *corazón, buzón, caparazón*).

  → **ATENCIÓN:** Las palabras femeninas en singular que empiezan con *a-* tónica se usan con el artículo **el** (*el agua, el hacha*).

- **Masculino**
  - Normalmente, los que terminan en *-o,* excepto *mano, radio, foto y moto.*
  - Las palabras terminadas en *-ú, -é, -í, - és /-es, -or, -al, -aje.*

- Hay sustantivos con **formas diferentes** para masculino y femenino: *marido / esposa, yerno / nuera, actor / actriz, rey / reina, padrino / madrina, caballo / yegua, toro / vaca.*

- Hay sustantivos con **una sola forma** para masculino y femenino: *la persona, la víctima, el fantasma, el delfín macho / hembra.*

- Hay sustantivos que **cambian de significado** según el género: *el puerto / la puerta, el bolso / la bolsa, el pendiente / la pendiente, el ramo / la rama, el manzano / la manzana…*

- Los sustantivos terminados en *-ista* pueden ser masculinos o femeninos: *el / la artista, el / la periodista.*

- Algunos sustantivos **marcan su género con el artículo**: *el / la colega, el / la testigo, el / la guía…*

EL SUSTANTIVO: NÚMERO

- Son invariables los que terminan *-s: el virus / los virus, la crisis / las crisis, la faringitis / las faringitis, el paraguas / los paraguas…*
- Los acabados en *-í,-ú* admiten el plural en *-s* o en *-es: esquís / esquíes, tabús / tabúes…*

→ **ATENCIÓN:** Hay palabras procedentes de otras lenguas que solo admiten el plural en *-s: champú / champús, menú / menús.*

Expresiones con SER

Ser el centro de la fiesta.
Ser un donjuán.
Ser un ratón de biblioteca.
Ser un empollón / una empollona.
Ser una maruja.

Marcadores de la narración

- *Para comenzar / empezar; primero de todo…*
- *Seguidamente; a continuación…*
- *Para terminar / concluir; por último…*
- *Primero… segundo; por un lado… por otro lado; por una parte… por otra parte…*
- *Al cabo de +* tiempo; *después de +* tiempo; *más tarde; luego…*

Relaciones sociales

Saludar

¡Hombre + nombre de pila! *¿Qué tal te va? /¿Qué tal?*
¡Buenas! ¿Cómo andas? ¿Cómo va todo?
¡Cuánto tiempo! ¡Me alegro de verte!
¡Me alegro de que nos encontremos!

Responder al saludo

Fenomenal, estupendamente, tirando…

Enviar saludos

Recuerdos / saludos a… de parte de…
Saluda a / dale recuerdos / dale un abrazo (muy fuerte) a… de parte de…

Introducir un tema y reaccionar

- *¿Sabes qué? / ¿Sabéis qué? ¿Sabes lo de…? ¡No me digas! ¡Es increíble / alucinante!*
- *Oye / Oíd, ¿tienes / tenéis un momentito? Es que queríamos contarte / contaros una cosa.*
- *Sí, ya me lo imagino. ¡Anda! Normal.*
- *(Lo) entiendo / comprendo.*

6 ¿Quedamos?

▶ **A** Juanjo ha conseguido encontrarse con algunos de sus antiguos compañeros de clase en un chat. Completa el diálogo con el verbo en el tiempo correcto: futuro simple, condicional simple, pretérito perfecto o pretérito imperfecto. Puede haber más de una posibilidad.

CHAT

Juanjo ➡ Hombre, Lola. ¿Qué tal? ¿Qué es de tu vida?

Lola ➡ Buenas, ¡cuánto tiempo! ¿Cómo va todo?

Paco ➡ Bien. Yo también estoy aquí, ¿qué pasa?

Maite ➡ Holaaaaaaaa a todos. Me alegro de que nos encontremos, ¿cómo andáis?

Juanjo ➡ Aquí estamos, tirando. Oíd, chicos, _____ (querer, yo) aprovechar la ocasión para proponeros una cena en mi casa.

Pepe ➡ Llego tarde, pero más vale tarde que nunca. ¿_____ (oír, yo) algo de una invitación?

Juanjo ➡ Vaya, ¿qué haces? Bienvenido. Mirad, a Maribel y a mí _____ (gustar) organizar una cena para charlar y recordar viejos tiempos con vosotros. ¿Cómo lo veis?

Maite ➡ Por mí, perfecto.

Lola ➡ Eso ni se pregunta. _____ (echar, nosotros) un buen rato. ¿Podemos ir acompañados?

Juanjo ➡ Claro que sí.

Pepe ➡ ¿Cuándo quedamos?

Juanjo ➡ El día 19 de marzo. Es el próximo sábado.

Pepe ➡ Eso, eso. Así _____ (celebrar, nosotros) mi santo, porque ese día es San José.

Paco ➡ Pues yo ya _____ (ver) lo que puedo hacer. No lo tengo muy claro, depende de mi mujer, ya sabéis que su padre _____ (fallecer) hace poco y está con pocos ánimos, la verdad, pero lo cierto es que _____ (hacer, a mí) mucha ilusión estar con vosotros después de tantos años.

Maite ➡ Hombre, es normal que se sienta deprimida… Así es la vida. En cualquier caso, no te preocupes, tal vez _____ (poder, nosotros) volver a reunirnos más adelante para otra cena, ¿no?

Juanjo ➡ Tranquilo, si no es esta, otra vez _____ (ser).

Pepe ➡ Por cierto, se aceptan regalitos, ¿eh?

Lola ➡ Tú como siempre tan fresco. _____ (poder, tú) tener menos caradura, ¿no? Desde luego, estás como una cabra. ¿Qué mejor regalo que nuestra grata compañía?

Maite ➡ ¡Qué razón tienes, Lola!

Lola ➡ Oye, una cosita, ¿quieres que llevemos algo para la cena? Yo tengo buena mano para los postres.

Juanjo ➡ No, no hace falta. No os molestéis.

Lola ➡ No, si no es molestia en absoluto.

Juanjo ➡ Entonces, el día 19 de 21:30 a 22:00, ¿sí?

Paco ➡ Yo ya te _____ (contar) cómo va la cosa. Te dejo.

Maite ➡ Nos vemos, chao.

Lola ➡ Hasta entonces.

Pepe ➡ _____ (preparar, yo) algunos chistes para amenizar la velada, ja,ja… Dale recuerdos a Maribel de mi parte.

Juanjo ➡ Muy bien, de tu parte. Lo dicho, chicos. _____ (meter, yo) una botella de champán en la nevera para hacer un brindis por todos nosotros. Besos y abrazos para todos.

► **B** Completa estos diálogos con el futuro o el condicional simple de los verbos siguientes. Después contesta a las preguntas y compara tus respuestas con las de tus compañeros.

> Tener   Pensar   Querer   Ir(se)
> Venir   Ser   Comprar   Intentar   Enfadarse

1 **Lola:** No dejo de darle vueltas a la cabeza y no se me ocurre qué le puedo regalar a Pepe por su santo. ¿Tú qué dices, Maite?

Maite: Yo le _____ un libro de chistes para que amplíe su repertorio, siempre nos cuenta los mismos.

Lola: Bien pensado, esa _____ una buena elección.

¿Y TÚ QUÉ LE REGALARÍAS A PEPE? _____

2 **Maribel:** ¿Piensas que Paco _____ a la cena?

Juanjo: Me dijo que lo _____, pero lo tiene difícil.

Maribel: ¡Qué lástima!

¿PACO ASISTIRÁ A LA CENA? _____

¿POR QUÉ? _____

3 **Maribel:** ¿Tienes pensado el menú?

Juanjo: Ya lo _____, no me agobies. Todavía queda tiempo.

Y TÚ, ¿QUÉ MENÚ PREPARARÍAS? _____

4 **Lola:** ¡Qué mal lo del amigo de Paco! ¿Qué le _____? Se fue sin decir nada.

Maite: Ni idea, imagino que _____ por algo que le molestó, pero vete tú a saber qué.

¿Y TÚ POR QUÉ CREES QUE SE MARCHÓ EL AMIGO DE PACO?
_____

5 **Juanjo:** Huy, tengo cuatro llamadas perdidas de Paco en el móvil, ¿qué _____?

Maribel: Imagino que _____ que decirte algo importante.

¿Y TÚ POR QUÉ CREES QUE PACO LLAMARÁ CON TANTA INSISTENCIA A JUANJO? _____

7 Meteduras de pata

► **A** ¿Qué significa *meter la pata*? Elige la definición correcta:

A Colocar el animal en un lugar seguro. ○

B Equivocarse, cometer un error, decir o hacer algo inoportuno. ○

C Introducir la carne de pato en el horno para asarlo. ○

▶ **B** Ahora que sabes el significado de esta expresión, lee las anécdotas que dos personas han subido al blog *Elmetepatas* y complétalas con el tiempo de pasado más adecuado.

ELMETEPATAS

maja91

Lo de meter la pata es lo mío y para muestra, un botón. Todo *(comenzar)* _____ ya en mi tierna infancia. Don Clemente *(ser)* _____ el director de la escuela, pero además nos *(dar)* _____ clase de Lengua. Yo siempre lo *(comparar)* _____ con mi abuelo. *(Tener)* _____ muchas arrugas, *(peinar)* _____ canas y su expresión *(ser)* _____ muy amable. Recuerdo que nos *(explicar)* _____ con una voz muy dulce. Un día cuando ya *(acabar)* _____ de explicarnos la lección, nos *(poner)* _____ algunos ejercicios para practicar y como siempre, cuando *(haber)* _____ algún problema, *(levantarse, nosotros)* _____ de nuestro pupitre y *(acercarse, nosotros)* _____ a su mesa para aclarar nuestras dudas. Como yo no *(tener)* _____ muy claros un par de ejercicios, *(ir)* _____ a su mesa y le *(formular)* _____ mi pregunta. Parece que no me *(él, escuchar)* _____ y *(pegar)* _____ su cara a la mía con la mano puesta en la oreja. En aquel momento yo *(creer)* _____ que quería un beso y, ni corta ni perezosa, le *(dar)* _____ uno en toda la mejilla como los que le *(soler)* _____ dar a mi abuelo. Don Clemente *(echarse)* _____ a reír. Todos mis compañeros me *(mirar)* _____ con cara de sorpresa y yo, claro, *(ponerse)* _____ como un tomate.

En realidad, don Clemente, que estaba un poco sordo, no *(escuchar)* _____ lo que yo le *(decir)* _____ y desde luego, no quería ningún beso. *(Ser)* _____ uno de esos momentos en los que uno piensa: «¡Tierra, trágame!».

Pirineos3

Yo siempre *(ser)* _____ un poco despistada, pero hace unos meses mi despiste fue total. Veréis, *(ser)* _____ aproximadamente las nueve de la noche. *(Llamar)* _____ al timbre y yo *(abrir)* _____ la puerta. *(Aparecer)* _____ frente a mí un hombre y una mujer a los que yo no *(conocer)* _____. «Buenas noches», les *(decir)* _____. Ellos me *(saludar)* _____ efusivamente y me *(dar)* _____ un par de besos. «¿No te acuerdas de nosotros?», me *(preguntar)* _____. Yo les *(contestar)* _____ que no, que en ese momento no *(caer)* _____. «Sí, mujer, somos María José y José María», me *(explicar)* _____.

Yo *(seguir)* _____ sin reconocerlos, pero como *(dirigirse)* _____ a mí con tanta familiaridad, *(suponer)* _____ que era otro de mis despistes, y los invité a pasar y sentarse. Según me _____ *(explicar)* el tal José María *(trabajar)* _____ con mi marido. Yo, mintiéndoles, *(fingir)* _____ que los *(reconocer)* _____. Mientras *(nosotros, esperar)* _____ a mi marido, les *(ofrecer)* _____ algo para tomar. Durante aquellos interminables minutos yo *(tratar)* _____ de recordarlos, pero nada de nada. María José me comentó: «Oye, tú *(cambiar)* _____ mucho, estás más joven». Aquella situación se estaba volviendo ridícula. Menos mal que por fin escuché que la puerta *(abrirse)* _____ y acto seguido *(entrar)* _____ mi marido en el salón donde estábamos. Todos *(mirarse)* _____ en ese instante porque José María *(exclamar)* _____: «¡Hombre, Juan!, pero… si tú no eres Juan!». «¿Y quiénes sois vosotros?», gritó mi marido. Evidentemente, *(ser)* _____ un malentendido. «Estamos buscando a Juan, un chico que es mecánico…», comentó María José. «Ese es nuestro vecino de al lado», *(yo, interrumpir)* _____ aliviada.

No *(nosotros, tener)* _____ más remedio que reírnos por aquel lío. Finalmente se marcharon y yo nunca más he vuelto ni volveré a meter la pata de esa forma…, o eso creo.

▶ **C** Posiblemente tú o algún conocido habéis metido la pata alguna vez. Cuéntaselo a tus compañeros. Entre todos decidid cuál es la peor o la mejor metedura de pata.

▶ **D** 🔊 **1 04** Escucha las siguientes oraciones e indica qué valor tiene el presente de indicativo y un posible contexto.

	INTERVENCIÓN	VALOR	CONTEXTO
1.ª			
2.ª			
3.ª			

8 Cajón de sastre

▶ **A** Todas estas palabras se han mezclado dentro de los cajones. Clasifícalas en la siguiente tabla. Escribe también su forma plural. ¡Ojo! Algunas son especiales.

adolescencia
ambición
arrogancia
comentarista
costumbre
diversión
crisis   esquí
egoísmo   empleado
estrés   faringitis
fiscal   juventud
miércoles
paraguas

pensionista
perseverancia
problema   razón
semejanza
variedad
sistema
situación   tabú
tema   temor
testigo   traje
armonía   sofá
vejez   viaje

MASCULINO SINGULAR	MASCULINO PLURAL	FEMENINO SINGULAR	FEMENINO PLURAL

MASCULINO O FEMENINO (se diferencian por el determinante que las acompañan)	
SINGULAR	PLURAL

▶ **B** Selecciona la palabra adecuada para completar estos diálogos.

1 el bolso / la bolsa

> ¿Te gusta _____ que hay en este escaparate?

< Me encanta, además te quedaría muy bien con los zapatos que te acabas de comprar.

2 el cometa / la cometa

> ¿Por qué llora el niño?

< Porque se le ha roto _____ que había hecho en la escuela.

3 el cura / la cura

> Despés de la operación, tendré que ir a mi centro de salud para _____ de la herida.

< Oye, pues llámame y te acompaño.

4 el ramo / la rama

> ¡Mira qué pajarillo más gracioso hay en _____ del árbol!

< Es verdad, ¡qué pequeñito es! Acaba de salir del nido.

5 el pendiente / la pendiente

> _____ que tienen que subir los ciclistas en la etapa de hoy es muy difícil.

< Yo desde luego pienso verlo en televisión, va a ser muy emocionante.

9 ¿Cielos o celos?

▶ ◐ 1 05 Escucha, repite, escribe y fíjate en la diferencia.

◯

- La unión de dos vocales en una misma sílaba forma un **diptongo**. Fíjate en las combinaciones posibles.

  u + i   /   i + u   → *cuidado, ciudad.*

  i, u   +   a, e, o   → *pie, agua.*

  a, e, o   +   u, i   → *Moisés, pausa, rey, Europa.*

Es importante pronunciar bien los diptongos porque si no lo hacemos, estamos diciendo palabras diferentes.

ℹ FÍJATE: *celos / cielos, reno / reino, vana / vaina.*

- La unión de tres vocales en una misma sílaba se llama **triptongo**.

En el centro **a, e, o + u, i** en los extremos:

estudiéis, Uruguay, odiéis, pronunciéis, buey.

1. _____ / _____
2. _____ / _____
3. _____ / _____
4. _____ / _____
5. _____ / _____
6. _____ / _____
7. _____ / _____

10 Querido diario:

▶ **A** Hace tiempo que Maribel no escribe en su diario, pero ahora está leyendo las páginas en las que cuenta cómo fue el día de su boda. Observa los dibujos y completa las partes que faltan.

Querido diario:

Por fin hemos vuelto de nuestra luna de miel en Italia. Hoy quiero contarte cómo fue el día de la boda. Para empezar, nos casamos en la pequeña iglesia de nuestro pueblo a las seis de la tarde. Primero, como hacen todas las novias, me levanté muy temprano: peluquería, maquillaje... y todas esas cosas que hacemos las mujeres ese día. Durante toda la mañana estuve tranquila. Más tarde, me aseguré de que lo tenía todo preparado encima de la cama: el vestido, los zapatos, las medias, las arras, la liga azul, la vieja pulsera que mi madre llevó el día de su boda, los pendientes..., no faltaba un detalle. El tiempo voló y cuando me di cuenta ya me estaba vistiendo con la ayuda de mis mejores amigas (17:15 horas). Todo controlado, pero luego, de repente, ¡horror!

1 _____ y entonces mis amigas tuvieron que _____. Total, que salí de casa a las seis y cinco y llegué tarde a la iglesia, como tiene que ser, según dice la tradición. La entrada del brazo de mi padre fue el momento más emocionante. Vi a Juanjo frente al altar, ¡qué elegante! Momento mágico que se rompió porque el cura

2 _____

y entonces nos pusimos a discutir.

Afortunadamente, después de unos minutos de tensión, siguió la ceremonia. Intercambiamos la arras y luego los anillos, pero resulta que

3 _____
_____
_____ .

Finalmente, lo conseguí. Después el cura dijo lo de «Puedes besar a la novia». Y luego, al salir de la iglesia, kilos y kilos de arroz cayeron sobre nuestras cabezas; creo que todavía me queda algo. Entonces nos hicimos las fotos, que si una mano aquí y la otra allá, un besito... ¡Madre mía!

A continuación, el banquete, con mucha gente, mucha comida, bebida... y de vez en cuando se escuchaba: «¡Que se besen, que se besen!». Repartimos nuestros regalitos (abanicos para las mujeres y bolígrafos para los hombres). Y después ni te imaginas lo que pasó:

4 _____ .

Así que en lugar de tarta comimos helado.

Y para terminar, el vals que bailamos Juanjo y yo para inaugurar la pista de baile: nos salió HORRIBLEEEEE. No teníamos ni idea de los pasos, pero a nadie pareció importarle. Solo recuerdo besos, abrazos, enhorabuenas... ¡Ah! Y un horrible dolor de pies (desde luego, no sé quién inventaría los tacones, pero seguro que no los probó, je, je...).

Se me olvidaba, el ramo lo cogió mi amigo Carlos... ¡Qué ilusión le hizo! Bueno, ahora tengo que dejarte...

▶ **B** ¿Qué elementos típicos de las bodas en España has leído en el texto?

El ramo de flores es algo típico en las bodas...

▶ **C** Comenta cómo son las bodas en tu país. ¿Hay muchas diferencias con las españolas?

En Corea los novios, después de la ceremonia, se cambian de ropa y se ponen unos trajes tradicionales muy bonitos.

▶ **D** 🔊1 06 Escucha la siguiente información sobre algunos elementos tradicionales de las bodas. Toma nota de los detalles más importantes.

LA TARTA **1**

_____
_____
_____
_____

2 **ALGO VIEJO Y ALGO PRESTADO**

_____
_____
_____

ALGO NUEVO

3

_____
_____
_____

4 **ALGO AZUL**

_____
_____

5 **EL RAMO**

_____
_____
_____

6 **EL ARROZ**

_____
_____
_____
_____

▶ **E** Normalmente, los textos narrativos siguen esta secuencia: situación inicial, complicación, acción, resolución o situación final. Localízalas en el diario de Maribel.

SITUACIÓN INICIAL	Desde _____ hasta _____
COMPLICACIÓN	Desde _____ hasta _____
ACCIÓN	Desde _____ hasta _____
RESOLUCIÓN O ACCIÓN FINAL	Desde _____ hasta _____

1 ¿Qué dirías?

▶ **A** Lee las siguientes situaciones y escribe lo que dirías en cada una de ellas. Fíjate en el ejemplo: debes usar el pretérito imperfecto.

SITUACIÓN: *Te encuentras con un amigo y con su esposa. Te sorprendes porque hacía tiempo que no sabías nada de él.*

*–Hombre, no **sabía** que estabas casado…*

1 Anoche tuviste una pesadilla y se la explicas a tu compañero.

_____

2 Criticas a tu hermano porque pone la música a todo volumen y molesta a los vecinos.

_____

3 El otro día querías ver la última película de Pedro Almodóvar, pero las entradas se habían agotado.

_____

4 Tu compañero te pide las cosas de una manera muy maleducada y tú se lo reprochas.

_____

5 Es sábado y quieres comprar algo en una tienda. Cuando llegas está cerrada.

_____

CERRADO
POR
ASUNTO FAMILIAR

▶ **B** Elige un compañero de clase e imagina cómo sería de pequeño, qué le gustaría y cuáles serían sus hábitos. Completa brevemente esta tabla.

DESCRIPCIÓN: Llevaría gafas y tendría…

_____

GUSTOS: Le encantaría jugar en la calle…

_____

HÁBITOS: Sacaría muy buenas notas porque…

_____

▶ **C** Ahora, sin decir su nombre, descríbeselo a tus compañeros. Ellos tienen que averiguar de quién se trata.

Me parece que estás hablando de Johan porque él un día comentó que de pequeño llevaba unas gafas muy grandes…

2 ¿Dormir o dormirse? Esa es la cuestión

▶ Completa los siguientes diálogos con el verbo más adecuado en el tiempo correcto.

1. DORMIR / DORMIRSE

> ¿Cuántas horas _____ normalmente?

< _____ como mínimo diez horas y además _____ en un santiamén.

2. QUEDAR / QUEDARSE

> Esta noche _____ con Luis y no tengo nada que _____ bien. ¿Podrías dejarme algo?

< Claro, a ver cómo te sienta este vestido, yo solo me lo he puesto una vez.

> Vale, me lo pruebo […] ¿Qué te parece?

< No me gusta demasiado, ¿por qué no _____ aquí un momentito y te busco otra cosita?

3. BESAR / BESARSE

> Me encantó la escena de la película en la que el protagonista _____ a la chica apasionadamente.

< Pues a mí me gustó más el momento final, cuando los dos _____ y se despiden entre lágrimas para siempre.

3 No sabía que…

▶ 👥 Posiblemente, a lo largo de la vida, has descubierto cosas que antes no sabías. Completa el siguiente cuadro y explícaselo a tu compañero, después, si hay algo interesante comentadlo en plenaria.

	MI COMPAÑERO/-A	MI PROFESOR/-A	EL ESPAÑOL	LA CIUDAD DONDE VIVO
NO CREÍA QUE				
NO PENSABA QUE				
NO SABÍA QUE				

Ej.: Yo **no sabía que** mi compañera era azafata de vuelo…

4 ¿Francisco o Paco?

▶ **A** Lee la definición de la palabra «hipocorístico» según la Real Academia Española. En el foro en el que Juanjo habla con sus amigos aparecen algunos. Completa la siguiente tabla con ellos y averigua de qué nombre viene cada uno.

HIPOCORÍSTICO

JUANJO

NOMBRE

Vendrá de Juan + José

hipocorístico adj. *Gram.* Dicho de un nombre, que, en forma diminutiva, abreviada o infantil, se usa como designación cariñosa, familiar o eufemística; p. ej., *Pepe, Charo.*

▶ **B** Ahora lee este fragmento que habla sobre los apellidos españoles. Subraya las palabras que no comprendas, búscalas en el diccionario o pregúntaselas a tu compañero.

En español, el apellido más frecuente con diferencia es García, seguido de algunos muy comunes como González, Rodríguez, López y Fernández, entre otros.
Como en muchas otras lenguas, los apellidos se forman a partir del nombre del padre. En el caso del español se le añade el sufijo -ez. Así, Fernández significa «el hijo de Fernando». Es importante mencionar también el origen judío de otros apellidos. Los judíos que se quedaron en España en 1492 tuvieron que convertirse al cristianismo y cambiaron de apellido. En general, los apellidos que adoptaron fueron, por una parte, los que corresponden a nombres de ciudades y colores, tales como Segovia, Toledo, Rojo, Blanco..., y, por otra, los que hacen referencia a profesiones, como, por ejemplo, Zapatero, Carnicero, Herrero, nombres de plantas y árboles: Manzano, Peral y, por último, nombres relacionados con el cristianismo: Santamaría, Salvador.

▶ **C** ¿Sabes lo que significa el nombre de pila? ¿Tu nombre es tradicional o moderno? ¿Por qué lo eligieron? ¿Tiene algún significado? ¿Cuáles son los nombres más comunes en tu país? ¿Cómo se forman los apellidos en tu idioma?

5 Descubre al mentiroso

▶ **A** Escribe una experiencia increíble que tú o alguien que tú conoces tuvo hace algún tiempo. Tu historia puede ser verdadera o falsa, tú eliges. Ayúdate del siguiente esquema. Ponle un título. Cuéntasela al resto de la clase.

> **TÍTULO:** _____
>
> **¿CUÁNDO?**   *Fue hace un par de años…*
>
> **¿DÓNDE?**   *Estábamos en la playa…*
>
> **¿QUIÉN? ¿QUÉ PASÓ? ¿CÓMO? ¿POR QUÉ? ¿CÓMO TERMINÓ?**

▶ **B** Cuando escuchéis todas las historias, decidid cuáles son falsas y por qué. Si tu historia es falsa, explica a tus compañeros en qué has mentido exactamente.

EJEMPLO

HISTORIA: ENCERRADA EN EL ASCENSOR

> Yo creo que la historia de Melissa, *Encerrada en el ascensor,* es mentira. Melissa, ¿puedes decirnos exactamente cuánto tiempo estuviste encerrada?

< Bueno, no me acuerdo muy bien, es que estaba histérica…

> Oye, creemos que has mentido.

< Bueno, sí, tenéis razón, he mentido, pero no demasiado, porque esto no me pasó a mí, pero sí a una amiga mía…

6 Los chistes de Pepe

▶ **A** Lee algunos de los chistes que Pepe ha preparado para la cena en casa de Juanjo y Maribel. ¿Los entiendes? ¿Te gustan?

Había un cocinero que era tan feo tan feo que hasta las cebollas lloraban cuando lo veían.

En clase de Historia el profesor le pregunta a Jaimito:
> Jaimito, ¿qué ocurrió en 1492?
< No sé, profe, en ese año yo todavía no había nacido.

Dos amigos en la calle y uno le pregunta al otro:
> Chema, ¿qué hora es?
< Las dos y media.
> ¡Qué tarde!
< ¿Por qué no me has preguntado antes?

Una señora va al médico y le dice:
–Doctor, me siento mal.
Y el médico le contesta muy tranquilo:
–Pues siéntese bien, señora.

▶ **B** ¿Te animas? Cuenta a tus compañeros algún chiste corto. Seguro que sabes alguno.

¡Ojalá tuviera buenas vistas!

▶ **Necesitamos aprender**

- Los tiempos de pasado en subjuntivo: pretérito perfecto, pretérito imperfecto y pretérito pluscuamperfecto
- Expresiones para indicar deseo (I)
- Expresiones para indicar duda y probabilidad (I)
- Los adjetivos: prefijación, sufijación y posición
- Fórmulas de agradecimiento y de consuelo
- El léxico de la vivienda: tipos de vivienda

▶ **Para**

- Expresar deseo, probabilidad y duda
- Expresar tranquilidad y consuelo

1 Buscando piso

▶ **A** 🕐 1 07 Ana y Javier han decidido comprarse un piso después de vivir de alquiler varios años. Escucha la conversación y señala verdadero o falso.

V / F

1. A Javier le parece más complicado encontrar piso que a Ana. _____

2. El piso que le propone Ana es un piso más bien pequeño. _____

3. Según sus opiniones, no es muy caro comprar un piso nuevo. _____

4. La pareja no tiene problemas económicos. _____

5. Javier prefiere un piso a las afueras para abaratar costes. _____

▶ **B** Durante la conversación, la pareja hace algunas valoraciones sobre el piso. Para ver si las has comprendido bien, relaciona ahora cada adjetivo marcado con la imagen correspondiente. Construye oraciones en relación con las fotografías.

1. Ana ha visto un piso **supergrande**

2. Ana ha visto un piso **lindo lindísimo**.

3. Javier piensa que ese piso tiene que ser **supercaro.**

4. Javier prefiere un piso más **pequeñito**.

a

b

c

250 €

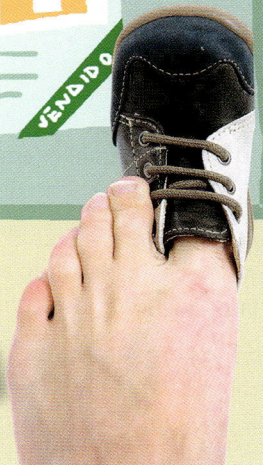

d

> **🔲 ¡Fíjate!**
>
> Para expresar valoración se usan:
> - adjetivos con sufijos: *grandón;*
> - adjetivos con prefijos: *rebonito; extrasuave;*
> - superlativos absolutos por repetición: *guapo guapísimo.*

▶ **C** 🔊 **1 07** Ana y Javier utilizan, durante su conversación, términos relacionados con la vivienda. Escucha de nuevo e identifica cada una de las siguientes definiciones con su entrada.

1. Comprometerse a pagar una carga económica sobre una vivienda: *Firmar una hipoteca.*

2. Pisos que son exteriores, se dice que: _____ .

3. Hacer cambios para mejorar la vivienda: _____ .

4. Empresa o sociedad que se dedica a vender, comprar o alquilar viviendas y locales:

   _____ .

5. Persona que se encarga de la realización de una obra: _____ .

▶ **D** 🔊 **1 08** Al final de la conversación, Javier intenta animar y tranquilizar a Ana porque sabe que no se ha mostrado muy positivo. ¿Recuerdas qué expresiones ha utilizado? Márcalas en el cuadro. Luego escucha y comprueba.

> ¡No te pongas así! - ¡Qué bien! - ¡No puedo más!
> (Seguro que) todo se arreglará
>
> ¡Venga, mujer! - Pero ¿qué dices?
> No me lo esperaba - ¡Cómo no!

▶ **E** 👥 Ahora, preparad situaciones en las que uno de vosotros se sienta desanimado y el compañero o compañera intente animarlo. Podéis utilizar las expresiones y los contextos que os proporcionamos.

EXPRESIONES

Tranquilo, hombre / mujer.
Tranquilízate. / Cálmate. / Relájate.
Ya está. / Ya ha pasado. / Todo tiene arreglo.
(Seguro que) no es nada. / (Seguro que) todo saldrá bien.
¡Venga! / ¡Ánimo! / ¡Vamos!
No hay nada que temer. / Sigue intentándolo.
No te rindas. / Tú puedes. / Lo conseguirás.

🔲 ¡Fíjate!

¿Has observado que también hay **imperativos**?

Además de para dar órdenes, ciertas formas de imperativo se usan para dar ánimo y tranquilizar.

CONTEXTOS

ALUMNO A

1. Te has presentado varias veces para sacarte el carné de conducir, sin éxito. Ya estás muy desanimado.

2. Tu compañero de trabajo ha tenido un accidente y está muy nervioso. Pregúntale qué ha pasado y tranquilízalo.

3. Has estado en una entrevista de trabajo, pero crees que no lo has hecho bien. Estás hecho polvo.

ALUMNO B

1. Anima a tu compañero, porque se encuentra muy triste ya que no ha aprobado el examen del carné de conducir. Ya ha gastado mucho dinero.

2. Estás muy nervioso porque has tenido un accidente. No es grave, pero has llegado tarde al trabajo y tu coche ha quedado hecho un desastre.

3. Tu amiga está fatal porque le ha salido mal una entrevista de trabajo. Tenía mucho interés en este empleo.

2 ¡Ojalá …!

▶ **A** Entre los deseos de Ana está comprar un piso, pero tiene muchos más. Lee la lista que ha elaborado y señala con una X los que tengan más posibilidad de cumplirse. ¿Por qué has llegado a esas conclusiones? Comentadlo en plenaria.

Yo creo que el punto 6 expresa un deseo más posible que el 5, que indica un deseo imposible, ya pasado.

> **○ ¡Fíjate!**
>
> ¿Recuerdas cómo se expresan los deseos?
>
> - *Ojalá* + subjuntivo.
> - *Que* + presente de subjuntivo.

1. Ojalá tuviéramos Javier y yo una casita en el campo para las vacaciones, pero con el sueldo que tenemos…
2. Que el piso de mis sueños tenga unas condiciones económicas a nuestra medida.
3. Ojalá Javier me haya preparado la cena. ¡Llegaré tardísimo con tanto tráfico!
4. Ojalá no se hubiera estropeado ayer el frigorífico. Ahora tendré que llamar al técnico.
5. Ayer compré un décimo de lotería, pero ¡qué lástima! No me tocó. ¡Ojalá me hubiese tocado la lotería!
6. Por favor, por favor, que mi jefe esté de buen humor hoy. Parece que hoy tiene buena cara.
7. ¡Ojalá Javier se haya pasado por la inmobiliaria! Así resolverá todas sus dudas.
8. ¡Ojalá mañana haga un buen día y pueda tomar el sol un poquito en la terraza! ¡Ya estamos en primavera!
9. ¡Ojalá ayer María encontrara las llaves del coche! Se quedó muy preocupada.
10. ¡Ojalá pudiéramos tener unas buenas vacaciones este año! Pero si nos metemos con el piso…

▶ **B** Para expresar los deseos, Ana utiliza diferentes tiempos verbales, entre ellos el presente de subjuntivo. Escríbelos en el cuadro y relaciona la forma con su infinitivo.

Deseos en presente de subjuntivo	Infinitivo
1. Que el piso de mis sueños **tenga** unas condiciones económicas a nuestra medida.	Tener
2. _____	Estar
3. _____	Hacer
4. _____	Poder

SE VENDE
767891011

▶ **C** Fíjate en las terminaciones de las formas verbales anteriores. ¿Con qué vocal forman el presente de subjuntivo? Marca la opción correcta.

Infinitivo en -AR	Vocal -a ☐	Vocal -e ☐
Infinitivo en -ER	Vocal -a ☐	Vocal -e ☐
Infinitivo en -IR	Vocal -a ☐	Vocal -e ☐

▶ **D** En los deseos de Ana aparecen nuevos tiempos verbales: el pretérito perfecto, el pretérito imperfecto y el pluscuamperfecto de subjuntivo.
Lee la ficha y clasifica la lista de Ana según los tiempos verbales.

---

a. El **pretérito perfecto de subjuntivo** se forma con el presente de subjuntivo de HABER + el participio del verbo conjugado.
Hablar: yo *haya hablado.*

b. El **pretérito imperfecto de subjuntivo** se forma como la 3.ª persona plural del pretérito indefinido, pero con la terminación en *-ra* o en *-se.*

Hablar → habl**aron**

hablar**a**, hablar**as**, hablar**a**, hablár**amos**, hablar**ais**, hablar**an**
hablar**se**, hablar**ses**, hablar**se**, hablár**semos**, hablar**seis**, hablar**sen**

→ **ATENCIÓN**
En las oraciones encabezadas por *debiera, pudiera* y *quisiera* no es posible el uso alternativo de la forma en *-se.*

Recoger → recog**ieron**

recog**iera**, recog**ieras**, recog**iera**, recog**iéramos**, recog**ierais**, recog**ieran**
recog**iese**, recog**ieses**, recog**iese**, recog**iésemos**, recog**ieseis**, recog**iesen**

Dormir → durm**ieron**

durm**iera**, durm**ieras**, durm**iera**, durm**iéramos**, durm**ierais**, durm**ieran**
durm**iese**, durm**ieses**, durm**iese**, durm**iésemos**, durm**ieseis**, durm**iesen**

c. El **pretérito pluscuamperfecto de subjuntivo** se forma con el imperfecto de subjuntivo de HABER (en *-ra* o en *-se)* + el participio del verbo conjugado.
Hablar: yo *hubiera hablado* / yo *hubiese hablado.*

	Deseos	Persona gramatical	Infinitivo: tiempo verbal
1			
2			
3			
4	*Ojalá no se hubiera estropeado ayer el frigorífico.*	3.ª persona singular (*él, ella, usted*).	*Estropearse:* pretérito pluscuamperfecto subj.
5			
6			
7			

▶ **E** 👥 Ahora, en parejas, reflexionad y elegid la respuesta correcta.

1 *¿Qué forma de deseo os parece más fácilmente realizable?*

    a) Con el verbo en presente de subjuntivo. ☐

    b) Con el verbo en pretérito imperfecto de subjuntivo. ☐

2 *¿Qué forma de deseo se refiere a un pasado cercano?*

    a) Con pretérito perfecto de subjuntivo. ☐

    b) Con pretérito pluscuamperfecto de subjuntivo. ☐

3 *¿Qué deseo parece más difícil de realizar?*

    a) Con pretérito pluscuamperfecto de subjuntivo. ☐

    b) Con imperfecto de subjuntivo. ☐

3 Dándole vueltas al coco

▶ **A** Hoy es lunes y Ana y Javier no dejan de darle vueltas a la cabeza. Estas son sus reflexiones. Léelas. ¿Se conocen bien el uno al otro? Escribe los aciertos y desaciertos. Señala las diferencias y semejanzas.

Ana

¡Dios mío, qué tarde es! Me he dormido. Seguramente me va a llamar mi madre para salir con ella y no he terminado de recoger la casa. A lo mejor Javier ha dejado recogida la cocina y tal vez me haya preparado el desayuno. Seguro que sí. ¡Es un cielo! Bueno, ahora bajo y lo compruebo. Quizás hoy me vaya en autobús. Sí, sí, mejor en autobús. Lo más probable es que no pueda aparcar en el centro.

Javier

¡Por fin llego al trabajo! Tal vez Ana se haya levantado hoy muy tarde, seguro que sí se ha levantado tarde…, como siempre. Puede ser que piense que le he dejado preparado el desayuno, pero no me ha dado tiempo. Pero por lo menos he dejado la cocina recogida.

¡Vaya! Lo mismo me he dejado encendida la luz del garaje. Bueno, igual Ana se lleva el otro coche y al entrar en el garaje verá si la luz está apagada o no. ¡Anda! Deben de ser ya las diez y tengo que terminar el informe.

▶ **B** Para sus reflexiones utilizan expresiones de duda y posibilidad. Lee de nuevo el texto y señálalas.

▶ **C** ¿Con qué modos y formas verbales se construyen las expresiones de duda y posibilidad? Lee de nuevo los textos y completa la tabla. Escribe tú otros ejemplos.

EXPRESIONES DE DUDA Y POSIBILIDAD	FORMA VERBAL	MIS EJEMPLOS
Quizá(s) / tal vez / seguramente…		
A lo mejor / seguro que…		
Puede ser que…		
Lo más probable es que…	Subjuntivo *Lo más probable es que no pueda aparcar en el centro.*	*Está muy nublado. Es muy probable que llueva.*
Igual / lo mismo…		
Deber de…		

4 ¿Cómo será…?

▶ **A** En las páginas de MUNDOBOOK han publicado el siguiente cuestionario. ¿Te atreves a contestar? Léelo y marca la opción correcta.

1 Cuando decimos que algo es de color **rojizo**, queremos decir que…

  a. Es de color rojo. ☐
  b. No se parece en nada al rojo. ☐
  c. El color se aproxima al rojo. ☐

2 Cuando decimos que un hombre es un **bonachón**, significa que…

  a. Es muy buena persona. ☐
  b. No es bueno. ☐
  c. No es tan bueno como parece. ☐

3 *Ese hombre es un **blanducho**: le da a su hijo todo lo que quiere.* Significa que…

  a. Ese hombre no tiene un carácter fuerte. ☐
  b. Ese hombre no es muy fuerte físicamente. ☐
  c. Ese hombre no tiene energía. ☐

4 *Mi hijo es **listo listísimo*** significa que…

  a. Mi hijo es inteligente. ☐
  b. Mi hijo tiene una inteligencia normal. ☐
  c. Mi hijo es superinteligente. ☐

5 ¿Es exactamente lo mismo decir «una **grave** enfermedad» que «una enfermedad **grave**»?

  a. Sí, es lo mismo. ☐
  b. No, no es lo mismo. ☐
  c. Intensificamos anteponiendo el adjetivo. ☐

6 ¿Es correcto decir «un piso de **mano segunda**»?

  a. Sí, es correcto. ☐
  b. No, no es correcto. ☐

7 Si quiero comprar un chocolate **extrafino**, significa que…

  a. Lo quiero muy fino. ☐
  b. Solo quiero un cuarto de chocolate. ☐
  c. Lo quiero muy grueso. ☐

8 Cuando digo que quiero un coche **pequeñito**, significa que…

  a. El coche es pequeño. ☐
  b. El coche no es muy grande. ☐
  c. El coche es muy pequeño. ☐

9 El adjetivo **cosmopolita**…

  a. cambia de género: *un ciudadano cosmopolito.* ☐
  b. no cambia de género: *un ciudadano cosmopolita, una mujer cosmopolita.* ☐

□ Adjetivos relacionales

Siempre van pospuestos y no se pueden cuantificar, porque entonces adquieren otro matiz.

Es un coche alemán.
~~*Es un alemán coche.*~~

▶ **B** ¿Has observado que en todos los casos se utilizan adjetivos? Todos tienen diferentes significados en función del sufijo, del prefijo y de la posición. Clasifícalos en la tabla.

Aproximativo: _____

Aumentativo: _____

Diminutivo: _____

Despectivo: _____

Superlativo absoluto con prefijo: _____

Doble adjetivo de intensidad: _____

Mayor intensidad según la posición: _____

Adjetivo relacional: *Piso de segunda mano* _____

Adjetivos en -ita: _____

5 ¡No me mandes tanto!

▶ 🕐1 09 Ya sabes que el imperativo se usa para expresar órdenes. Pero también se utiliza para otras funciones. Escucha las conversaciones, complétalas y decide a qué función corresponden.

a. Duplicación del imperativo: énfasis.
b. De urgencia o ánimo a la acción.
c. Sorpresa.
d. Ánimo o consuelo.

Diálogo 1
Función n.°

> ¿Se puede?
< Un momento, por favor.

> ¿Puedo pasar?
< Sí, claro, _____.

Diálogo 2
Función n.°

> Mamá, mira. ¡Se ha roto!
< Tranquilo, hijo. No pasa nada. _____, ven que te lo arregle.

Diálogo 3
Función n.°

> Niños, vamos, coged las mochilas que llegamos tarde al colegio.
< Un momento, papi. Ya voy…
> _____ . ¿A qué estáis esperando? Vamos, hombre, que es tarde.

Diálogo 4
Función n.°

< Luisa, Luisa.
> ¿Sí? Un momento, ahora salgo.
< Luisa, sal pronto, por favor. Mira quién ha venido.
> ¡_____! Pero si son mis nietos. ¡Qué sorpresa! Venid aquí y dadme un beso.

Diálogo 5
Función n.°

< ¡Qué nervios! Ya me toca a mí exponer el tema. Tengo ganas de salir corriendo.
> ¡Anda ya! No seas tonta. _____ , respira profundamente y verás lo bien que te sale.

🔴 Gramática y léxico

Usos del imperativo

✱ **RECUERDA**

- Duplicación del imperativo de carácter enfático.
  Come, come, que está muy rico.
- De urgencia o ánimo a la acción.
  ¡Venga! ¡Vamos! Date prisa.
- Imperativos lexicalizados de ánimo y consuelo.
  Venga, anda, no te preocupes.
- Imperativo lexicalizado de sorpresa.
  ¡Anda! ¡Has venido! ¡Qué bien!

EL ADJETIVO

- Con sufijos de valor aproximativo.
  Rojizo, amarillento, grisáceo, verdoso.
- Con sufijos valorativos.
  – Aumentativos: *grandón, bombazo.*
  – Diminutivos: *pequeñito, bonico, baratillo, calvete, chiquitín, pequeñuelo.*
  – Peyorativos: *pequeñajo, feúcho, viejales.*
- Superlativo absoluto con los prefijos **ultra-, super-, extra-, archi-, re-**.
  Superguapo, extrafino, archiconocido, extrasuave, rebonito.
- Superlativo absoluto por repetición.
  Juan es guapo guapísimo.
- Anteposición del adjetivo.
  – Con valor enfático: *Es un grave problema.*
  – Cambios de significado: *Un viejo amigo / Un amigo viejo.*
- Posición posnominal.
  Adjetivos relacionales: *Un producto lácteo / Un lácteo producto.*
- Terminados en *-ita / -ida*: *hipócrita, homicida, cosmopolita.*

Fórmulas de agradecimiento

– *No sé cómo agradecértelo / darte las gracias.*
– *Te lo agradezco sinceramente / muchísimo.*
– *Muchas gracias, de verdad.*
– *Muy amable.*

◄ ◄ ◄

Gramática y léxico

PRETÉRITO PERFECTO DE SUBJUNTIVO

Se forma con el presente de subjuntivo de HABER + participio del verbo conjugado.

PRETÉRITO IMPERFECTO DE SUBJUNTIVO

- **Las formas regulares** se forman con la 3.ª persona plural del pretérito indefinido, *hablaron*, y añadiendo las terminaciones *-ra* o *-se*.
  HABLAR: *hablara / hablase, hablaras / hablases, hablara / hablase, habláramos / hablásemos, hablarais / hablaseis, hablaran / hablasen.*

- **Las formas irregulares** parten de las irregularidades del pretérito indefinido.
  QUERER: *quisiera / quisiese, quisieras / quisieses…*
  HACER: *hiciera / hiciese, hicieras / hicieses…*
  SABER: *supiera / supiese, supieras / supieses…*
  DECIR: *dijera / dijese, dijeras / dijeses…*
  ANDAR: *anduviera / anduviese, anduvieras / anduvieses…*

Uso del pretérito imperfecto

Imperfecto de cortesía. Para hacer una petición con *querer*. Equivale a *quería* y *querría*.
Quisiera ver ese abrigo. Quisiese ver ese abrigo.

PRETÉRITO PLUSCUAMPERFECTO DE SUBJUNTIVO

- Se forma con el imperfecto de subjuntivo de HABER en *-ra* o *-se* + participio del verbo conjugado.
- HABLAR: *hubiera / hubiese hablado, hubieras / hubieses hablado, hubiera / hubiese hablado, hubiéramos / hubiésemos hablado, hubierais / hubieseis hablado, hubieran / hubiesen hablado.*

☺ Ortografía de la G / J

- Palabras con final *-gélico, -genario, -géneo, -génico, -genio, -génito, -gesimal, -gésimo, -géltico: homogéneo, congénito, ingenio.*
- Palabras con inicial *gest-: gestoría, gesticular.*
- Palabras con final *-jera, -jería, -jero: consejero, tijeras, consejería, conserjería.*

Expresar deseo

Ojalá (que) + subjuntivo / *Que* + presente de subjuntivo.

- Se usa el presente de subjuntivo cuando la acción es de realización posible en el presente o en el futuro.
  Que tengas un buen día.
  Ojalá mañana todo salga bien.

- Se usa el pretérito perfecto de subjuntivo cuando la acción es de realización poco posible en un pasado cercano.
  Ojalá María haya preparado ya la cena.

- Se usa el pretérito imperfecto de subjuntivo cuando la acción se refiere a un contexto de presente o futuro y su realización es difícil o imposible.
  Ojalá tuviera más tiempo libre normalmente. (Imposible, en presente).
  Ojalá yo fuera más alta. (Imposible, en presente)
  Ojalá pudiera ir a París el año próximo.
  Ojalá Juan tuviera suerte en el examen de ayer. (Todavía no sabemos cómo hizo el examen).

- Se usa el pretérito pluscuamperfecto de subjuntivo cuando la acción es imposible (no se ha realizado) en un contexto de pasado.
  Ojalá hubiera estudiado más para el examen. (No estudié mucho para el examen).

Expresar duda y probabilidad

- *Quizá(s) / tal vez / probablemente / posiblemente / seguramente* + indicativo / subjuntivo.
  Si van detrás del verbo, solo pueden ir en indicativo.

- *A lo mejor / igual / lo mismo* + indicativo.
  Igual y *lo mismo* pertenecen al registro coloquial.

- *Puede ser que* + subjuntivo.

- *Hay (muchas / bastantes / pocas) probabilidades de que* + subjuntivo.

- *Deber de* + infinitivo.

- *Yo diría que* + indicativo.

- *Lo más probable es que / Lo más seguro es que* + subjuntivo.

- *Es (bastante / muy) posible / probable que* + subjuntivo.

- *Es improbable / poco probable / imposible que* + subjuntivo.

6 ¡Vaya lío!

► **A** Clasifica en la tabla las siguientes formas verbales y di a qué persona corresponde cada una.

aparque, hubiera hecho, vayamos, trajese, haya visto, escribas, duerma, hayas dicho, construyamos, expliquéis, arregléis, pusiese, hubiese oído, vendiera, haya dormido, hubiéramos tenido, pidan, hayamos abierto, hubieses sido, hubieran llamado, hayáis tomado, hayan roto, pudiéramos, hablarais, dejasen, hubieseis guardado

Presente de subjuntivo	
Pretérito perfecto de subjuntivo	
Pretérito imperfecto de subjuntivo	
Pretérito pluscuamperfecto de subjuntivo	

► **B** 👥 Elegid un tiempo verbal y elaborad una breve conversación para las funciones siguientes. Luego representad el diálogo.

➤ **Presente de subjuntivo:** expresa un deseo posible en el presente o en el futuro.
_____

➤ **Pretérito perfecto de subjuntivo:** expresa un deseo poco posible en un pasado cercano.
_____

➤ **Pretérito imperfecto de subjuntivo:** expresa un deseo de difícil realización o imposible en presente o en futuro. También expresa deseo en referencia a una acción pasada no constatada.

< _¡Ya han salido las notas! ¡He aprobado!_

> _¡Qué bien! ¡Ojalá yo aprobara también!_
_____

➤ **Pretérito pluscuamperfecto de subjuntivo:** expresa un deseo de realización imposible en un contexto de pasado.

7 De escapada

► **A** Un amigo ha escrito un correo electrónico para invitar a Ana y a Javier a pasar unos días de vacaciones. Complétalo con los verbos en la forma adecuada.

Asunto	Saludos

Hola, Javier:

¿Qué tal? Debes de (**estar**) _____ muy enfadado conmigo porque hace tiempo que no nos vemos, ¿no? Tal vez (**sorprenderte**) _____ que te escriba, ¿verdad? ¡Vale! Quizás (**tardar**) _____ mucho en contestarte cuando me escribes y puede ser que (**ser**) _____ un poquito despistado con la fecha de tu cumpleaños: ¡lo siento! La última vez que te felicité lo hice un mes después, pero yo diría que todas las fiestas (**tener**) _____ octava… Te escribo ahora porque he visto una página web de turismo cultural que me ha encantado y he pensado que a lo mejor (**poder**) _____ quedar y organizar una escapada juntos, ¿te parece? Lo mismo también (**venir**) _____ Chema y Clara y quizás (**poder, nosotros**) _____ decírselo a Manu y a su novia. ¿Qué? ¿Os animáis Ana y tú?

Bueno, piénsatelo y me contestas, ¿vale? Pero, por favor, no tardes tanto como yo.

Un abrazo.
Fede.

Todas las fiestas tienen octava: expresión adaptada de «todos los santos tienen octava». Significa que también puedes felicitar a alguien por su santo varios días después.

► **B** Javier no tiene claro qué hacer con esta propuesta de Fede. ¿Tú qué le dirías? Responde utilizando las expresiones de duda y probabilidad.

8 ¡Cuántos deseos!

▶ **A** En el día a día todos deseamos cosas continuamente. Ana y Javier también. Lee sus deseos y completa con un tiempo verbal en subjuntivo. Luego justifica tu respuesta.

SITUACIÓN n.º 1: No tengo nada en la nevera. ¿Y ahora qué preparo yo de comer? Espero que Javier se haya acordado de comprar algo. ➔ *¡Ojalá Javier* **se haya acordado** *de comprar comida!*

SITUACIÓN n.º 2: He leído las últimas noticias sobre la desnutrición en el mundo. ➔
_____ .

SITUACIÓN n.º 3: ¡Qué cabeza la mía! Ayer operaron a Juan y no sé nada de él. ➔
_____ .

SITUACIÓN n.º 4: Me encuentro mal, me gustaría quedarme en casa, pero no puedo; no tengo más remedio que ir a trabajar. ➔
_____ .

SITUACIÓN n.º 5: El fin de semana pasado salí con mis amigas, pero hacía tan mal tiempo que me resfrié. ➔
_____ .

SITUACIÓN n.º 6: El otro día no fui al gimnasio y me perdí una clase estupenda de aeróbic. ¡Tenía que haber ido! ➔
_____ .

SITUACIÓN n.º 7: Una amiga nos ha regalado algunos muebles que ya no le sirven. El problema es que vive en otra ciudad y nos hacen mucha falta. ➔
_____ .

SITUACIÓN n.º 8: Queremos comprarnos la casa de nuestros sueños, pero no tenemos suficiente dinero. Podríamos pedir una hipoteca al banco, pero no sé si nos la darán. ➔
_____ .

SITUACIÓN n.º 9: A mi amiga Marcia se le ha perdido su perrito. Ha puesto anuncios para encontrarlo y está muy triste. Esta semana no he hablado con ella, no sé si lo ha encontrado. ➔
_____ .

SITUACIÓN n.º 10: ¡Qué mal me siento hoy! Me he despertado con un dolor de cabeza terrible. No puedo ni pensar. ➔
_____ .

▶ **B** Estas personas también tienen deseos. Complétalos con la forma correcta de subjuntivo.

1 Juan ha llegado del mercado. ¡Ojalá (*acordarse*) *se haya acordado* de traer fruta, se me olvidó decírselo!

2 Miguel necesita sacarse el carné de conducir antes de fin de año, pero el coche le da pánico. ¡Ojalá (*aprobar*) _____ cuanto antes!

3 Ana se ha ido al examen… y no iba muy contenta. ¡Ojalá (*salir*) _____ contenta del examen!

4 Jorge me invitó a pescar con él, pero yo le dije que no quería ir. Ahora me arrepiento. ¡Ojalá le (*decir*) _____ que sí!

5 Tengo que hablar con el jefe para saber si me va a subir el sueldo. ¡Ojalá (*saber*) _____ lo que piensa él.

6 Marcos ha tenido últimamente muchísimo trabajo y muchas reuniones. Esta misma tarde tenía una a las cinco y yo he quedado con él a las cinco y medida. ¡Ojalá (*terminar*) _____ ya!

7 Voy a preparar una tarta para el cumpleaños de Ana. ¡Ojalá me (*salir*) _____ bien!

8 En el coche de Martin solo caben cinco personas y somos siete para viajar. ¡Ojalá (*caber*) _____ todos!

9 Anoche me quedé hasta las tantas viendo la tele y hoy no me puedo levantar para ir a trabajar. ¡Ojalá (*acostarse*) _____ antes!

10 María iba a hablar ayer con su novio para terminar con la relación. ¡Ojalá lo (*haga*) _____ de una vez por todas porque le está haciendo la vida imposible! Imagino que después me lo contará todo con pelos y señales.

9 El constructor de palabras

▶ **A** ⏱**1 10** Escucha los siguientes diálogos y toma nota de los adjetivos derivados que se oyen. Comentad en gran grupo el valor que añaden los sufijos en cada uno de ellos.

Adjetivos	Con sufijo
Pequeño /-a	
Loco /-a	
Feo /-a	
Flaco /-a	
Gordo /-a	
Grande	
Alto /-a	
Tranquilo /-a	

¡Qué *grandote!*

▶ **B** 👥 Ahora cread contextos en los que se puedan aplicar algunos de estos adjetivos derivados.

▶ **C** 👥 Elaborad una lista de adjetivos que pueden ir delante o detrás del sustantivo y comentad los posibles cambios de significado o matices. Después, poned algunos ejemplos de adjetivos relacionales: solo pueden ir detrás del sustantivo.

10 Las grafías del español

▶ ⏱**1 11** ¿Con G o con J? Escribe correctamente las siguientes palabras. Luego, escucha y lee.

G J

___estar
via___ero
ove___ero
___estación
relo___ero
___esto
pasa___ero
___esticular
___estión
vi___esimal

octo___enario
bru___ería
in___enio
an___élico
gran**j**ero
evan___élico
oxí___eno
co___era
ca___era
nitró___eno

lacrimó___eno
sexa___ésima
relo___ería
cerra___ería
sexa___enario

E

PLANTA 2 SUPERIOR 01

11 ¡Ojalá…!

A

BLA ? ? BLA BLA BLA ?

▶ **A** ⏱ **1 12** Javier tiene unos amigos muy generosos. Le hacen muchos regalos y ofrecimientos. Escucha los mensajes del contestador y relaciónalos con las imágenes.

C

F

B

3 2 2 2 3
LOTERÍA NACIONAL
Décima parte del billete
para el sorteo del día
6 de enero de 2014
PRECIO 20 EUROS

G

D

▶ **B** ⏱ **1 12** Ahora, ponte en el papel de Javier, vuelve a escuchar y contesta los mensajes agradeciendo los ofrecimientos y formulando deseos. Utiliza fórmulas como las siguientes y reacciona siguiendo el ejemplo.

Fórmulas de agradecimiento

❱ Te lo agradezco muchísimo / sinceramente.
❱ Gracias por…, pero no tienes por qué molestarte.
❱ Muchas gracias, de verdad.
❱ Muy amable.
❱ No sé cómo agradecértelo.

Reacción n.º ◢ **1**

No sabes cuánto te agradezco que te hayas acordado de mí para venderme el coche. Pero tengo un problema: ¡que no sé conducir! Pues sí, no me lo puedo quedar. ¡Ojalá supiera conducir!

Reacción n.º ◢ **2**   **Reacción n.º** ◢ **3**   **Reacción n.º** ◢ **4**   **Reacción n.º** ◢ **5**   **Reacción n.º** ◢ **6**   **Reacción n.º** ◢ **7**

12 Pues yo no sé

▶ **A** Javier busca un lugar especial para escaparse el fin de semana con Ana. Estas son sus condiciones. Léelas. ¿Piensas lo mismo que él?

¿Qué tal, amigos? Estoy buscando un lugar especial para pasar unos días por nuestro aniversario, pero no quiero un lugar típico. Esto es lo que busco:
- Que sea muy tranquilo.
- Que sea un lugar con historia.
- Que haya sitios interesantes que visitar.
¡Ojalá pudierais ayudarme!

▶ **B** 👥 Estas son las posibilidades que un amigo de Javier ha encontrado. ¿Qué os parecen? En parejas, elegid la opción más adecuada y justificadla. Utilizad expresiones de duda y posibilidad.

Ruta de Washington Irving: el viajero romántico

Desde Sevilla hasta Granada, el itinerario rememora el viaje realizado en 1829 por el escritor norteamericano Washington Irving, fascinado por el exotismo y la riqueza hispanoárabe de Andalucía. Siguiendo los pasos de este autor romántico, descubrirá palacios, templos, fortalezas y edificios de arquitectura popular con influencias musulmanas. Algunos tan excepcionales como La Alhambra de Granada o el Alcázar de Sevilla, declarados Patrimonio Mundial por la UNESCO.

http: ///www.españaescultura.es

Ruta de los Monasterios: tradición y oración

Desde hace más de diez siglos se mantienen en La Rioja muchos de los centros de espiritualidad que fueron retiro de oración y centros de cultura, construidos en parajes rurales alejados de las ciudades. Las tierras de La Rioja están llenas de historia a través de sus monasterios. De algunos solo quedan las ruinas, pero muchos han conservado sus edificios y la actividad de sus comunidades religiosas a través de los siglos, y ahora son centros atractivos para un turismo cultural, religioso y artístico que convierten la Ruta de los Monasterios en uno de los destinos más consolidados del turismo en La Rioja.

http://www.lariojaturismo.com

Ruta de la arquitectura mudéjar

El arte mudéjar es una manifestación artística realizada por aquellos musulmanes que se quedaron en tierras reconquistadas cristianas y que conservaron sus tradiciones. El mudéjar de la ciudad de Teruel fue proclamado Patrimonio Mundial por la UNESCO en 1986, y en 2001 esta declaración se amplió a todo el mudéjar aragonés. El empleo de materiales de bajo coste, el uso de formas sencillas y la gran maestría de los artesanos mudéjares se unen para crear obras que embellecen numerosas localidades aragonesas. El ladrillo, el yeso y la cerámica vidriada se combinan creando arquillos entrecruzados, formas geométricas o vegetales que, acompañados de la luz natural, crean una sinfonía de colores, brillos y reflejos que juegan con la visión y realidad del espectador.

www.turismoporespana.org

1 Lugares con encanto

▶ **A** En la web de Mundobook están colgadas estas imágenes de lugares con encanto para vivir. ¿Puedes describir las fotografías?

C

B

A

▶ **B** ¿Sabes dónde se encuentran estas viviendas? Lee los siguientes textos y relaciónalos con sus fotografías.

www.curiosidadesvarias.com

¿Quién no ha deseado alguna vez huir del ruido? ¿Quién no ha querido pasar unos días apartado de todo? El mundo está lleno de lugares para que el viajero pueda soñar y disfrutar.

Te presentamos algunos de estos lugares, pequeños paraísos al alcance de la mano cuya arquitectura popular nos envía de nuevo al pasado: barro, piedra, pizarra, granito.

Edificaciones destinadas a alojamientos en las áreas rurales o construcciones de piedra para uso agrícola, recuperadas hoy en día para goce de los sentidos.

1. La barraca es un edificio típico de la Comunidad Valenciana y la Región de Murcia (España) que servía de vivienda a los labradores y también a los pescadores en las zonas costeras. El edificio es de planta rectangular, de unos nueve por cinco metros, con cubierta triangular con un marcado ángulo para desaguar las precipitaciones torrenciales tan típicas de dicha zona. Para su construcción se utilizan materiales típicos de la zona, tales como el barro, la paja y las cañas.

2. Casas cueva Los alojamientos en cuevas, en Granada y su provincia, se han convertido en uno de los productos turísticos más atractivos y singulares del turismo de Andalucía. Excavadas en la roca, la mayoría se ha rehabilitado para que puedan tener todas las comodidades actuales. Todas ellas tienen como denominador común un servicio de calidad, el respeto al medioambiente, y la recuperación y conservación de una de las construcciones tradicionales y arquitectónicas más peculiares de Europa.

3. Los pueblos blancos de Andalucía deben su nombre a la costumbre de sus habitantes de encalar frecuentemente las fachadas de las casas. Se caracterizan por sus calles estrechas y sus rojos tejados. Muchos de estos pueblos conservan un castillo o sus restos.

▶ **C** Para esta página web se necesitan colaboradores que quieran dar a conocer la arquitectura típica de su país o de su región. ¿Quieres participar? Prepara un texto descriptivo de entre 50 y 100 palabras y preséntalo en clase.

_____

_____

_____

2 ¿Compro o espero?

▶ **A** 🔊1 13 Ana y Javier han escuchado un programa de radio que trata sobre el tema de la vivienda. Escúchalo y elige la respuesta correcta.

1 *En la audición se dice que...*

   a) No es necesario hacer cálculos económicos para comprar una vivienda. ☐

   b) Los cambios en los últimos meses serán muy simples. ☐

   c) Todos deberán hacer números porque habrá muchos cambios. ☐

2 *En la audición, el locutor dice que...*

   a) Ya no habrá rebajas en la compra de una vivienda habitual. ☐

   b) Continúa la desgravación de la vivienda estival. ☐

   c) Se mantiene el IVA de los pisos nuevos. ☐

3 *Finalmente, en la noticia se dice que...*

   a) Ahora se puede comprar más barato porque es posible que los precios no bajen más. ☐

   b) Las hipotecas pueden subir un poco. ☐

   c) Comprar en solitario es ventajoso. ☐

▶ **B** El problema de la vivienda es un hecho en muchos países. La Declaración Universal de los Derechos Humanos establece en su artículo 25 lo siguiente:

«Toda persona tiene derecho a un nivel de vida adecuado que le asegure, así como a su familia, la salud, el bienestar, y en especial la alimentación, el vestido, la vivienda, la asistencia médica...»

👥 Ahora, en pequeños grupos, responded a las siguientes preguntas.

a ¿Conoces a alguna persona o colectivo con este problema? ¿Qué dificultades tiene?

b ¿Qué problemas de vivienda son los más comunes en tu país?

3 ¿Será posible?

▶ Fíjate en estas imágenes y contesta: ¿Qué deseas? ¿Qué cosas son posibles? Construye oraciones usando los marcadores de deseo y probabilidad.

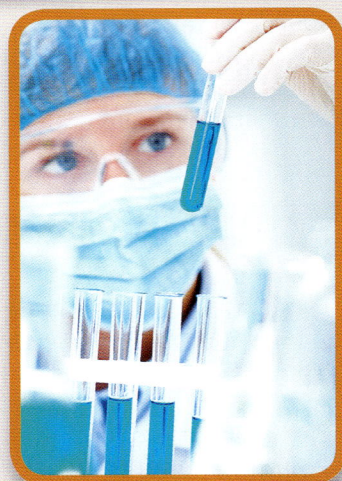

Ojalá hubiese terminado el partido antes de marcar el equipo contrario

a. Ojalá hubiera….

b. Que tengas…

c. Hay pocas probabilidades de que…

d. Debe de…

e. Ojalá lleguemos…

f. A lo mejor…

g. Yo diría que…

h. Ojalá…

i. Ojalá que…

j. Quizás veáis…

k. *Ojalá hubiese terminado…*

4 ¡Gracias!

▶ **A** 👥 Es de buena educación dar las gracias, pero ¿por qué? En parejas, leed el siguiente fragmento de un cuento.

GRACIAS Y POR FAVOR

Amador es un chico exigente, de esos que dicen: «quiero esto» y se lo tienen que dar al momento. Es como si pensara que todo el mundo le debe algo. Si queréis comprobar lo que os digo, leed su historia.

—¡Oiga, señora! ¿Qué hora es?

—Querrás decir: «por favor» —le respondió la señora con una amable sonrisa.

—No, quiero decir lo que he dicho —dijo Amador malhumorado—. Pero como ya veo que usted no me lo dice, se lo preguntaré a ese niño. ¡Eh, tú, chaval! ¿Qué hora es?

—Querrás decir: «por favor» —le respondió el niño con una amable sonrisa.

—¡Moscas! Pero ¿qué pasa en este lugar? ¿Estáis todos mal de la olla? ¡Pues que os zurzan! Cogeré el autobús y me iré a otra parte —gruñó Amador, enfadado, y le gritó al conductor del autobús—: ¡Eh, pare, pare!

Pero cuál sería su sorpresa cuando vio que el autobús pasó de largo.

—¡Moscas! —exclamó enfadado—. Pero… ¿por qué no para? Está bien, me iré andando.

—Gracias por haberme elegido para caminar.

Amador dio un respingo. ¿Quien habrá dicho eso? No hay nadie a la vista…

—Por favor, mira hacia tus pies, yo estoy debajo.

Amador miró debajo de sus pies y solo vio la acera. Entonces pensó: «¿Una acera que me da las gracias por pisarla? ¡Moscas! Esto ya es demasiado, me largo a otra parte».

Y echó a andar. A un lado y a otro. Iba furioso, sin fijarse dónde pisaba.

Finalmente llegó al mismo parque de antes. En realidad, solo estuvo dando vueltas en círculo.

—¡Uf, qué cansado estoy! —exclamó—. Me sentaré un rato en este banco.

Pero el banco se echó hacia atrás y Amador se pegó un batacazo.

—¡Moscas! ¿Qué le pasa a este banco? Se ha movido. Y el árbol también se ha alejado de mí. Y las flores también se van. Y ahora el sol se esconde detrás de una nube… ¿Qué es lo que está pasando? ¿Por qué se van todos? —gritó y pataleó.

▶ **B** 👥 En parejas, imaginad el final de la historia. Puede ser trágico, cómico, romántico. Luego, contádselo a vuestros compañeros.

▶ **C** ¿Quieres saber cómo acaba? Aquí tienes el final. Léelo.

—Quizás te has olvidado de ser educado —le dijo el hada Mandolina.

—¡Qué chorrada es esa? —respondió Amador malhumorado.

El hada Mandolina le pidió al sol que le explicara a Amador por qué se escondía.

—Llevo toda la mañana calentándole y ni las gracias me ha dado.

—Ni a mí por mi sombra —dijo el árbol.

—Ni a mí por el descanso —dijo el banco.

—¿Lo ves? —dijo el hada—. Desde ahora no olvides que con «»gracias y «por favor» vivimos todos mucho mejor.

Amador volvió a casa cabizbajo y se acostó pensando en las palabras del hada.

Al día siguiente, antes de irse al colegio, le dijo a su madre:

—Adiós, mamá, y muchas gracias por el desayuno tan rico que me has preparado.

—Hijo mío…, de nada, me alegro de que te haya gustado.

Luego le dijo a su padre:

—Por favor, papá, ¿podrías comprarme una caja de colores en la papelería que está al lado de tu oficina? Y por cierto, dale las gracias a tu amigo Manolo por las chapas.

—¿Qué le pasa a Amador que da las gracias y pide todo por favor? —dijo su hermana.

Amador, que la oyó, respondió:

—Porque he comprendido que con «gracias» y «por favor» vivimos todos mucho mejor.

Texto adaptado del cuento extraído de la revista digital *Práctica docente*, n.º 7 (julio / septiembre 2007).

▶ **D** ¿Qué te parece la historia? ¿Conoces otras parecidas? Escríbelas y preséntalas a la clase. Puede ser muy interesante para todos.

▶ Unidad 3

Y tú, ¿cómo lo ves?

▶ Necesitamos aprender

- Verbos de lengua, sentimiento, percepción, pensamiento e influencia
- Expresiones de certeza y valoración
- Correspondencia de tiempos
- Ser / Estar (cambios de significado)
- Prefijos

▶ Para

- Pedir y dar opinión y valoración
- Expresar aprobación, desaprobación y prohibición
- Expresar acuerdo y desacuerdo
- Expresar certeza, evidencia o falta de ambas
- Expresar obligación y necesidad
- Expresar ruego, deseo (II), gustos y sentimientos

1

TÍTULO: _____

En pleno centro de Ciudad de México abre sus puertas la primera cafetería que permite la entrada al mejor amigo del hombre. Fruto de la iniciativa de Ayako Kanakawa, una japonesa casada con un chef mexicano, a partir de ahora no solo los propietarios sino también sus mascotas podrán compartir un rato agradable con sus semejantes.

Mientras sus dueños saborean un cafecito, los canes jugarán y corretearán libremente, algo que muchos amantes de estos animales llevaban esperando mucho tiempo.

Periódico _Milenio_ (México)

1 Noticias curiosas

► **A** 🕐**1 14** Alfonso Letrado colecciona noticias curiosas del mundo hispano. Estas son cuatro de las que ha recopilado últimamente de la prensa escrita. Escúchalas y, a continuación, léelas y ponle un título a cada una de ellas.

2 TÍTULO: _____

Una pequeña editorial argentina ha lanzado al mercado algo totalmente novedoso: un libro cuya tinta desaparece al abrir el libro y entrar en contacto con el aire. El lector dispone de sesenta días para leer la obra, si no lo hace dentro de ese plazo, el texto va desapareciendo. La finalidad de este lanzamiento es la promoción de jóvenes autores, es decir, conseguir que se lean sus primeras obras y facilitar la publicación de una segunda. Ha sido vendido el primer lote completo en un solo día, lo cual demuestra que todavía la letra impresa tiene fuerza frente a los libros electrónicos.

Periódico *Clarín* (Argentina)

3 TÍTULO: _____

En Lima, frente a sus computadoras y tras casi cuarenta y ocho horas sin dormir, un centenar de personas han participado en el Congreso Global de Videojuegos. Consiguieron crear un total de quince videojuegos. El encuentro se celebra simultáneamente en cuarenta y ocho países. El pasado viernes comenzó cuando se les informó a los participantes de que la consigna que debían incluir era una serpiente que se devorara a sí misma.

Uno de los organizadores explicó que no se trata de una competencia, sino de un espacio de interacción y cooperación entre los participantes. Son más de sesenta y cinco empresas en Perú las que se dedican a los videojuegos y facturan unos cincuenta millones de dólares anuales.

Periódico *Expreso* (Perú)

4

TÍTULO: _____

Han asistido al evento un total de cinco millares de personas. El éxito de esta convención pone de manifiesto que en Colombia se han superado los prejuicios frente a los tatuajes, que han pasado a ser un arte valorado y que cuentan con un gran número de seguidores. «Ya no me miran raro; es más, las mamás me piden que les enseñe mis tatuajes de Spiderman a sus hijos», nos cuenta uno de los participantes.

Este año han recibido la visita de una familia procedente de una tribu de las islas Samoa, cerca de Australia, lugar original de los tatuajes. Dicha familia ha deleitado a los asistentes con una muestra del arte de tatuar a la manera tradicional.

Periódico *El Heraldo* (Colombia)

► **B** ¿Qué noticia te ha parecido más curiosa? ¿Por qué? ¿Piensa lo mismo tu compañero? Utiliza los recursos de la ficha para expresarte.

✱ **RECUERDA**

Dar una opinión
- *A mi modo de ver…*
- *Según* + sustantivo / *yo, tú…*
- *Considero / opino / yo diría que* + indicativo.

Preguntar si se está de acuerdo
- *¿Estás de acuerdo en / con…?*
- *¿Lo ves como yo?*

Expresar acuerdo
- *Pues sí.*
- *Sí, a mí también me lo parece.*
- *Yo opino lo mismo que tú.*
- *Yo lo veo igual que tú.*

Expresar desacuerdo
- *Pues no.*
- *Creo que te equivocas.*
- *Pues yo creo / pienso / opino / considero / veo que sí / no.*

A mi modo de ver, una cafetería donde puedas entrar con tu perro es maravilloso, ¿lo ves como yo?

Pues no, porque…

▶ **C** 👥 Los artículos anteriores pertenecen a periódicos de Hispanoamérica. En pequeños grupos, buscad en Internet otros diarios representativos de países hispanoamericanos, seleccionad alguna noticia curiosa y presentadla en plenaria.

Nosotros hemos encontrado una noticia acerca de Twitter que dice que su «magia» ha permitido la creación de cuentas que adoptan el perfil de héroes y actores, valiéndose de la herramienta tecnológica actual, lo que ha conseguido miles de seguidores.

2 Prensa matutina

▶ 🔊 **1 15** Escucha la conversación que mantiene Alfonso con su quiosquera y corrige la información incorrecta.

*Yo no he escuchado que el periódico **sea**…*
*Ha dicho que **es**…*

✳ RECUERDA

No es verdad que
No es cierto que
No ha dicho que
No he escuchado que

+ subjuntivo

A El periódico que compra Alfonso, en su edición del domingo, entrega una revista y una película sin ningún tipo de coste extra.

No es verdad que _____

B Los periódicos de economía *El Economista* y *Expansión* presentan en sus portadas una serie de noticias muy esperanzadoras.

No es cierto que _____

C Alfonso quiere que su padre disfrute con la lectura de la prensa rosa.

_____

D Los días laborables Alfonso hojea el *20 Minutos* que compra en el metro.

_____

E Alfonso nunca lee ni compra revistas del corazón.

_____

3 Prensa digital / prensa tradicional

▶ ¿Preferís la prensa digital o la tradicional? Leed el siguiente texto, completadlo con las palabras que os damos y comentad si vuestras opiniones coinciden o no con las del artículo.

⊙ *Yo diría que el placer de la lectura se disfruta más sobre el papel que sobre la pantalla.*

⊙ *Sí, pero leer en el móvil, por ejemplo, es mucho más cómodo…*

soportes   la tableta   *online*   el portátil
los medios de comunicación   los internautas
la red   los periódicos

Evidentemente, la presencia de Internet en nuestras vidas ha modificado no solo aspectos tan cotidianos como hacer la compra u organizar un viaje, sino que también está influyendo en nuestra relación con **(1)** _____, en general y con **(2)** _____, en particular. Para analizar este fenómeno, la AIMC (Asociación para la Investigación de los Medios de Comunicación) ha llevado a cabo un estudio que pone de manifiesto que ambos **(3)** _____, el digital y el de papel, se complementan. Los datos demuestran que el 32% de **(4)** _____ lee tanto la prensa digital como la escrita en un mismo día. A pesar de esta complementariedad, el 35% de las personas encuestadas no accede a la prensa **(5)** _____, prefieren el formato impreso porque «en papel puedo leerlo en cualquier sitio» o porque «no disfrutas igual de la lectura». Por su parte, los lectores que acceden a través de **(6)** _____ alegan la gratuidad de los contenidos, que es más barato, además de la ventaja de disponer de la hemeroteca y la posibilidad de personalizar el diario.

El dispositivo más utilizado para la lectura en línea es **(7)** _____ (67%). No obstante, cada día cobran más importancia el teléfono móvil (16,6%) y **(8)** _____ (4,5%).

www.puromarketing.com/18/11075/digital-papel-medios-viven-revolucion.html (texto adaptado)

4 La tele de tu vida

▶ **A** Lee en este blog las opiniones sobre la televisión, fíjate en las formas verbales marcadas en negrita y escríbelas en su grupo correspondiente.

✓ verbos de pensamiento: *pienso…* _____

✓ expresión de certeza: _____

✓ verbos de comunicación: _____

✓ verbos de sentido: _____

la tele de tu vida

Paco Responsal (periodista)

INFLUENCIA DE LAS REDES

Pienso que hemos entrado en una nueva era. **Es evidente** que Internet y las redes sociales influyen en la mejor difusión de las noticias. **Vemos** que la televisión de hoy en día permite que los espectadores puedan opinar sobre todo tipo de temas. **Está demostrado** que ha aumentado el número de personas que accede a la tele a través de la red, fundamentalmente los jóvenes, ya que los adultos prefieren verla sentados en el sofá. Sería fundamental que los periodistas aprovecháramos las redes para dar mejor información y para que esta llegara a más gente.

María Arta (administrativa)

POCA FORMALIDAD

¿**No os parece** que se ríen de nosotros? Me indigna que solo nos ofrezcan telebasura. **Me he dado cuenta de** que también los servicios informativos se han visto afectados. No soporto esas musiquillas que son más propias de una feria que de un programa de información. ¿Y los titulares?, preferiría que fueran más breves. **Es obvio** que los presentadores en vaqueros y sin corbata se sienten más cómodos y próximos al telespectador, pero, en mi opinión, sería conveniente que se pusiesen una ropa más formal. **Creo** que se olvidan de dónde trabajan.

Antonio Ticiero (profesor)

POBRES NIÑOS NUESTROS

¡Cuánto lamento que nuestros peques no puedan disfrutar de los programas infantiles que nosotros veíamos de pequeños! Yo les **cuento** a mis hijos que solo ponían un programa al día y aunque no había tanta variedad, lo que sí había era calidad. **No pienso** que nadie haya podido olvidar aquel *Barrio Sésamo* e incluso su sintonía. **No recuerdo** muy bien si duraba una media hora, pero sí **recuerdo** que eran los treinta minutos más felices: Espinete, don Pimpón… En el siglo XXI, ¿es tan difícil que alguien encuentre la fórmula para hacer un buen programa de niños? De momento **está clarísimo** que su prioridad son los índices de audiencia. **No digáis** que no tengo razón.

UN, DOS, TRES… RESPONDA OTRA VEZ

Hubo un tiempo en el cual se hacían concursos televisivos de mucha calidad y estoy pensando en el *Un, dos, tres*, cómo no. Seguro que muchos habéis pensado lo mismo que yo, y es que a toda la familia le entusiasmaba que llegara la noche del viernes, para verlo todos juntos en el salón de casa. La Ruperta, la Botilde o el Chollo fueron algunas de sus mascotas más conocidas. **Imagino** que a más de uno le haría mucha ilusión que volvieran a incluirlo en la programación.

No creáis que se me olvida hablar del presente, porque **no es cierto** que ahora no haya ningún programa de calidad. Por ello, estaría bien mencionar programas que se emiten en la actualidad: *Saber y ganar*, entre otros, donde el concursante responde a preguntas de cultura general y que se emite desde 1997 sin interrupción (seguro que más de uno **no sabía** que llevaba tanto tiempo).

Rosa Biduría (enfermera)

▶ **B** Ahora copia en tu cuaderno las oraciones del blog que contienen los verbos marcados. Fíjate en el modelo.

VERBO 1 ➔ *Pienso …* **VERBO 2** ➔ *que hemos entrado en una nueva era.*

▶ **C** A continuación, observa la estructura de la actividad B (VERBO 1 / VERBO 2) y relaciona de manera adecuada.

A El VERBO 2 está en indicativo cuando:

B El VERBO 2 está en subjuntivo cuando:

1. El verbo 1 está en forma negativa. ☐
2. El verbo 1 está en imperativo negativo. ☐
3. El verbo 1 está en forma negativa e interrogativa. ☐
4. El verbo 1 está en forma afirmativa. ☐
5. El verbo 1 es *saber* o *recordar* en forma negativa e introduce una interrogativa indirecta. ☐
6. El verbo 1 es *saber* en forma negativa, pero se habla de una realidad constatada o comprobada. ☐

→ **ATENCIÓN**

*¿**No pensáis** que **se ríen** de nosotros? = Yo creo que se ríen de nosotros.*
*¿**No es cierto** que a todos **nos gustaba** ese programa? = Es cierto que a todos nos gustaba ese programa.*

5 En la onda

▶ **A** 🔊1 16 La radio es otro medio de comunicación muy importante. Escucha ahora las opiniones de algunos radioyentes y relaciona cada intervención con el valor que expresa.

OPINIONES	VALOR
1. _____	✓ Expresa un deseo
2. _____	
3. _____	✓ Expresa una petición
4. *Petición*	
5. _____	✓ Expresa un sentimiento
6. _____	
7. _____	✓ Expresa una valoración

▶ **B** ¿Te acuerdas de cómo funcionan los verbos de sentimiento, deseo y necesidad? El primero que lo recuerde que lo explique al resto de la clase.

Creo que cuando el sujeto gramatical es …, entonces … Por ejemplo, **me molesta…**

▶ **C** Fíjate en los verbos marcados en las siguientes oraciones, observa la correlación de tiempos y completa la tabla.

◆ Me **preocupa** que los niños **pasen** todos los días tantas horas delante de la pantalla.

◆ Me **preocupa** que los niños **hayan pasado** toda la tarde delante de la pantalla.

◆ Me **preocupó / preocupaba** que los niños **pasaran / hubieran pasado** tanto rato delante de la tele.

◆ Me **preocuparía** que los niños **pasaran** todo el día delante de la tele, pero solo la ven un ratito mientras meriendan.

◆ Me **encantaría** que **vieses** más documentales de historia.

◆ Me **gustaría** que **hubieras visto** el documental de historia que pusieron anoche en la tele.

VERBO 1 (indicativo) → **VERBO 2 (subjuntivo)**

PRESENTE
a) _____ (valor de presente habitual o acción simultánea al verbo principal)
b) _____ (acción anterior al verbo principal en un pasado reciente)

PRETÉRITO INDEFINIDO / IMPERFECTO
a) _____ (acción situada en el pasado y simultánea al verbo principal)
b) _____ (acción pasada y anterior al verbo principal)

CONDICIONAL SIMPLE
a) _____ (acción hipotética o irreal en el presente o futuro)
b) _____ (acción simultánea o posterior al verbo principal)
c) _____ (acción anterior al verbo principal)

6 Mejor *ser guapo* que *estar guapo*, ¿no?

▶ **A** Lee los siguientes diálogos y fíjate en las partes señaladas en negrita. Después completa la tabla que aparece a continuación.

(Dos chicas en el cine mientras ven una peli).

Candela: Mira, mira **qué guapo está** Antonio Banderas **en esta escena**, ¡madre mía!

Marisa: ¡Qué fuerte! Es único, y no es que esté guapo, lo que es **es guapísimo**, a mí me vuelve loca…

Candela: Bueno, hija, tampoco te pases.

(Un chico en el salón de su casa sentado en el sofá zapeando. Habla con su padre).

Álvaro: No sé qué cadena dejar, no me gusta nada de lo que ponen; últimamente, **la programación está horrible**, mejor dicho, **siempre es horrible**. Creo que me voy a acostar.

El padre: ¡Cuánta razón tienes, hijo! La tele en verano **está como para no verla**.

(Una chica que habla con su madre).

Sofía: Mamá, **¿a qué estamos hoy?** ¿Estamos a trece?

Madre: Hija mía, no sabes ni dónde tienes la cabeza, **hoy es diecisiete**. ¿Por qué **estás tan despistada?**

Sofía: Ya sabes, con los exámenes…

(Dos amigas miran en una página web de ropa).

Graciela: Tenemos que aprovechar esta oferta, Beatriz, toda **la ropa está a mitad de precio este sábado**. Mira este vestido tan bonito: antes **su precio era 90 € y ahora está a 45 €**.

Beatriz: No faltaba más, allí estaremos el sábado. **Esta tienda es muy cara**, es la primera vez que hacen un descuento como este. Además, si no recuerdo mal, Juanma **está de dependiente** allí. ¿Te acuerdas de él?

Graciela: Sí, pero **él es enfermero**, ¿no?

Beatriz: Creo recordar que sí, pero solo lo llaman de uvas a peras para hacer suplencias en el hospital y como la tienda es de su hermano…

Graciela: Ya, ya, entiendo…

(Un matrimonio paseando por un parque).

Él: Parece mentira que todavía no haya llegado la primavera y ya **estemos a cerca de 28 grados**.

Ella: Sí, hace dos días llovía a mares y ahora… Mira, **allí** creo que **es el concierto** al aire libre que me comentaron el otro día. Vamos a acercarnos.

USO	VERBO SER / ESTAR	EJEMPLO
Fecha	*Ser y estar*	Del texto: ● ¿A qué estamos hoy? / ¿Estamos a trece? ● Hoy es diecisiete. Tu ejemplo:
Localización de eventos	_____ _____	Del texto: _____ Tu ejemplo: _____
Temperatura	_____ _____	Del texto: _____ Tu ejemplo: _____
Actividad laboral ocasional	_____ _____	Del texto: _____ Tu ejemplo: _____
Profesión	_____ _____	Del texto: _____ Tu ejemplo: _____
Descripción de una cualidad o característica permanente	_____ _____	Del texto: _____ Tu ejemplo: _____
Descripción de un estado en un momento o periodo concreto	_____ _____	Del texto: _____ Tu ejemplo: _____
Precio estable	_____ _____	Del texto: _____ Tu ejemplo: _____
Precio variable	_____ _____	Del texto: _____ Tu ejemplo: _____

▶ **B** En el diálogo 1 aparece la estructura *lo que es es guapísimo,* que se utiliza para corregir o precisar la información anterior: Antonio Banderas no es guapo, sino guapísimo. Escribe ahora tú la continuación de las siguientes oraciones utilizando esa misma estructura.

LO QUE ES / ESTÁ ES + adjetivo o adverbio

a) No, los niños no están enfermos, lo que _____ .

b) No, esto no es difícil, lo _____ .

c) No, él no es nada tonto, _____ .

d) No, no estoy molesta, _____ .

7 Especialistas en vocabulario

▶ **A** En la página web del programa de radio *Amantes de ELE* aparecen estas palabras. Únelas con su definición y fíjate en los prefijos marcados.

www.AmantesdeELE

1. **Des**afinación
2. **Dis**cordancia
3. **I**legibilidad
4. **In**cumplimiento
5. **Irr**espetuosidad
6. **Pos**guerra
7. **Pre**calentamiento
8. **Macro**fiesta
9. **Micro**bús
10. **Mini**falda
11. **Multi**nacional
12. **Antí**doto

a) No conforme con lo establecido.
b) Falta de respeto.
c) Ejercicio que efectúa el deportista como preparación para el esfuerzo que posteriormente ha de realizar.
d) Fiesta grande y multitudinaria.
e) Autobús de menor tamaño que el usual.
f) Sociedad empresarial cuyos intereses y actividades se hallan establecidos en muchos países.
g) Medicamento contra el veneno.
h) Cualidad de ilegible, es decir, que no puede leerse.
i) Falta de cumplimiento.
j) Falda corta por encima de la rodilla.
k) En música, cuando la voz o el instrumento se desvía de la perfecta entonación.
l) Tiempo inmediato a la terminación de un conflicto bélico.

▶ **B** Clasifica ahora en la tabla los prefijos anteriores. Busca más ejemplos de palabras.

SIGNIFICADO	PREFIJO	EJEMPLO
Opuesto, con propiedades contrarias		
Detrás de, después de		
Antes de		
Muchos		
Negación o privación		
Pequeño		
Muy pequeño		
Muy grande		

Gramática y léxico

Expresar opinión, actitud, conocimiento y percepción

1. El verbo 2 va en indicativo si:

- El V1 es afirmativo.
Sospechaba que Juan nos ocultaba algo.

- El V1 es un imperativo negativo.
No digáis que esto tiene mucha dificultad.

- El V1 es *saber / recordar* en forma negativa, pero se habla de una realidad constatada.
No recordábamos que vivías aquí tan cerca.

- El V1 es *saber / recordar* en forma negativa e introduce una interrogativa indirecta;
No sé qué quieres de mí.

- El V1 es negativo e interrogativo, ya que en realidad se expresa una afirmación.
¿No pensáis que llevo razón? = Yo pienso que llevo razón.

2. El verbo 2 va en subjuntivo si:

- El V1 va en forma negativa.
No me he dado cuenta de que me falte nada en el bolso.

- El V1 es *saber / recordar* en forma negativa.
No sabía que la conferencia fuera tan tarde.

- Depende de expresiones de duda y probabilidad.
Dudaba de que hubiera aprobado el examen.

No dudaba de que lo hubiera hecho todo bien.

➔ **ATENCIÓN:** Si se tiene certeza, se usa también el indicativo.
No dudaba de que lo había hecho bien.

Gramática y léxico

Expresiones de certeza o evidencia (o falta de ambas)

Es / Parece + *verdad, cierto, evidente, obvio, seguro* + **que**

Está + *claro, demostrado, comprobado, confirmado* + **que**

1. El verbo 2 va en indicativo si:

- El V1 es afirmativo.
Parecía evidente que todo el mundo estaba de acuerdo.

- El V1 es negativo e interrogativo.
¿No es verdad que esta película es muy aburrida?

2. El verbo 2 va en subjuntivo si:

- El V1 va en forma negativa.
No era verdad que no cumpliéramos con nuestro deber.

No está claro que sepáis hablar inglés.

FÍJATE:

Es mentira que yo haya roto eso.
Es verdad que lo has roto tú.

Verbos con doble significado

- Sentir = percibir, notar, darse: cuenta de (indicativo).
Sentí que algo malo iba a suceder.
- Sentir = lamentar (subjuntivo).
Sentí que mi amigo sufriera tanto por la tragedia.
- Decir = informar de, comunicar (indicativo).
Le dije que iba a llegar tarde a casa.
- Decir = sugerir, ordenar (subjuntivo).
Le dije que no hablara con la boca llena.

CORRESPONDENCIA DE TIEMPOS

- V1 (presente / pretérito perfecto) + *QUE* + V2 (presente o pretérito perfecto de subjuntivo)
No creemos que queden ya entradas para el teatro. (Acciones simultáneas en V1 y V2).
No veo / he visto que haya entrado nadie en la sala. (Acción V2 anterior a la acción V1).

- V1 (pretérito indefinido / pretérito imperfecto) + *QUE* + V2 (pretérito imperfecto o pretérito pluscuamperfecto de subjuntivo)
Yo no pensaba que tú fueras el culpable. (Acciones V1 y V2 simultáneas).
Era increíble que al día siguiente *se casaran.* (Acción V2 posterior a acción V1).
No pensábamos que el examen *hubiera sido* difícil.
(Acción V2 anterior a acción V1).

- V1 (condicional simple) + *QUE* + V2 (pretérito imperfecto de subjuntivo / pluscuamperfecto de subjuntivo)
Me encantaría que fueras más amable. (Acciones V1 y V2 simultáneas).
No me importaría que vinieras a casa a cenar. (Acción V2 posterior a acción V1).
Me gustaría que me hubieran avisado antes. (Acción V2 anterior a acción V1).

SER / ESTAR

- *Ser* + adjetivo: expresa una cualidad que caracteriza al nombre.
Este vecino tuyo es muy simpático.
- *Estar* + adjetivo: expresa un estado que puede ser temporal.
Hoy tu jefe está muy simpático. ¡Qué raro!
- Hay adjetivos que cambian de significado según vayan con *ser* o *estar: atento, listo, católico, despierto, molesto, malo, verde…*

Prefijos

- **De negación:** *desafinación, discordancia, incumplimiento, irresponsabilidad.*
- **De tiempo:** *posguerra, precalentamiento.*
- **De tamaño:** *macrofiesta, microbús, minifalda, multinacional.*
- **De oposición:** *anticrisis.*

8 Una hojeada a los titulares

▶ Mientras Alfonso y su compañero van en el metro al trabajo, hojean y comentan los titulares de un periódico gratuito. Lee y completa sus comentarios con las formas verbales adecuadas. Puede haber varias opciones.

1

SUBIDA DEL PRECIO DE LOS CARBURANTES PREVISTA PARA EL PRÓXIMO TRIMESTRE

- **Alfonso:** ¡Madre mía!, yo no creía que la gasolina *(volver)* _____ a subir antes de terminar el año.

- **Daniel:** Pues yo no sé por qué *(extrañar / a ti)* _____, todos los años pasa lo mismo.

2

Un taxista devuelve a su dueño un maletín olvidado con 15 000 € en efectivo

- **Daniel:** No es la primera vez que ocurre algo así; yo diría que todavía *(quedar)* _____ buenas personas en el mundo.

- **Alfonso:** ¿No crees que tú *(hacer)* _____ lo mismo en el lugar del taxista?

- **Daniel:** Desde luego que sí, no dudes de que yo *(ser)* _____ una persona honradísima.

- **Alfonso:** Bueno, tranquilo, no dudo de que lo *(ser)* _____ , me lo has demostrado un montón de veces y por eso no tengo ninguna duda.

3

M. J. SÁNCHEZ ÚLTIMO FICHAJE DEL MÁLAGA C. F.

- **Alfonso:** Mira, ¿qué te parece que *(fichar)* _____ ya a Sánchez?

- **Daniel:** No sabía que *(firmar)* _____ por el Málaga, pero me alegro. Siempre lo he considerado un jugador excelente.

4

SUSPENDIDA UNA MACROFIESTA ORGANIZADA PARA EL PRÓXIMO FIN DE SEMANA

- **Daniel:** Anda, yo no había oído que *(organizar)* _____ una superfiesta para celebrar la llegada de la primavera.

- **Alfonso:** Sí, hombre, estaba anunciada por todas partes, pero me han dicho que la *(suspender)* _____ por razones de seguridad.

5

FUERTES PRECIPITACIONES PARA EL FIN DE SEMANA

- **Daniel:** No me digas que *(llover)* _____ el fin de semana. ¿Te has dado cuenta de que el tiempo siempre *(empeorar)* _____ cuando acaba la semana?

- **Alfonso:** Sí, es verdad que o *(llover)* _____ o *(descender)* _____ las temperaturas.

6

A POLA LÓPEZ SE LE ROMPE EL VESTIDO DURANTE UNA GALA BENÉFICA

- **Alfonso:** Vaya, esto sí que tiene gracia.

- **Daniel:** ¿El qué?

- **Alfonso:** ¿Tú no te has enterado de lo del vestido de Pola López la otra noche?

- **Daniel:** No, no he oído que le *(pasar)* _____ nada.

- **Alfonso:** Fue durante la gala benéfica para las personas necesitadas. Yo la estaba viendo con mi madre y, de repente, nos dimos cuenta de que se le *(romper)* _____ un tirante del vestido. ¡Qué situación tan incómoda! Piensa que *(ser)* _____ en directo y la pobre no sabía qué hacer.

- **Daniel:** ¡Qué tontería! No veo bien que este tipo de noticias *(publicarse)* _____ en un periódico serio.

9 Entrevista digital

▶ **A** Alfonso está muy interesado en el comercio electrónico y está leyendo las preguntas que los cibernautas le hacen a una experta en el tema. Completa las respuestas con los siguientes verbos y relaciona después ambas columnas.

🏠 **Inicio**   **#**   💬 **Comercio *online***

[**permitir realizar ser ahorrarse complementarse perjudicar definirse**]

1. ¿No cree usted que el comercio electrónico perjudica al comercio tradicional?

2. ¿Es seguro comprar con tarjeta a través de Internet?

3. ¿Qué ventajas presenta para una empresa la posibilidad de vender en la red?

4. ¿Cómo se benefician los clientes?

5. ¿Sería tan amable de describir el perfil general del usuario del comercio en línea?

A   No hay duda de que se _____ la compra con más comodidad, seguridad y sin necesidad de esperar largas colas.

B   Claro que sí, está comprobado que el número de fraudes _____ inferior al que se producen en ventas *offline*.

C   Según las encuestas, observamos que _____ en su mayoría como personas solteras, jóvenes, sin hijos, que viven en ciudades grandes, con formación universitaria y con buen manejo de las nuevas tecnologías.

D   No, en absoluto, no es cierto que lo _____, al contrario, está demostrado que _____ .

E   Está clarísimo que _____ el capital destinado a instalaciones y también es evidente que les _____ trabajar desde cualquier punto del país.

`1234 5678 9101 1121`
`04/25`

▶ **B** 👥 Completa estas opiniones sobre las respuestas de la experta. Después di lo que piensas tú. Pregúntale también su opinión a tu compañero.

No estoy de acuerdo con que el pequeño comercio no *(verse afectado)* _____ con las ventas en línea.

1   MI OPINIÓN: *No es verdad que…*
MI COMPAÑERO: *Mi compañero piensa que…*

Pienso que sí es probable que te *(estafar)* _____ cuando compras *online*.

2   MI OPINIÓN:
MI COMPAÑERO:

La red ofrece muchísimos beneficios a las empresas; además, es imprescindible *(aparecer)* _____ en ella, pues si no, no eres nadie.

3   MI OPINIÓN:
MI COMPAÑERO:

4 Sería ridículo que *(nosotros negar)* _____ las ventajas de comprar en Internet, porque es algo que ya no es el futuro, sino el presente.

MI OPINIÓN:
MI COMPAÑERO:

5 Para mí no está muy claro que la mayoría de los usuarios *(vivir)* _____ en las grandes ciudades, pues quizá para la gente que vive en lugares más pequeños, la red sea la única forma de mantener el contacto con el mundo.

MI OPINIÓN:
MI COMPAÑERO:

10 Te digo que *ves* / *veas* la tele mucho

▶ **A** Fíjate en estas cuatro oraciones y después completa la información que falta.

> **1** Te **he dicho que** no **me gusta** la peli que echan esta noche en la tele.
>
> **2** Te **he dicho que** no la **veas** si no quieres.
>
> **3** **Siento que** no **puedas** acompañarnos al teatro.
>
> **4** **Siento que** aquí **está** ocurriendo algo extraño.

En la oración 1 el verbo *decir* significa 'comunicar', es un verbo de _____ , por eso, el verbo 2 va en _____ .

En la oración 2 el verbo *decir* significa 'sugerir', es un verbo de _____ , por eso el verbo 2 va en _____ .

En la oración 3 el verbo *sentir* significa 'lamentar', es un verbo de _____ , por eso el verbo 2 va en _____ .

En la oración 4 el verbo *sentir* significa 'darse cuenta, notar, percibir', es un verbo de _____ , por eso el verbo 2 va en _____ .

▶ **B** Ahora completa las oraciones con formas de indicativo o subjuntivo. No olvides la correspondencia de los tiempos. Puede haber varias opciones.

1 Te digo que la película la *(estrenar)* _____ pasado mañana.

2 Te digo que *(tú, venir)* _____ conmigo.

3 Me dijeron que *(yo, comprar)* _____ las entradas para todos en la taquilla.

4 Me dijeron que las entradas *(costar)* _____ más baratas por ser el día del espectador.

5 Yo te diría que lo mejor de la película *(ser)* _____ su banda sonora.

6 Yo te diría que la *(tú, ver)* _____ y me *(tú, dar)* _____ tu opinión.

7 Nos han dicho que *(ellos, rodar)* _____ un cortometraje en nuestro barrio la semana que viene.

8 Nos han dicho que *(nosotros, presentarse)* _____ al *casting*: dicen que es una buena oportunidad.

9 Sentimos mucho que la protagonista *(morir)* _____ al final de la película, no se lo merecía.

10 Sentí que aquella historia no *(tener)* _____ un final feliz, todo apuntaba a un final trágico.

11 Pero ¿es que no *(sentir, tú)* _____ que por fin ha llegado la primavera?

12 Siento mucho que *(fallecer, tu periquito)* _____ . Piensa que al menos contigo ha vivido como un rey.

11 Especialistas en *ser* y *estar*

▶ **A** 🔊**1 17** En el programa de radio *Amantes de ELE* jugamos al concurso «Especialistas en *ser* y *estar*». Escuchad la explicación y después responded con el verbo SER o ESTAR y el adjetivo correcto. Una extraña concursante está participando: gana un punto el que conteste bien y más rápido que ella.

VIOLENTO · VIVO · ABURRIDO · ATENTO · BUENO · CALLADO · CANSADO · CATÓLICO · DESPIERTO · FRESCO · LISTO · MALO · MOLESTO · MUERTO · NEGRO · VERDE

ser estar

▶ **B** 👥 Ya sabes que hay adjetivos que se usan indistintamente con los verbos SER o ESTAR, pero pueden cambiar de significado. Explicad lo que quieren decir estas expresiones y escribid un ejemplo contextualizado.

SER	Significado	Ejemplo
Atento	Cortés, amable	Mis vecinos **son** muy **atentos** con nosotros, nos ayudan siempre, son serviciales.
Bueno		
Católico		
Despierto		
Listo		
Molesto		
Un muerto		

*Claudia **está lista**.*

ESTAR		
Aburrido		
Atento		
Callado		
Cansado		
Malo		
Bueno		
Verde		
Vivo		

*Claudia **es** muy **lista**.*

12 «¿Ser o estar? Esa es la cuestión»

▶ Completa las oraciones con la forma adecuada de SER o ESTAR. Atención al tiempo y modo.

1 Cambias de trabajo como de chaqueta, hace poco _____ de vigilante de seguridad y ahora _____ de recepcionista. De pequeño, ¿qué querías _____?

2 Es una maravilla que, desde que nos hemos mudado de piso, _____ tan tranquilos y sin vecinos que nos molesten.

3 La conferencia ayer _____ en la sala de recepción y la de mañana _____ en la biblioteca.

4 Mi compañero nunca _____ muy agradable, pero últimamente _____ insoportable, no tengo ni idea de qué le estará pasando.

5 Chico, ¡qué feo _____ con ese flequillo! Córtatelo ya, no te favorece.

6 Alfonso no está deprimido, lo que está _____ preocupado por la situación de su empresa.

7 Vamos a ver si hoy las fresas _____ a buen precio porque ayer _____ carísimas.

8 No parece que (nosotros) _____ en invierno, he mirado el termómetro y _____ a veinticinco grados.

13 Y finalmente…

▶ Completa las siguientes oraciones con los adverbios del recuadro.

> gravemente   gratamente   desgraciadamente
> sorprendentemente   afortunadamente

1 Los sindicatos, _____ sorprendidos ante la decisión de subida salarial por parte de algunos empresarios, decidieron anular la convocatoria de huelga.

2 _____, no hay que lamentar víctimas tras el aparatoso choque en cadena.

3 La dueña de la perrita desaparecida está _____ afectada por la situación por la que atraviesa.

4 Durante la celebración del juicio, _____, el acusado se ha declarado culpable de los hechos que se le imputan.

5 _____, mi equipo no ganó la final, aunque jugó muy bien.

14 Un poco más de tacto

▶ En algunas situaciones debemos suavizar las órdenes que damos. Sustituye los siguientes imperativos por otras formas más amables. Fíjate en el ejemplo y utiliza los verbos que te damos.

≪ pedir / agradecer / hacer falta
necesitar / rogar / querer ≫

1. Un jefe le dice a su empleado: «Hágame dos fotocopias de este documento».

   *Quisiera que me **hiciese** / **hiciera** dos fotocopias…*

2. El policía le ordena a un conductor: «Baje inmediatamente del vehículo».

   Le ruego / rogaría _____

3. El profesor le dice al estudiante: «Mañana sé puntual».

   Te pediría _____

4. El paciente le pide a su médico: «Hágame un justificante para el trabajo».

   Necesitaría / Me haría falta _____

5. El empleado del banco le comenta al cliente: «Vuelva mañana para hablar con el director».

   Le agradecería _____

15 De compras por la red

▶ **A** 🕐 1 18 Escucha un artículo sobre los hábitos de consumo de los españoles en la red. Luego léelo y subraya la información que no se corresponde con lo que has escuchado. Comparad vuestras respuestas en plenaria, como en el ejemplo.

No han dicho que el porcentaje de internautas sea de un 31%, sino que dice que es de un...

Las compras de los españoles en Internet

LOS ÚLTIMOS RESULTADOS **del reciente estudio general de Internet** demuestran que las reservas de viajes son lo que más compran los cibernautas en la red con un 31%.

En el segundo puesto, aparece la adquisición de entradas para diferentes espectáculos con un 18% y, en tercer lugar, la compra de libros con un 17%.

Previsiblemente, el número de usuarios que optan por adquirir sus equipos electrónicos y electrodomésticos *online* también va en aumento con un 13%. Esto nos demuestra que los hábitos de compra están variando en nuestro país. Además de estos servicios y artículos, se compran también *hardware,* 10%; suscripciones a periódicos y revistas, 8%; alojamiento web y correo electrónico, 8%; financiación

online, 7%; alimentación y artículos de limpieza, 5%; ropa y calzado, 5% y, en último lugar, coches, motocicletas y accesorios relacionados con el motor, 1%.

El estudio se realiza cada tres meses a través de una encuesta a la que acceden miles de internautas. Para participar en la siguiente consulta, solo hay que acceder a una página web y facilitar una dirección de correo electrónico en la que se recibirá el enlace que lleva hasta la encuesta. Al mismo tiempo que se aporta la opinión, se optará por un premio que alcanza los 6000 euros.

En el segundo semestre del presente año, se tiene previsto, con los resultados de sus cuatro primeros estudios, presentar la evolución en el sector.

▶ **B** 👥 ¿Cuáles son las ventajas y desventajas de la compra *online*? Haced dos grupos en clase: uno a favor y otro en contra de la compra a través de Internet. Usad los siguientes conectores en el debate.

CONECTORES CONTRAARGUMENTATIVOS

Sin embargo

A pesar de

No obstante

En cambio

Mientras que

▶ **C** ¿Qué compra la gente de tu país a través de la red? ¿Has tenido tú o alguien que tú conozcas alguna mala experiencia después de comprar en Internet?

1 Días de ocio

▶ **A** 🔊**1 19** A Alfonso le fascinan la música y el teatro. Ha entrado en el foro de una página web de festivales para informarse sobre las diferentes ofertas. Escucha y completa las intervenciones.

XIMO: ¡Ojalá hubiera ido antes! A pesar de estar bastante cerca de Valencia, el pasado mes de julio fue la primera vez que asistí. Me encanta la música _____, por eso pude disfrutar muchísimo. Es un festival bastante _____ y es una oportunidad genial para conocer las nuevas _____ musicales. Fue increíble ver a Björk encima del _____ o escuchar a Leonard Cohen. No faltaban tampoco actividades teatrales, de cine, de moda… Si además de todo eso, estás al lado del mar, ¿qué más se puede pedir? Quizá quedarse en tiendas de campaña no sea lo más cómodo, pero te permite conocer a gente de todas partes del mundo. ¡Ah!, el alojamiento va incluido en el precio de la entrada. Yo os aconsejaría a todos que no os lo perdierais.

M.ª ELENA: Aproveché mi estancia habanera para _____ a una cita teatral que se prolongó durante casi dos semanas. Había _____ de diecisiete países, entre ellos, Argentina, Finlandia o Turquía… Si quieres conocer las tendencias más _____ en la escena mundial, no puedes faltar. Recuerdo que fue la compañía del _____ español Antonio Gades la encargada de _____ el evento. Digno de ver, sin duda.

ELÍAS: Vine desde Colombia porque había escuchado que era algo que no se podía describir con palabras. Me parece estupendo que se pueda combinar el turismo con la cultura. Este ideal se hace realidad en el _____ de los jardines de la Alhambra o de los palacios nazaritas. _____ y un sinfín de demostraciones artísticas de un altísimo nivel. Todo ello a buen precio, ya que la organización ofrece _____ para jóvenes y jubilados. En cuanto pueda, me escapo y repito experiencia.

HUGO: Es alucinante que un _____ se llene con más de 15 000 _____. Es en el mes de febrero cuando los _____ pueden vivir la mejor experiencia de sus vidas moviendo las caderas al _____ de la bachata o el *reggaeton*. No obstante, los amantes de la ópera también tienen su espacio. A lo largo de su historia han pasado por él _____ hispanas, como Rocío Jurado, Raphael o Julio Iglesias; y, por supuesto, también hispanoamericanas: Thalia, Luis Miguel, Chayanne, Shakira o Ricky Martin.

ELEONORA: Siempre me ha fascinado lo clásico, por eso asistir a este encuentro de autores clásicos, tanto nacionales como internacionales, era casi una obligación. _____, comedia, aventuras…; en definitiva, una programación que satisface todos los gustos. Puestas en _____ que te dejan con la boca abierta. _____, ermitas, plazas o museos han servido para la representación de las _____. Recuerdo que otro de los aspectos que más me impresionó fue que duraba, si no recuerdo mal, unos veinticuatro días. Prácticamente, te quedas pegado a la _____, ja, ja, ja…

▶ **B** A continuación, tienes el nombre de los festivales sobre los que se habla en el foro. ¿A cuál de ellos asistieron los participantes del mismo?

> *A mí me parece que Ximo estuvo en…*

< *Está claro que Eleonora asistió a…*

FESTIVAL DE TEATRO CLÁSICO DE ALMAGRO (CIUDAD REAL):

FESTIVAL DE VIÑA DEL MAR (CHILE):

FESTIVAL DE MÚSICA DE BENICÀSSIM (CASTELLÓN):

FESTIVAL INTERNACIONAL DE MÚSICA Y DANZA DE GRANADA:

FESTIVAL DE TEATRO DE LA HABANA:

2 A pensar un poquito

▶ Escribe una reacción que represente cada una de estas situaciones.
Fíjate en el ejemplo.

Venga hombre, dudo mucho de que **tengas** seis hijos.

A

Un compañero de trabajo al que conoces desde hace poco tiempo te comenta que tiene sextillizos y tú no te lo crees.

Madre mía, ya lo veo, ya no dudo de que **tienes** seis hijos.

B

El compañero te enseña una foto de sus sextillizos para que te lo creas. Puedes confirmar que es verdad lo que te ha comentado.

A Te encuentras con un amigo tuyo, que está muy molesto porque te dice que te ha enviado un montón de *whatsapps* y tú no le has contestado. Tú no te has dado cuenta de nada.

1

B Miras tu móvil y compruebas que realmente tienes muchos *whatsapps* suyos sin leer.

Tu reacción: _____

_____

Tu reacción: _____

_____

A Hablas con tu vecino y durante la conversación descubrís que nacisteis el mismo año, mes y día.

2

B Para comprobar que es cierto lo que decís, os enseñáis el carné de identidad para confirmarlo.

Tu reacción: _____

_____

Tu reacción: _____

_____

A Sales a tomar unas tapas y el camarero que te atiende es un antiguo compañero del instituto.

3

B Te encuentras con un antiguo compañero del instituto y te comenta que trabaja de camarero en un bar de tapas.

Tu reacción: _____

_____

Tu reacción: _____

_____

A No estás muy católico y vas al médico, y este te pregunta si tienes fiebre. Tú no te has puesto el termómetro.

4

B El médico te pide que te pongas el termómetro, que tras un minuto marca 39 grados.

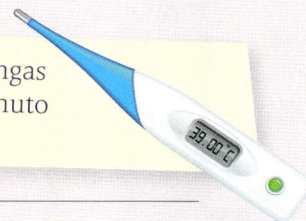

Tu reacción: _____

_____

Tu reacción: _____

_____

3 Combinaciones

▶ Une los elementos de las dos columnas para formar oraciones con sentido. A veces es posible hacer más de una combinación.

1. Me molestaría muchísimo…

2. En mi infancia me volvía loco…

3. Nos sorprendería…

4. A mis hermanos les encantó…

5. No soporto…

6. Después de terminar mi carrera quisiera…

7. Está fatal…

8. No me digas…

9. Sería conveniente…

10. Veo una tontería…

a) que nuestro hijo hubiera hecho eso.

b) que te quieras enterar de todo lo que hago.

c) que me engañaras.

d) que me regalasen chuches.

e) que te hayas marchado sin despedirte.

f) que ella se informara antes de hacer nada.

g) que compréis ahora, las rebajas están para empezar.

h) que me llamaran para trabajar inmediatamente.

i) hacer el viaje a Disneyland.

j) que te has vuelto a olvidar el libro en casa.

4 ¿Cómo están o cómo son?

▶ Lee y subraya la opción correcta.

1 Marina acaba de sacarse el carné de conducir y todavía se pone de los nervios al volante. Es normal que *es / sea / esté* nerviosa, aún *está / es* muy verde.

2 Les pedí a mis amigos que *estaban / fueran / estuviesen* listos antes de las diez.

3 Es increíble que *estéis / seáis* molestos conmigo solo porque os he gastado una broma sin importancia, ¡qué poco sentido del humor!

4 Sería conveniente que *estuvierais / fuerais* más atentos a lo que os digo, porque después no sabéis cómo hacerlo.

5 Me da la impresión de que aquí la gente, en general, *es / esté* más callada que en el sur, pero no hay duda de que *son / están / sean* muy atentos con todo el mundo.

6 Me han comentado que anoche Montse no *estaba / era / había estado* muy católica y que por eso se fue tan pronto de la fiesta.

7 No penséis que ya *estoy / soy / esté* bueno, lo que pasa es que no soporto quedarme en la cama.

8 Escuchadme, las noticias que os voy a contar *son / están* frescas, seguro que *estáis / sois* interesados.

9 Me parece extraño que los niños no *son / estén* dormidos: ya son las tantas.

5 Pintura y escultura, ¡qué arte!

▶ **A** 👥 A Alfonso también le gusta la pintura. Entre sus artistas favoritos está Fernando Botero, pintor y dibujante colombiano. ¿Lo conocéis? Aquí tenéis algunas de sus pinturas y esculturas. ¿Os gustan? Describidlas entre todos y después ponedles un nombre a cada una de ellas. ¡A ver si coincide con su título real!

1

Nombre: _____

2

Nombre: _____

3

Nombre: _____

4

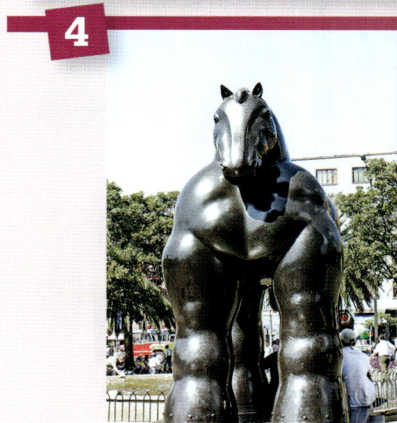

Nombre: _____

5

Nombre: _____

6

Nombre: _____

▶ **B** 👥 🕐 1 20 Escuchad la audición y conoceréis un poco más de este genial artista. Comprobad si vuestros títulos se parecen a los originales y completad la siguiente ficha:

Características generales de su obra

Nombre de algunas de sus pinturas y esculturas

Lugares donde se encuentran sus esculturas

Artistas a los que recuerda con sus obras

▶ **C** 👥 Ahora investigad sobre la vida y obra de los artistas mexicanos Frida Kahlo y Diego Rivera. Escribid un pequeño informe y después presentadlo en clase.

Frida Kahlo

Por un mundo mejor

▶ **Necesitamos aprender**

- Las oraciones causales, las finales y las modales
- La expresión de la probabilidad
- Los valores de SE
- El léxico relacionado con el medioambiente

▶ **Para**

- Expresar causa, finalidad y modo
- Expresar la impersonalidad (I)
- Reformular y reclamar

1 + Natura

▶ **A** En esta edición de + *Natura*, una revista digital ecologista, han aparecido las siguientes imágenes. Escribe un posible pie de foto y justifica tu respuesta. ¿Qué te sugieren?

+ Natura

▶ **B** 👥 A continuación, relacionad las siguientes series de términos con cada una de las imágenes. Consultad con el profesor o usad el diccionario si no los conocéis.

A

Lluvias torrenciales

Inundación

Temporal

Catástrofe natural

Tormenta

B

Recursos naturales

Desarrollo sostenible

Energía eólica, solar, hidráulica

Desarrollo tecnológico

Ahorro energético

Energía renovable

C

Aumento de la población

Superpoblación

Índice de natalidad

Disminución de la población

D

Animal terrestre

Especie protegida

Animal marino

Especie en peligro de extinción

Aves

Ecosistema

▶ **C** 👥 Estas son las noticias relacionadas con las imágenes anteriores. En parejas, leedlas, ponedles título y sustituid las palabras en negrita por alguno de los términos de 1 B, adaptándolos si es necesario.

1 UNO DE LOS PROBLEMAS a los que se enfrenta el planeta es el de la población. Al contrario de lo que nos pensamos, el mundo no está tan **(1) lleno de gente** _____. La superficie de la Tierra es de 40 800 km², pero una gran parte no está poblada. Según las estimaciones de la ONU, el pasado año el planeta alcanzó los 7000 millones de habitantes y más de la mitad de la población de la Tierra vive en zonas urbanas. Se prevé que en 2030 esta cifra sea mayor. La urbanización del planeta se hace, por tanto, inevitable.

Aunque parece que la población va en aumento, la realidad de las estadísticas demuestra que en Europa y Japón cada vez **(2)** hay **menos población** _____. **(3) El crecimiento** _____ de la población mundial está bajando rápidamente. Las cifras de las Naciones Unidas muestran que 79 países que suman más de un tercio de la población mundial tienen ahora tasas de fertilidad demasiado bajas. Como muestra, **(4) el número de niños que debe nacer** _____ en un país para reemplazar a una generación es de 2,1, y en España es de 1,3.

Imagen: ☐

Título: _____

2 UNA DE CADA TRES ESPECIES de animales se encuentra **(5) al borde de la desaparición** _____ en la península ibérica entre _____, las aves o **(6) las especies de tierra** _____. La **(7) las especies de mar** _____. La extinción forma parte de la evolución natural. Pero en los últimos años ha aumentado casi el doble la destrucción del **(8) hábitat** _____ de las especies por diferentes razones: la tala de árboles, la sequía, el desbordamiento de ríos, la contaminación, la incorporación de animales exóticos –que acaban con las **(9) especies propias** _____ de un país– la caza furtiva, el tráfico de especies animales... Por todo ello, ha crecido el número de **(10) animales que necesitan protección** _____. En España, las especies que se encuentran en peligro de extinción son el lince ibérico, el oso pardo, el águila imperial, el lobo ibérico, la foca monje y el lagarto de Canarias, entre otros.

Imagen: ☐

Título: _____

3 PARECE QUE EN LAS ÚLTIMAS DÉCADAS se observa con preocupación un aumento de las catástrofes climáticas, entre ellas, las producidas por el agua. En diferentes lugares del planeta, las fuertes lluvias provocadas por **(11) las tempestades** _____ son causa de las crecidas de los ríos; como consecuencia se originan numerosos daños en viviendas e incluso el desalojo o la desaparición de ciudadanos. Uno de esos casos aconteció en Buenos Aires: en 12 horas llovió lo que suele llover en todo el mes de abril y 2200 personas fueron evacuadas por la crecida de las aguas. La intensidad de la **(12) lluvia, truenos y relámpagos** _____ provocó el que barrios enteros **(13) se llenasen de agua** _____ y ello afectó a unas 350 000 personas. Por todo ello, la situación se puede calificar de **(14) catástrofe** _____.

Imagen: ☐

Título: _____

4 LA UTILIZACIÓN DE **(15) la riqueza medioambiental** _____ y el desarrollo de las fuentes renovables de energía son dos de los aspectos clave de una buena política energética porque contribuyen eficientemente a la reducción del efecto invernadero. Por ello, desde aquí pedimos una mayor implicación de todos los gobiernos para mantener políticas que activen las energías **(16) que se pueden reutilizar** _____ y para que se disminuya la dependencia del petróleo. Si se diversifican las fuentes de suministros y se promueven los recursos autóctonos, podremos disfrutar de un desarrollo **(17) que se puede mantener** _____. En este sentido, podemos señalar que las instalaciones **(18) relacionadas con el viento** _____, las centrales **(19) de energía proveniente del agua** _____ y las instalaciones de energía **(20) proveniente del sol** _____ ya son rentables y cuentan con algo de apoyo de la población y de muchas autoridades. Sin embargo, otras energías necesitan un fuerte aval que permita el **(21) avance científico** _____ como es el caso de las plantas de energía recogida de la combustión **(22) de materia orgánica** _____ para transformarla en energía. Cualquier ayuda es poca para conseguir mayor **(23) conservación, aprovechamiento y menor coste de la energía** _____.

Imagen: ☐

Título: _____

▶ **D** Después de leer los textos, contesta a las siguientes preguntas.

1 ¿Por qué es necesario planificar las infraestructuras de las ciudades?
_____

2 ¿Cuál es la causa de la disminución de la población mundial?
_____

3 ¿Cuál es la finalidad de las leyes de protección de especies animales?
_____

4 ¿Qué causó el desastre natural de Buenos Aires?
_____

5 ¿Por qué se hace imprescindible en los países la elaboración de políticas energéticas efectivas?
_____
_____

→ ATENCIÓN

Observa que en las preguntas se hace referencia a la causa y a la finalidad de las acciones. Para expresarlas usamos *porque* y *para (que),* respectivamente.

▶ **E** En los textos de la revista + *Natura* aparecen cuantificadores, es decir, palabras que expresan la medida de algo.
Te presentamos algunos. Vuelve a leer los artículos y márcalos.
Tres de ellos no aparecen. Luego, escribe en tu cuaderno un ejemplo con cada uno, incluso con los que no se han utilizado en los textos.

mitad – tercio – doceavo
doble – triple – cada
cualquier – cualquiera
algo

2 Últimas noticias

▶ **A** ⏺ **1 21** En el programa de radio + *Natura* se comentan algunas noticias actuales relacionadas con el medioambiente, pero en el anuncio de los temas se han colado algunos que no se tratan. Escucha y señala los que aparecen y los que no.

1 ¿Por qué es necesario planificar las infraestructuras de las ciudades?
Sí ☐ **No** ☐

2 Se retoma el Plan de la Biosfera del Mediterráneo.
Sí ☐ **No** ☐

3 El golfo de California está en peligro por la construcción de un enclave turístico.
Sí ☐ **No** ☐

4 Empieza la temporada de cría en la reserva natural de Laguna de Fuente de Piedra.
Sí ☐ **No** ☐

5 La tala de árboles en El Amazonas.
Sí ☐ **No** ☐

6 El deshielo de los glaciares de Los Andes.
Sí ☐ **No** ☐

▶ **B** 🕐 **1** **21** A continuación te presentamos algunas palabras y expresiones que aparecen en la audición anterior. Escucha de nuevo y escríbelas en su noticia correspondiente.

> relieve / explotación turística / aves migratorias
> infraestructuras / cordillera / cría / reproducción
> sobreexplotación / desarrollo sostenible/ glaciares

Noticia 1: _____

_____

Noticia 2: _____

_____

Noticia 3: _____

_____

Noticia 4: _____

_____

ⓞ SE impersonal

- *Se* + verbo en 3.ª persona singular.

  Se lee menos de lo deseado.
  Se felicitó a todos los participantes.

ℹ️ **FÍJATE:**

Se vende coche de segunda mano ≠ *Se venden coches de segunda mano.* ➡
Pasiva refleja: tiene sujeto gramatical: *Los coches son vendidos.*

▶ **C** Los interlocutores del programa de radio, a veces, no se refieren a un sujeto personal, concreto, en sus intervenciones. Es decir, hablan con estructuras impersonales. Observa la ficha y completa con los siguientes verbos en forma impersonal (puedes elegir el tiempo).

> desarrollar – hablar – crear – temer – diseñar – reactiva

1 *Se reactiva* la biosfera del Mediterráneo.

2 _____ un plan especial de actuación.

3 La noticia es que _____ hasta 2015.

4 _____ mucho del golfo de California.

5 La mala noticia es que _____ que puede estar en peligro.

6 En 1995 _____ una reserva marina.

▶ **D** 👥 Para aclarar las ideas, los personajes de la actividad 2 A utilizan marcadores de reformulación. Comentad qué medidas se podrían tomar para proteger el planeta. Fijaos en la ficha y preparad bien las intervenciones.

Deberíamos usar menos el coche y más la bicicleta.

Bueno, **una cosa**, no podemos olvidar los coches eléctricos: contaminan menos.

Ya, pero de **todos modos,** la bicicleta aún contamina menos.

→ ATENCIÓN

Los marcadores de reformulación del discurso se utilizan para profundizar en un contenido anunciado previamente o para presentar una información nueva.

- **Para profundizar en un contenido anunciado**

  De todos modos
  En cualquier caso
  Mejor dicho
  De todas maneras

- **Para presentar información nueva**

  A propósito
  Una cosa
  Por cierto

3 Esto no puede seguir así

▶ **A** En una de las oficinas de BANKSUR ha ocurrido un incidente. Lee la siguiente carta. ¿Cuál crees que es el motivo de esta carta? ¿Qué quiere conseguir la remitente?

Sonia de Pedro García
C/ Juan Ignacio Luca de Tena, 15
08019 Barcelona

Banksur
C/ Reclamo, 37
Barcelona 08910

Asunto: Reclamación B20987/2014

Barcelona, 3 de octubre de 2014

Estimados señores:

Por la presente, quisiera poder obtener una respuesta a la reclamación que les remití hace ya dos meses, **para que se tomasen** medidas por un incidente ocurrido en su oficina con uno de sus empleados, **a efectos de que no volviesen a suceder** situaciones tan lamentables como la que sufrimos mi hijo y yo.

No realizamos ninguna denuncia en la comisaría **a fin de que pudiéramos** arreglar el conflicto, al que me refería en la carta referenciada, por la vía amistosa. Sin embargo, le transmito mi más profundo malestar por lo sucedido y por su lamentable silencio y le emplazo **a que tengamos** una reunión lo antes posible con el empleado que originó dicho conflicto, **para que arreglemos** todo de una forma civilizada; si no, me veré obligada ya de forma inminente a formular la correspondiente denuncia.

Sin otro particular, se despide atentamente,

Sonia de Pedro García

▶ **B** Como has observado, en el texto aparecen unas expresiones en negrita. ¿A qué se refieren? Señala la opción correcta.

☐ Se refieren a la razón por la que Sonia escribió la carta.

☐ Se refieren al objetivo que quiere conseguir Sonia con la carta.

▶ **C** Las oraciones que aparecen marcadas en el texto expresan finalidad y vienen introducidas por un conector. Vuelve a leer el texto, observa los conectores que las introducen y anótalos. ¿Conoces algunos más?

conectores de finalidad

A efectos de (que), _____

→ ATENCIÓN

Algunos verbos que rigen la preposición *a* y que expresan un movimiento figurado también pueden indicar finalidad.

*Mi jefa me **emplazó a** reunirme con ella en su despacho.*

*Luis me **animó a** que asistiera a la fiesta.*

▶ **D** Finalmente, lee las siguientes conclusiones y marca la opción correcta.

Los marcadores de finalidad *para, a fin de, a efectos de, con motivo de, con el objeto de* se usan con **infinitivo** cuando el sujeto del verbo principal y el subordinado son el mismo.

Sí ☐
No ☐

Los marcadores de finalidad *para que, a fin de que, con el objeto de que, con el motivo de que* se usan con **subjuntivo** cuando el sujeto del verbo principal y el subordinado son distintos.

Sí ☐
No ☐

4 ¿Y esto por qué?

▶ **A** 🕐 **1 22** Una estudiante está preparando un trabajo sobre los animales más importantes en Latinoamérica. Escucha y lee la conversación. ¿Conoces otras historias o leyendas de animales? Coméntalo con tus compañeros.

Ángela: Ana, ¿qué estás haciendo?

Ana: Estoy preparando un trabajo para mi clase de ciencias y he encontrado información muy curiosa de algunos animales en Sudamérica.

Ángela: ¡Qué interesante! ¿Me cuentas algo?

Ana: Vale. Mira, he encontrado que en Colombia los llaneros son los cuidadores del ganado: de las vacas y los toros.

Ángela: ¿Ah, sí? Bueno... ¿Y eso qué tiene de curioso?

Ana: Pues que algunos de estos llaneros cantan, hablan y silban a los animales. ¿Y sabes por qué?

Ángela: No. Ni idea, ¿por qué?

Ana: Porque así el ganado está más tranquilo y no rompe los corrales ni se dispersa por la sabana.

Ángela: ¡Anda! ¡Qué curioso!

Ana: También he leído una leyenda muy curiosa sobre las llamas, uno de los animales más representativos de América del Sur y que ya eran usados en lugar del caballo en el Imperio inca.

Ángela: Ah, no lo sabía.

Ana: Otra cosa que no sabía es que Colombia es el segundo país del mundo con mayor número de especies únicas de anfibios, después de Brasil, pero también es el primero en tener estas especies bajo amenaza.

Ángela: Tienen mucho trabajo por delante.

▶ **B** Vuelve a leer el diálogo y completa las siguientes oraciones.

1. En Colombia los llaneros cantan a los animales porque _____.

2. Los animales en los corrales no intentan escaparse debido a que _____.

3. Ya que / puesto que las _____, hay algunas leyendas sobre ellas.

4. Como _____, tienen que trabajar mucho para salvarlas.

▶ **C** 👥 En el ejercicio 4 B aparecen los conectores de las oraciones causales. Cada uno expresa matices diferentes. Con tu compañero, vuelve a leer las oraciones, y clasifica las oraciones y los conectores según su uso.

	Frase n.º	Conector
1. Se usa cuando la causa aparece tras el verbo principal.		
2. Se usa cuando la causa aparece antepuesta al verbo principal.		
3. Explica la razón de una información en situaciones más formales; puede ir delante o detrás de la oración principal.		
4. Se usa cuando se habla de una causa conocida con anterioridad.	3	*Ya que*

▶ **D** Finalmente, fíjate en los tiempos verbales usados en las oraciones causales. ¿Qué modo utilizan?

5 Me voy de viaje

▶ **A** La empresa de turismo El alpinista organiza viajes a los picos montañosos más importantes del mundo hispano. Mira la página web. ¿Te gusta lo que presenta? ¿Qué elegirías tú?

viajes
El alpinista

| ¿Qué te ofrecemos? | Reserva *online* | ¿Quiénes somos? | Multiaventura de montaña |
| Especialista en nieve | Viajes a medida | Viajes en privado | **Contratación especial** |

Viaja a algunos de los picos más apartados del planeta, lugares que siempre habías deseado visitar

Aconcagua (Argentina)
Altitud 6969 m

Ubicado al oeste de Argentina, está integrado en la cordillera de los Andes. Es el pico más elevado del hemisferio sur y la segunda cumbre más alta después del Everest.

Teide (España)
Altitud 3718 m

Es un volcán situado en la isla de Tenerife (islas Canarias). Es el pico más alto de España y el tercer mayor volcán de la Tierra desde su base en el lecho oceánico. Forma parte del Parque Nacional del Teide y fue declarado Patrimonio de la Humanidad por la UNESCO.

Huascarán (Perú)
Altitud 6768 m

Es un macizo nevado, ubicado en la cordillera occidental de los Andes peruanos. Posee tres picos: la cumbre norte con 6555 m, la sur con 6768 m y la cumbre del este, con 6354 m. Es la quinta montaña más alta del hemisferio occidental.

✔ Prepara el viaje como tú siempre has deseado: *rafting*, descenso de barrancos, senderismo.

✔ Ofertas de última hora, todo incluido, sin complicaciones. También ofrecemos paquetes especiales para empresas, colegios, despedidas de soltero de la forma que indican las condiciones ofertadas en la página web.

✔ Precios por convenir según fecha, lugar de alojamiento y servicios incluidos, según sean las condiciones contratadas.

✔ Te lo organizamos todo para que no tengas que ocuparte de nada.

✔ Págalo como tú quieras: en efectivo o a plazos sin intereses.

▶ **B** En estas indicaciones aparecen oraciones de modo que informan de la manera en que se realizan las acciones. Fíjate y subraya los conectores modales.

▶ **C** Ahora, clasifica esas oraciones de modo en la ficha.

Indicativo	Subjuntivo
▪ Hablamos de hechos conocidos o experimentados por el hablante.	▪ Hablamos de hechos desconocidos o no experimentados por el hablante.
Como tú siempre has deseado	

6 Historias para no dormir

▶ **A** Aquí tienes un relato sorprendente. Léelo y presta atención a las palabras marcadas en negrita.

El verano pasado fue uno de los mejores de mi vida.

Me fui al pueblo de mis abuelos y allí contacté con amigos de la infancia que hacía muchísimo tiempo que no veía.

Al principio, el tiempo pasaba lento y temí aburrirme mucho… ¡Hasta que llegó mi amiga Isabel!

Quedábamos todas las tardes para merendar y decidimos entonces que podíamos contar historias de terror.

Empezó Isabel:

«Una tarde mientras descansaba en casa vi por la ventana que **se aproximaba una tormenta.** De repente todo se puso oscuro y tuve que encender las luces. Al principio no le di mucha importancia, pero cuando fui consciente de que estaba sola en casa comencé a sentir una sensación extraña: **se oían ruidos.**

Permanecí en mi habitación sin moverme. Pasé así tanto tiempo que **se me cerraban los ojos,** pero yo no quería dormirme. Estaba sentada sobre la cama y decidí bajar al comedor para ver de qué eran esos ruidos. Al levantarme, **las piernas se me doblaban** de la tensión que tenía.

Justo cuando me fui a levantar de la cama, ¡**se apagaron las luces!**

Ya no sabía qué hacer. Recordé que tenía una linterna en el cajón y la encendí.

Bajé por las escaleras lentamente y, de repente, **se cerró la puerta de la calle.** Alguien **se fue** de allí. ¿O tal vez entraba?

Entonces recordé que hace tiempo **se decía** que los días de tormenta **se escuchaba** el aullido de los lobos y por eso **se encerraba a las ovejas** en el corral para que nos les sucediera nada.

En ese preciso instante, escuché a mis espaldas:

—Niñaaaaaa, ¿qué haces descalza con una linterna por la casa? Anda y enciende las luces.

Mi madre acababa de llegar del pueblo».

Al final, todo quedó en una historia de risa. Así era mi amiga Isabel, y cada tarde nos sorprendía con un relato que nunca sabías cómo iba a terminar.

▶ **B** En el relato aparece varias veces el pronombre SE con diferentes usos. Vuelve a leer el texto y escribe los ejemplos adecuados para cada caso.

1. Con verbos de movimiento se usa cuando es más importante el origen del movimiento que el destino.

Ejemplo: _____

2. El sujeto es inanimado o no hay un sujeto personal porque no interesa.

Ejemplo: > *Se aproximaba una tormenta…* _____

3. Cuando el sujeto no se hace responsable de la acción. Expresa involuntariedad. Se construye con pronombre de Objeto Indirecto.

Ejemplo: _____

4. a) Impersonales sin sujeto sintáctico.
b) Impersonales con sujeto sintáctico.

Ejemplo: a) _____

b) _____

◻ Gramática y léxico

CONECTORES CASUALES

Expresan la causa o el motivo. Se usan con indicativo.

- *Porque:* suele aparecer detrás de la oración principal.
  *No fuimos a la playa **porque** empezó a llover.*

- *Como:* en posición antepuesta a la oración principal.
  ***Como** no me llamabas, me fui.*

- *Debido a que:* va delante o detrás de la oración principal. Se usa en registros más formales.
  *No fui **debido a que** la decisión ya estaba tomada.*

- *Ya que, puesto que:* se usan cuando se trata de una causa conocida con anterioridad. Suelen ir en posición antepuesta.
  ***Ya que** has pedido la cita, hazte los análisis. / Hazte los análisis, **ya que** has pedido la cita.*

Oraciones finales

Expresan el objetivo o la finalidad de una acción. Además pueden expresar los siguientes valores:

- **Contraste o sucesión cronológica (*para = y*).**
  *Saldré pronto **para** llegar a tiempo.*

- **Consecuencia, con verbos como *faltar, sobrar, bastar*…**
  *Nos falta tiempo **para** entregarlo.*

CONECTORES DE FINALIDAD

- *Para* + infinitivo; *para que* + subjuntivo
  ***Para romper** esta pared somos pocos.* = sujeto.
  *Lo hice **para que aprendiera**.* ≠ sujeto.

- *A* + infinitivo; *a que* + subjuntivo con verbos de movimiento real *(venir, ir, entrar, salir, subir* y *bajar)* o figurado.
  *Entra **a ver** quién ha venido.*
  *Me **incitó a seguir** adelante.*
  *Voy **a que me enseñes** la receta del pastel.*

- **Locuciones conjuntivas y expresiones de finalidad:** *A fin de; a efectos de; con (el) objeto de, con el fin de* + infinitivo / *que* + subjuntivo.
  *Hicimos un fondo de inversión **a fin de obtener** mayores beneficios.*
  ***Con objeto de que haya** menos contaminación, se ha prohibido el tráfico en el centro de la ciudad.*

Oraciones modales

Expresan el modo o manera de realizar una acción. Se construyen con el adverbio relativo *como*, que equivale a las locuciones adverbiales *de modo que, de forma que, de manera que.* También se construyen con *según.*

- Se usan con indicativo cuando se refieren a un modo o manera conocido o experimentado.
  *Redacta el informe **como / según** te lo explicaron.* (Conozco la manera de hacer el informe).

- Se usan con subjuntivo cuando se refieren a un modo o manera desconocido o no experimentado.
  *Redacta el informe **según / como** te lo expliquen.* (Todavía no sé la manera de hacer el informe).

VALORES DE *SE*

- **Con verbos de movimiento que cambian de significado**
  - *Irse de* donde se está: fase inicial del movimiento asociado al origen.
  - *Ir a* donde está el oyente: otras fases del movimiento asociado a la meta.
    ***Se va de** aquí / ~~Va de aquí.~~*
    *(Me) **voy a** verte esta tarde.*
  - *Volver* (= regresar) / *Volverse* (girarse, darse la vuelta).
    ***Volví** tarde a casa.*
    ***Me volví** y ya no estabas.*
  - *Saltar* (= dar un salto) / *Saltarse* (evitar, omitir).
    ***Saltó** desde la valla sin dudarlo.*
    *El conductor **se saltó** el semáforo.*

- **La impersonalidad (I)**
  - *Se* + verbo en 3.ª persona de singular. No hay sujeto explícito, ni gramatical ni semántico.
    ***Se prohíbe** comer en la sala.*
    ***Se vive** bien en esta ciudad.*
    *En este hospital **se trata bien** a los enfermos.*
  - *Se* de pasiva refleja. Hay un sujeto gramatical que concuerda con el verbo.
    Es sujeto paciente, no agente.
    ***Se compra piso** por esta zona.*
    ***Se venden ordenadores** a buen precio.*

◄ ◄ ◄

□ Gramática y léxico

– **Se medio.** Se usa el pronombre *se* + 3.ª persona del verbo. La acción sucede de manera espontánea. No interesa quién o qué realiza la acción.
*Se **abrió** la ventana.* (La abrió alguien o el aire).
*Se **fundió** el hielo.*

– **Se mitigador de la responsabilidad:** *se* + *me, te, le, nos, os, les.*
*Se **me perdió** tu dinero.* (Fue sin querer).
Perdí tu dinero. (Soy el responsable).

– **Se para expresar involuntariedad con Objeto Indirecto.**
*Se **me cierran** los ojos de sueño.*

CUANTIFICADORES E INDEFINIDOS

- **Partitivos:** *mitad, tercio, doceavo…* Se construyen con *de* (la mitad de, un tercio de…).
*Queda **un tercio de** la tarta por consumir.*

- **Multiplicativos:** *doble, triple…*
*Hoy tengo **el doble de** trabajo que ayer.*

- **Cada** con sustantivos o numerales:
– Se refiere a los elementos de una serie vistos uno por uno.
*Trabajo todos y **cada uno** de los días de esta semana.*
– Designa y agrupa los elementos de una serie.
*Descanso una tarde de **cada cuatro**.*

- **Cualquier.** Es invariable y va delante de un sustantivo.
– Con significado de indiferencia totalizadora.
Cualquier persona tiene ese derecho (todos y cada uno).
– Puede llevar detrás *otro / otra*.
*Llama a **cualquier otro** fontanero.*

- **Cualquiera.** Es invariable y nunca va delante del sustantivo.
~~*Cualquiera niña puede jugar con eso.*~~
*Una niña **cualquiera** puede jugar con eso.*
– Con preposición *de* u oración de relativo.
***Cualquiera de** ellos puede venir.*
*Cómprame **cualquiera que** veas.*
– Detrás de *otro*:
*Busca en otra (tienda) **cualquiera**.*

7 Yo ahorro para…

► **A** Martín se ha hecho un lío con las definiciones de algunos términos bancarios. Léelas y relaciona ambas columnas.

1	INVERTIR:	a)	economizar.
2	BOLSA:	b)	lugar donde se compra y se vende el dinero.
3	BENEFICIO:	c)	emplear dinero en alguna empresa o bien material.
4	AHORRAR:	d)	ganancia.
5	PRÉSTAMO:	e)	dinero que una persona particular toma del banco para devolverlo más adelante con intereses.
6	FINANCIAR:	f)	aportar el dinero necesario para una empresa o para sufragar los gastos de una actividad.

► **B** Martín ha tomado algunas decisiones. Construye oraciones finales usando los siguientes conectores.

> con la intención de - para que - a que
> a fin de (que) - con (el) objeto de (que)

1 Quiero que mis hijos estudien en la universidad, pero es muy caro. He de pedir un préstamo al banco.

_____

2 Pudimos comprar nuestro coche fácilmente. La financiera nos permitió pagar el coche a plazos.

_____

3 Tengo un dinero ahorrado. He pensado invertirlo en bolsa porque se obtienen buenos beneficios.

_____

4 Me he enterado de que ahora es más barato comprarse una casa en el campo. Yo animo a mis amigos.

_____

5 El otro día me hice un seguro de vida. Es que estoy todo el día en la carretera y es un poco peligroso. Así toda la familia está más protegida.

_____

▶ **C** Martín estuvo pensando en cómo hacer para ahorrar. Hoy se lo comenta a su mujer, Carla. Completa las oraciones de finalidad con infinitivo o subjuntivo. Utiliza *que* cuando sea necesario.

Ayer estuve pensando en lo que vamos a hacer para ahorrar más dinero. Espero que toda la familia esté de acuerdo...

1. Pensé que, como cada poco tiempo hay que cortarles el pelo a los niños, podíamos comprar una maquinilla eléctrica con objeto de *(tener)* _____ menos gastos.

2. Me gustaría dejar el coche una temporada. Cogería el autobús e iría a pie para *(hacer)* _____ ejercicio. Además, es más barato.

3. Ya les dije a los niños que tenían que apagar las luces al salir de las habitaciones a fin de *(reducirse)* _____ el gasto de luz. Pagamos demasiado.

4. Hicimos una cena en casa e invitamos a cada amigo a *(traer)* _____ algo de comer.

5. Ayer fue el último día que desayuné en la cafetería porque decidí desayunar en casa con objeto de *(gastar)* _____ menos cada día.

6. Hace unas semanas decidimos cambiar de compañía eléctrica para que la factura de la luz *(ser)* _____ más reducida.

7. Cuando nuestros hijos eran pequeños, les enseñamos a *(ahorrar)* _____ comprándoles una hucha. Debemos seguir animándolos a hacerlo.

8. Hace tiempo que hago una lista de la compra cada vez que voy al supermercado con la intención de *(ser)* _____ una compra más eficiente.

9. Este mes la factura del móvil me ha salido por un ojo de la cara. ¡Qué caro! Por eso, ayer llamé al departamento de atención al cliente para *(informarme)* _____ sobre cómo abaratarla.

10. Cuando me compro ropa y zapatos, lo hago en rebajas para *(aprovechar)* _____ las ofertas y los mejores precios.

▶ **D** ¿Cuáles son los trucos que tú empleas para ahorrar? Comentadlo en plenaria.

○ Pues yo, por ejemplo, les hago una llamada perdida en el móvil a mis padres para que me llamen ellos.

○ ¡Qué cara tienes!

Cuaderno de campo

8 ¿Por qué?

▶ **A** Tras leer la información de + *Natura,* Mónica está escribiendo un trabajo para su escuela sobre el cuidado del medioambiente. Ayúdala y completa libremente la información que falta.

1 Debido al aumento de las temperaturas, _____
_____

2 Como se está produciendo el deshielo de los glaciares, _____

3 Ya que ha habido algunos accidentes en centrales nucleares, ____
_____

4 Se debe controlar el paso de los petroleros por las zonas cercanas a las costas porque_____

5 Como en los últimos años se han producido períodos de sequías muy continuadas, _____

6 Medio millón de personas fueron evacuadas en las zonas costeras debido a _____

7 Una densa capa de esmog cubre algunas ciudades porque _____
_____

8 Ya que consumimos demasiados productos envasados con plásticos, _____

▶ **B** Cuando escribía su trabajo, Mónica ha desordenado estas oraciones. Relaciona ahora las columnas.

1. Como vivo en un lugar muy soleado,
2. Ya que compraste el pino para el jardín,
3. Como vas a la playa,
4. Hemos salido a pasear...
5. Ya que tu perro ha tenido cachorritos,
6. Los linces se encuentran en peligro de extinción...
7. Como separamos las basuras para reciclar,
8. Las calles de la ciudad se llenaron de agua...
9. Debido a que la capa de ozono protege la Tierra,
10. He empezado a comprar verduras de cultivo ecológico...

a. porque hacía un día radiante de sol.
b. podrías regalarme uno.
c. debido a que son mejores para la salud.
d. tenemos contenedores de diferentes colores en la cocina.
e. instalé paneles solares en mi casa.
f. llévate la protección solar.
g. debido a los continuos problemas en su hábitat.
h. vamos a plantarlo.
i. porque hubo una inundación.
j. los rayos del sol no queman con tanta intensidad.

▶ **C** Mónica ha participado en el foro de opinión de + *Natura* sobre diferentes temas. Léelo y completa con los conectores de causa, finalidad y modo. Alguno se puede repetir.

《 **debido a que / como / ya que porque / puesto que / según a fin de (que) / para (que)** 》

1

Salvemos los bosques

Los bosques se encuentran desprotegidos _____ cada vez más se hace un uso indiscriminado de sus recursos.

2

Nadie sin hogar

Pido más colaboración y concienciación _____ deje de haber personas sin hogar. Todos tenemos derecho a una vivienda digna.

3

Usemos energía renovable

_____ pienso que la energía nuclear no es una opción válida, debemos luchar por extender el uso de las energías renovables.

4

Era nuclear

_____ la energía nuclear tiene sus inconvenientes y sus ventajas, exijo a los gobiernos y a los expertos que dediquen más esfuerzos a su investigación _____ todos conozcamos más a fondo sus recursos, _____ opinan numerosos organismos.

5

Defender los océanos

_____ se han convertido en un basurero, pedimos más medidas de control internacional.

6

Desastres naturales

_____ colaborar con las ONG que trabajan en los países más devastados por los desastres naturales, hemos abierto un cuenta corriente para que todos puedan colaborar _____ quieran.

7

Contaminación de las costas

Pido que no se permita la construcción indiscriminada _____ queremos la conservación de las playas.

9 Mi nueva casa

▶ Martín ha decidido que una buena inversión puede ser la compra de una segunda vivienda. Completa este correo electrónico con los verbos que faltan en indicativo o subjuntivo.

De	Martín Peña
Para	Carlos Delmonte
Asunto	Hogar dulce hogar

Hola, Carlos:

Te cuento que por fin voy a comprarme una casa nueva. **Como** *(saber, tú)* _____, llevaba varios años soñando con una casita junto al mar. Durante todo este tiempo he hecho **como** me *(explicar, tú)* _____ en nuestra última conversación: he ahorrado todo lo que he podido (se acabaron las tapitas con los colegas después del trabajo y los viajes al extranjero), abrí una cuenta de ahorro para tener algo de dinero para la entrada y he esperado el momento en el que el precio de las casas en el mercado inmobiliario ha bajado. **Ya que** ahora los precios *(estar)* _____ mejor, creo que es el momento, ¿no? En la inmobiliaria me han dicho que no ponen ninguna pega, que puedo dar una entrada y para el resto puedo pedir una hipoteca o pagar al contado, **según** *(preferir)* _____. **Como** yo no *(tener)* _____ suficiente dinero, voy a hablar con algunos bancos para ver qué condiciones me ofrecen. Pero **debido a que** me *(faltar)* _____ experiencia en esto de la compra-venta de inmuebles, me gustaría pedirte que vinieras conmigo a firmar los documentos **como** *(quedar, nosotros)* _____ la última vez que nos vimos.

Ya me dices qué te parece, ¿vale? Te debo una cervecita por el favor: cuando quieras, donde quieras y **como** *(querer)* _____.

Un abrazo,
Martín.

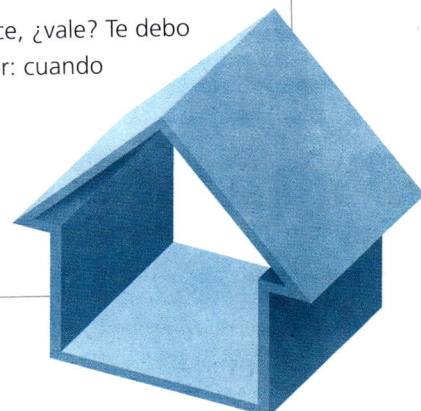

10 ¡Protesto!

▶ **A** 🕐 **1 23** Los vecinos del barrio de la Salud han enviado una queja a la emisora de radio local explicando la situación de abandono y mal estado en que se encuentra su barrio. Escucha, toma nota y decide en cada caso el uso del pronombre SE.

1 Falta de limpieza de las calles.

_____

Escaso alumbrado público. **2**

_____

3 Falta de vigilancia en el parque y áreas verdes.

_____

4 Dificultad de acceso para las personas con escasa movilidad.

_____

5 Excesivo tráfico en la zona.

_____

▶ **B** La Asociación de Vecinos del Barrio de la Salud ha escrito una carta de protesta, indignada por la aparición de grafitis en la ciudad. Pero en la carta ha habido un error y faltan todas las tildes. Detéctalo y acentúa el texto.

⊖ Recuerda las reglas de acentuación

- Las palabras agudas llevan tilde cuando terminan en vocal, -n o -s.
- Las palabras llanas llevan tilde cuando no terminan en vocal, -n o -s.
- Todas las palabras esdrújulas llevan tilde.
- Los monosílabos no llevan tilde excepto para diferenciarse de otra palabra con diferente función: _té_ (bebida) / _te_ (pronombre).

Excelentísimo señor alcalde:

Debido a los ultimos actos vandalicos sucedidos en la ciudad, nuestra asociación ha decidido ponerse en contacto con usted fin de que conozca el malestar de los vecinos de dicho barrio. Nuestra ciudad es, probablemente, una de las que tiene mas cantidad de grafitis por metro cuadrado, que ensucian la mayor parte de sus paredes. Es cierto que todas las ciudades de nuestro entorno tienen el mismo problema, sin embargo, toman medidas para intentar erradicarlo.

Muy a nuestro pesar tenemos que denunciar la aparente dejadez por parte de las autoridades locales a este respecto. Es una vergüenza que los grafiteros campeen a sus anchas por todos los rincones de la ciudad, ensuciando el mobiliario urbano y degradando el paisaje de una ciudad que se considera moderna, y que lucha por convertirse en modelo de ciudad verde y sostenible.

En consecuencia, apelando al compromiso ecologico de su programa electoral, esperamos que tome las medidas oportunas para que la ciudad vuelva a mostrarse limpia y libre de esta contaminacion visual.

Sin mas, a la espera de su pronta respuesta, reciba un cordial saludo.

Asociacion de Vecinos del Barrio de la Salud.

11 Carta de reclamación

▶ **A** Todos nos hemos encontrado alguna vez en situación de poner una queja o una reclamación. ¿Recuerdas alguna experiencia en que hayas tenido que quejarte? ¿Qué pasó? Aquí te damos algunas sugerencias. Coméntala con tus compañeros.

→ En un restaurante, el servicio no fue lo que tú esperabas y la calidad de la comida no se correspondía con el precio.

→ En tus últimas vacaciones te engañaron en los servicios que ofrecía el hotel.

→ Compraste un ipad pero no funcionaba como tú pensabas.

→ Habías hecho un pedido a una página *online* y lo que te llevaron a casa no se correspondía con el modelo de la fotografía.

→ A causa de unas obras en tu barrio hay un exceso de contaminación acústica en la calle.

→ Una prenda de vestir muy cara se te estropeó en el primer lavado, su calidad no fue como ponía en la etiqueta.

▶ **B** Algunas veces es necesario interponer una queja o reclamación por escrito. Vuelve a leer la carta de queja del ejercicio 10 B y marca la opción correcta. Comentadlo en plenaria.

	Sí	No
1. No hay un saludo formal.	☐	☐
2. No va dirigida a nadie en particular.	☐	☐
3. La despedida es informal.	☐	☐
4. La persona o entidad que protesta se identifica en la carta.	☐	☐
5. Aparecen las causas por las que se protesta.	☐	☐
6. Se explican los objetivos o finalidad de la carta.	☐	☐
7. Se dan opiniones personales.	☐	☐
8. Se expresan emociones o sentimientos.	☐	☐

▶ **C** Finalmente, escribe en tu cuaderno una carta de reclamación dirigida a la autoridad pertinente de tu localidad, protestando por las malas condiciones en que se encuentra tu barrio. Sugiere algunas medidas de solución.

12 Objetivo: ahorrar

► **A** Aprender a gastar menos y a ahorrar más se traduce siempre en una mejora de la economía doméstica. Lee los siguientes consejos aparecidos en una revista de consumo y contesta a las preguntas. Justifica tus respuestas.

economía HOY

INICIO | LA REVISTA | PARTICIPA | SUSCRÍBETE | OPINIÓN

Aprende a gastar menos

✔ ¿Necesitas dinero?
✔ ¿No llegas a fin de mes?
✔ Todos queremos administrar mejor nuestro dinero, pero a veces no sabemos cómo.
✔ ¿Qué podemos hacer? Aquí tienes algunos consejos.

1. Utiliza servicios que puedes obtener gratis.
Las llamadas de larga distancia son un buen ejemplo del modo como puedes obtener algunos servicios gratis, por ejemplo, a través de llamadas por teléfono con programas de Internet.

2. Haz las compras de Navidad a lo largo del año.
¿Verdad que a todos nos gustaría comprar el regalo perfecto? Sin prisas, sin agobios. Lo haríamos según quisiéramos, pensando siempre en lo mejor. Pues las temporadas de descuentos son un período excelente para buscar ese obsequio especial, ya que en Navidad no todas las tiendas ofrecen grandes descuentos.

3. No te dejes llevar por la publicidad.
Los anuncios están hechos para hacernos consumir como las empresas decidan: eso significa gastar más dinero. Trata siempre de comparar calidad, precio y tener en cuenta tus verdaderos gustos al hacer compras.

4. Busca siempre los mejores descuentos.
Comprar complementos de última moda es irresistible pero muy costoso. Sin embargo, hay ropa y accesorios que se pueden comprar fuera de temporada y así se gasta menos.

5. Haz una lista de las cosas que quieres antes de salir a comprar como un loco.
Después de 30 días revísala y te darás cuenta de cómo has cambiado de opinión y cómo han bajado los precios.

6. No compres cuando estés enojado o triste.
En cualquiera de estas dos situaciones siempre serás capaz de comprar más de lo que puedes y quieres.

7. Cuando recibas un aumento de sueldo, no hagas como haría un millonario: gastar dinero sin reservas.
Revisa continuamente tu presupuesto y aumenta tu porcentaje de ahorro.

8. Sé respetuoso con el medioambiente.
Sigue todas las instrucciones para ahorrar energía y agua en tu hogar y tu trabajo.

9. Tus amigos te pueden ayudar.
Deberías hacerles ver la manera como podríais intercambiar películas, libros, videojuegos y otras cosas que no sean de obligatorio uso personal. De este modo, tendríais una excusa para quedar y hacer cosas juntos, además de gastar menos dinero en esos artículos de ocio y tiempo libre.

www.finanzaspersonales.com.co (texto adaptado)

a. ¿Tenemos que pagar por todas las prestaciones que queramos obtener?

b. ¿El consumidor puede controlar siempre la oferta publicitaria?

c. ¿Es mejor comprar cuando nos sintamos bien?

d. ¿Deberías gastarte a lo loco una paga extra?

e. ¿Intercambiar artículos de tiempo libre es una buena manera de interactuar con los demás?

▶ **B** En el texto aparecen oraciones modales. Vuelve a leerlo e identifícalas.

▶ **C** 👥 ¿Qué te parecen? ¿Sigues algunos de estos consejos? Coméntalo con tu compañero.

> En mi casa **se recicla** todo. **Se llama** al ayuntamiento para que recojan los muebles y **se bajan** los objetos de metal a la chatarrería.

> En mi país, **se separan** los vidrios. **Se recicla** el vidrio blanco separado del vidrio de color.

▶ **D** 👥 Todos sabemos gastar dinero, ¿pero en qué grado sois generosos? Poneos de acuerdo y preparad una lista con las mejores maneras de gastar dinero. Luego, presentadla a la clase y decidid entre todos. Utilizad los conectores modales y finales.

Grados de generosidad
desprendido, altruista, magnífico, tacaño, mezquino, modesto, humilde

como
según
para (que)
a fin de (que)
con objeto de (que)

Cuando nos toque la lotería, podríamos preparar una gran fiesta **con el fin de que** *nuestros amigos* **pudieran** *disfrutar con nosotros compartiendo nuestra alegría.*

1 Mundo animal

▶ **A** Las personas y los animales tenemos mucho en común. Lee estos minidiálogos y elabora oraciones como en el ejemplo.

1

○ Bueno, Juan, enhorabuena. Me han dicho que has sacado las oposiciones a la primera.
○ Gracias, Paco, ya ves. Y eso que no entraba en mis planes.
○ Si es que eres un lince.

Como es listo e inteligente le llama lince. ➡ Le llama lince *porque* es inteligente y listo.

2

○ ¿Has visto a Paco? Al final consiguió el puesto que deseaba.
○ El muy zorro ha planificado bien su estrategia y consiguió el ascenso.

Como preparó muy bien su estrategia es un zorro. ➡ _____

3

○ ¿No le vas a decir nada...? A todo el mundo le puede pasar algo así.
○ Uf. Reconozco que soy un gallina, pero que lo descubra él solito.

_____ ➡ _____

4

○ Pero ¿qué haces? ¿Estás loco o qué? ¡Con la nieve que está cayendo y tú te tomas un helado! Uf. Lo que te digo, estás como una cabra.
○ A mí dame helado de chocolate en cualquier época del año.

_____ ➡ _____

5

○ Anda, descansa ya. Llevas todo el fin de semana trabajando sin descanso.
○ Sí, ya, pero tengo que terminar estos informes para mañana... Y así adelanto trabajo.
○ Chica..., eres una hormiguita.

_____ ➡

6

○ Después de las Navidades, no me abrocha ningún pantalón.
○ No será para tanto.
○ ¿Que no? Estoy como una foca... Mira. Uf.

_____ ➡ _____

▶ **B** 👥 Como ya has visto, en la cultura hispana, los animales representan una virtud o un defecto. Con tu compañero, piensa qué animales simbolizan las siguientes cualidades y escribe un ejemplo como el propuesto.

1 Astucia

_____

2 Fuera de lugar

Estar como un pez fuera del agua.

3 Trabajador

_____

4 Traición

_____

5 Inteligencia

_____

6 Gordura

_____

7 Cobardía

_____

8 Torpeza, poco inteligente

_____

9 Locura

_____

▶ **C** Después de conocer los sentimientos que pueden producir algunos animales, completa las siguientes oraciones mencionando alguno de los animales anteriores.

1. Lleva muchos años trabajando en ese departamento y nadie puede engañarle. Es un _____.

2. No para ni un minuto, trabaja todo el día sin descansar. Es una _____.

3. No te fíes de esa chica, habla de todo el mundo a sus espaldas. Es una _____.

4. Si sigues comiendo tantos dulces, te pondrás como una _____.

5. Sí, ya sé que Elena te gusta un montón, pero cada vez que se acerca te quedas helado, sin palabras, y a mí me parece que tú le gustas, pero delante de ella... Tienes miedo a la relación; eres un _____.

6. ¡Estás como una _____! ¡Cómo se te ocurre comprarle unas gafas de sol al perro!

2 Para que vivamos mejor

▶ Martín le enseña a su amigo Carlos el proyecto que tiene para que su nueva casa sea ecosostenible. Completa los verbos en la forma correcta: infinitivo, indicativo o subjuntivo.

Martín Por fin tengo mi nueva casa, ¡qué bien!

Carlos Es fantástico. Pero, Martín, me tienes que contar ese proyecto que tienes para que la casa sea una ecovivienda.

Martín Como *(saber)* _____, soy ingeniero y me encanta investigar en proyectos de sostenibilidad doméstica. Por eso he diseñado las reformas de mi nueva casa a fin de que *(abastecerse)* _____ de energía solar.

Carlos ¿Cómo es eso?

Martín Como los paneles solares que tenía la casa *(ser)* _____ fijos, cuando *(acabarse)* _____ las reservas de luz había que enchufarse a la red eléctrica, pero los he cambiado por un techo móvil que se orienta buscando el máximo aprovechamiento de la luz solar sin necesidad de enchufarse a la red, independientemente de la orientación de la casa.

Carlos Pero, Martín, yo no entiendo para qué *(meterse)* _____ a hacer estas reformas si acabas de comprar la casa. Es un gasto extra de dinero.

Martín Es verdad que la casa está casi nueva, pero lo hago con objeto de *(aprovechar)* _____ mejor la energía y de que al final del año *(ahorrar, nosotros)* _____ dinero en la factura de la luz, que de nuevo ha subido y está muy cara.

Carlos ¿Y el agua de la lluvia tiene alguna finalidad en tu casa?

Martín Sí, ¿cómo lo sabes?

Carlos No sé, como *(ser)* _____ tan ecologista, he pensado que también el agua sería importante.

Martín Estuve dándole vueltas un tiempo para ver cómo podía hacer a fin de *(reutilizar)* _____ el agua de lluvia, hasta que un día leí sobre un proyecto muy novedoso en el que con paneles solares se calentaba el agua de lluvia con el fin de que *(poder)* _____ servir para calentar el suelo de toda la casa. Además, el agua de la ducha, de la lavadora y de los lavabos se reutiliza a través de un circuito cerrado.

Carlos Ya veo; así se reduce el consumo todo lo posible.

Martín Y se ahorra bastante dinero a largo plazo.

Carlos Oye, definitivamente tienes que enseñarme a *(gastar)* _____ menos.

3 Econoticias.com

▶ Fíjate en estas noticias. Haz las transformaciones necesarias usando el pronombre SE. Utiliza los verbos que te proponemos.

El gobierno de Baleares quiere cubrir el 100% de sus necesidades eléctricas con energías renovables.

> **Se** quiere cubrir el 100% de las necesidades eléctricas de Baleares con energías renovables.

1 Los halcones peregrinos del Canadá están en peligro a causa de las abundantes lluvias.
(Poner en peligro) _____
_____

2 Gran cantidad de mamíferos invasores han llegado a Cuba y ponen en peligro su biodiversidad.
(Introducir) _____
_____

3 Ha nacido en el zoo de Madrid una cría de oso panda y el gerente lo ha llamado Xing Bao.
(Llamar / Dar nombre) _____
_____

4 Ir en bicicleta está de moda.
(Poner de moda) _____
_____

5 Cada día hay menos osos polares en el Ártico por culpa del cambio climático.
(Ver) _____
_____

6 Unos expertos investigan el increíble poder antienvejecimiento de las berenjenas.
(Investigar) _____

7 Grandes expertos han sido convocados para hacer un estudio urgente del deshielo en el Ártico.
(Convocar) _____

4 Vida salvaje

▶ **A** 👥 ¿Tienes ganas de aventura? Te presentamos algunos de los lugares más salvajes del mundo. Con tu compañero, decide a dónde os gustaría ir. Explicad las causas y los objetivos de vuestra decisión. Os facilitamos algunos conectores, aunque ya los conocéis.

> YA QUE DEBIDO A QUE para...
> COMO con el objeto de (que)
> porque A fin de (que)

Fauna en el mar Rojo

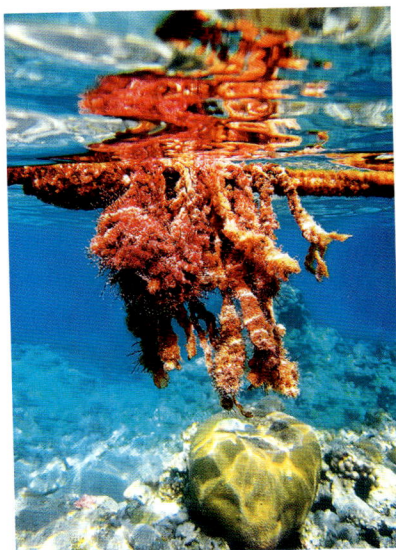

El mar Rojo sigue ofreciendo excelentes encuentros con la vida marina, como en Ras Mohammed, en Sharm el Sheik o en la isla Rocosa.

¿Qué podemos hacer?

En cualquier punto de esta rica costa encontrarás lugares estupendos para practicar el buceo. La mejor forma de disfrutar de la naturaleza es a bordo de uno de los barcos que se alquilan como alojamientos flotantes.

¿Por qué ir?

Por sus cálidas y cristalinas aguas y sus arrecifes de coral, hogar para cualquier tipo de especie marina tropical: peces, tortugas, rayas, tiburones, ballenas, entre otras.

Avistamiento de orcas

Las aguas de Vancouver (Canadá) son el hogar de muchas especies de mamíferos, pero la más popular es, sin duda, la orca.

¿Qué podemos hacer?

Se organizan paseos en barco de 3 a 5 horas, con naturalistas expertos, para ver estas hermosas criaturas.

¿Por qué ir?

La isla de Vancouver es uno de los principales lugares del mundo para la observación de las orcas. Se han llegado a ver hasta tres grupos, cada uno de ellos formado por los miembros de una misma familia.

Reserva animal

La migración anual de 1,4 millones de ñus, cada mes de julio y agosto, entre los parques naturales del Serengeti (Tanzania) y el Masái Mara (Kenia) es uno de los grandes espectáculos del mundo natural. El río Mara representa el último obstáculo para ellos.

¿Por qué ir?

El Masái Mara es famoso por su población de leones y por ser el hogar de especies amenazadas, tales como el rinoceronte, el hipopótamo, el guepardo… Sin embargo, el verdadero poblador de este parque es el ñu, que cuenta con una enorme colonia.

< A mí me encantaría visitar el mar Rojo porque me fascinan las especies marinas. Además, para mí no hay nada más relajante que bucear.

> Pues yo prefiero la visita a El Masái Mara porque es un parque y una reserva natural donde puedes ver animales salvajes en su medio natural, no en un zoológico.

▶ **B** En los textos se utilizan cuantificadores e indefinidos. Localízalos. Si necesitas ayuda, consulta GRAMÁTICA Y LÉXICO.

▶ **C** Busca información sobre otros lugares destacados por su naturaleza y su fauna, elabora una presentación y exponla en clase.

Queremos un pueblo…

► Necesitamos aprender

- Oraciones condicionales (uso de diferentes nexos con indicativo y subjuntivo)
- Oraciones concesivas (uso de diferentes nexos con indicativo y subjuntivo)
- Oraciones reduplicadas

► Para

- Expresar condición
- Aconsejar
- Amenazar
- Expresar concesión

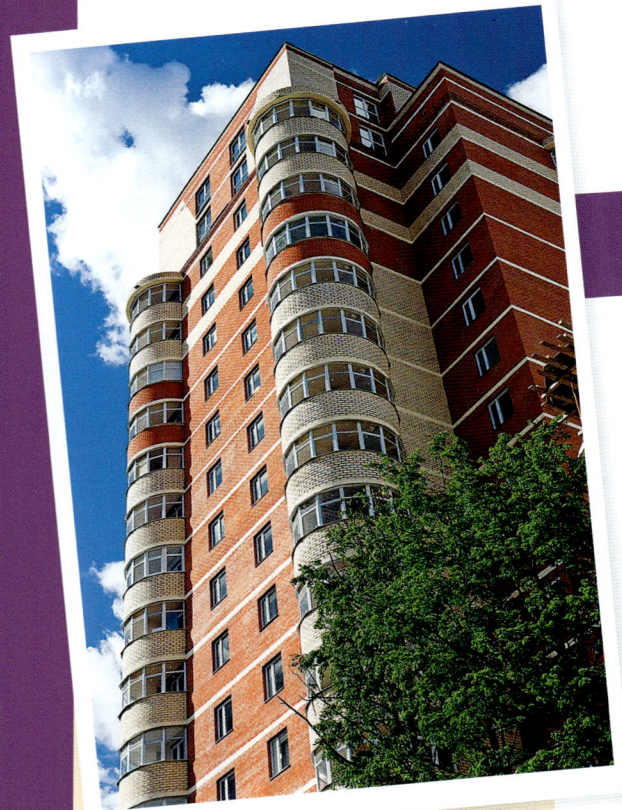

ÁLVARO Y CRISTINA

¡Ya no podemos más! Si nos quedamos aquí, nos volveremos locos. Llevamos diez años viviendo en una gran ciudad. Al principio todo era ideal, compramos un piso en una urbanización preciosa. El vecindario parecía tranquilo. Las construcciones eran totalmente nuevas y había zonas verdes por todas partes. Al poco tiempo de instalarnos en nuestra nueva vivienda, lo que parecía maravilloso se convirtió en una pesadilla: vecinos insoportables, muy ruidosos y las zonas verdes cada día más descuidadas. Ahora, si pudiéramos, nos iríamos a un lugar tranquilo, lejos del mundanal ruido*… Pero, claro, tenemos el trabajo aquí…

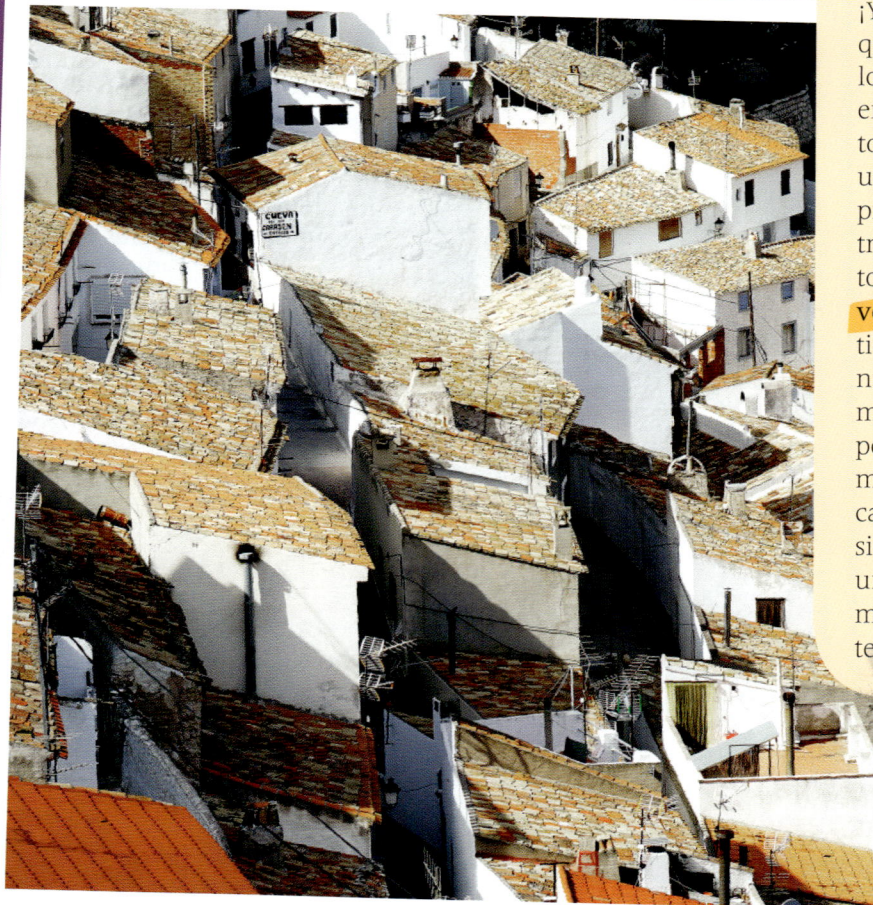

* Expresión hecha referida a un verso del poeta renacentista Fray Luis de León.

1 Aquí no se puede vivir

► **A** A veces la vida en la ciudad tiene algunos inconvenientes. Lee las intervenciones de este foro en el que se comentan algunos de esos problemas.

AQUÍ NO SE PUEDE VIVIR

MARTA

Mi barrio es una auténtica tortura. Siempre **hay obras**. Si quieres dormir, no puedes porque las máquinas que trabajan en la calle hacen mucho ruido. Además, la gente no respeta nada: **las farolas** las rompen, **las papeleras** no se usan y las **aceras** parecen basureros por donde los peatones tienen que sortear las latas, los papeles y toda una serie de cosas que los ciudadanos «civilizados» tiran al suelo. Quiero vivir en un lugar donde se respete a los demás y el entorno. Me estoy planteando volver al pueblo con mis padres, aunque tenga que venir todos los días en el autobús, pero me da igual.

CARLOS

Me he quedado en el paro. Tengo tres hijos y mi mujer no trabaja. Si hubiera sabido esto antes, no me habría venido a la ciudad (llegué aquí con 17 años). Quizá no sería mala idea volver al pueblo, tal vez allí podamos rehacer nuestra vida. En realidad, ya estaba cansado de permanecer doce horas encerrado en una oficina. Me encantaría vivir cerca de un **monte** y disfrutar de un **paisaje natural** cada mañana al despertarme. Trabajar la tierra, **sembrar y recoger la cosecha**. ¿Por qué no? Ah, aunque los animales den mucho trabajo, me encantaría tener un pequeño **corral** con nuestras gallinitas, conejitos… Por mucho que mis amigos me digan que es una locura, yo estoy convencido de que puede ser una solución.

MARÍA Y JESÚS

Nosotros estamos jubilados y vivimos en una gran urbe, más por obligación que por deseo. En realidad, si pudiéramos, ya no estaríamos aquí porque tenemos una pequeña casa en el pueblito. Lo que pasa es que tenemos que cuidar a nuestros nietos mientras sus padres trabajan. Solo la disfrutamos algún que otro fin de semana o puente. Nuestra ilusión es simplemente vivir allí, trabajar el **huerto**, regar nuestras patatas, lechugas… y comer sano, que aquí los tomates no saben a tomate…

► **B** Fíjate en las palabras destacadas y clasifícalas según se relacionen más con la ciudad o con los pueblos; algunas pueden aparecer en ambos. Añade más expresiones pertenecientes al léxico de actividades o espacios urbanos o rurales.

CIUDAD

PUEBLOS PEQUEÑOS O ALDEAS

► **C** ¿Y tú qué prefieres: la vida en la ciudad o en el pueblo? Comentadlo en gran grupo y pensad en las ventajas y desventajas de vivir en un lugar o en otro. Observa el ejemplo:

‹ Si vives en el pueblo, normalmente, la relación con los vecinos es buena porque…

› Pues yo no creo que sea tan buena. Creo que te quita intimidad: Si faltas dos días de tu casa, ya piensan que…

2 ¿No tienes pueblo?

▶ **A** ●1 24 Escucha una noticia que podría interesarles a los participantes del foro *Aquí no se puede vivir* y contesta las preguntas.

1. ¿A quiénes les puede parecer interesante la iniciativa?

2. ¿Cuántos pueblos cuentan con un número inferior a dos mil quinientos habitantes?

3. ¿Cuáles son los objetivos de la campaña?

4. ¿Qué beneficios obtendrán aquellos que decidan mudarse a un pueblo?

5. ¿Cuántos pueblos se ofrecen para recibir gente de la ciudad?

6. ¿Qué tipo de turismo se fomenta con esta iniciativa?

▶ **B** El turismo rural ofrece la oportunidad de realizar muchas actividades al aire libre y practicar deportes de aventura. Relaciona cada foto con el nombre de la actividad que representa.

*rafting / espeleología
descenso de cañones
senderismo / parapente
escalada*

▶ **C** ¿Practicas alguno de esos deportes? ¿Qué opinas sobre la gente que pone en peligro su vida en algunas actividades deportivas? Decid otros deportes de riesgo y explicad en qué consisten.

3 Una escapada

▶ **A** Álvaro y Cristina han decidido escaparse un fin de semana de la ciudad para descansar un poco. Lee estas ofertas de alojamiento y redacta la información relativa a los bungalós, incluyendo las palabras que te damos.

PORTADA

VACACIONES

FIN DE SEMANA

AVENTURA

1

Ven a casa Corruco y disfruta de la naturaleza y de las vistas que tiene a nuestros montes. ¡Olvídate del ajetreo de la ciudad! Alojamiento para diez personas, con posibilidad de ampliar con camas supletorias hasta catorce plazas.

+ info   compartir

CASA RURAL CORRUCO

2

FONDA DOÑA MARÍA

Alojarse en nuestra fonda es la mejor manera de desconectar. Despiértate con el canto de los pájaros, y saborea un desayuno y una comida elaborados con productos de nuestro huerto. Disfruta de un paseo por el bosque, donde podrás ver animales de la zona. Una oportunidad para descansar en una casa con más de cien años de historia, pero con las comodidades de hoy en día.

+ info   compartir

3

Castillo medieval del siglo XII, instalado en una fortificación árabe edificada sobre un asentamiento romano. Habitaciones con decoración de la época y con hermosas vistas. Se organizan a través del parador una gran variedad de actividades relacionadas con los deportes de aventura.

+ info   compartir

PARADOR NACIONAL DE SIGÜENZA

5

BUNGALÓS LA ESCAPADA

(bosque, acantilado, fauna autóctona, senderismo, alquiler, ruta de bicicletas…)

+ info   compartir

4

El balneario está situado en la montaña y combina el disfrute de aguas termales y medicinales con la posibilidad de actividades turísticas en plena naturaleza (ciclo-turismo, piragüismo, rutas ecuestres…). Mímate un poco y tómate un pequeño descanso con nosotros.

+ info   compartir

BALNEARIO PUENTE VIEJO

▶ **B** ¿Qué alojamiento elegirán? Discutidlo en parejas y después explicad vuestra decisión al resto de la clase.

Aunque necesitan descansar, en mi opinión, si se alojan en la casa rural, se aburrirán porque la información solo habla del descanso, pero no dice nada sobre la posibilidad de practicar alguna actividad. Si yo estuviera en su lugar, me alojaría en…

4 ¡Ay!, si yo pudiera...

▶ **A** A continuación, te presentamos otros comentarios del foro *Aquí no se puede vivir* que expresan posibilidades y condiciones. Completa con otros ejemplos que localices tú en los textos de la actividad 1 A.

Álvaro y Cristina:

1 Si nos vinimos a la ciudad, fue porque pensábamos que aquí seríamos felices.

2 «Si _____ ».

3 «Si_____ ».

Marta:

4 ¡Ay!, si yo pudiera, haría entender a la gente de mi barrio lo importante que es cuidar nuestras calles y zonas verdes.

5 «Si_____ ».

Carlos:

6 Si tenéis alguna idea para arreglar mi vida, decídmelo, por favor.

7 «Si _____ ».

María y Jesús:

8 «Si nuestros nietos fueran mayores, volveríamos a vivir en el pueblo».

9 «Si _____ ».

▶ **B** Ahora, en gran grupo, comentad el significado de las oraciones condicionales que habéis escrito en el apartado A.

Cuando Álvaro y Cristina dicen: «Si nos quedamos aquí, nos volveremos locos», nos explican una condición o situación real: el hecho de quedarse en la ciudad y su posible consecuencia en el futuro, que es volverse locos.

▶ **C** 👥 Las oraciones condicionales introducidas por SI pueden ser de tres tipos. Clasificad ahora los ejemplos del apartado A en el siguiente esquema. Atención: hay un caso que tendréis que completar con un ejemplo propio.

→ ATENCIÓN

- La condición puede ir tanto al principio como al final de la oración.

- No es correcto usar el nexo **SI** con el futuro, condicional, presente de subjuntivo y pretérito perfecto de subjuntivo.

▣ Oraciones condicionales con SI

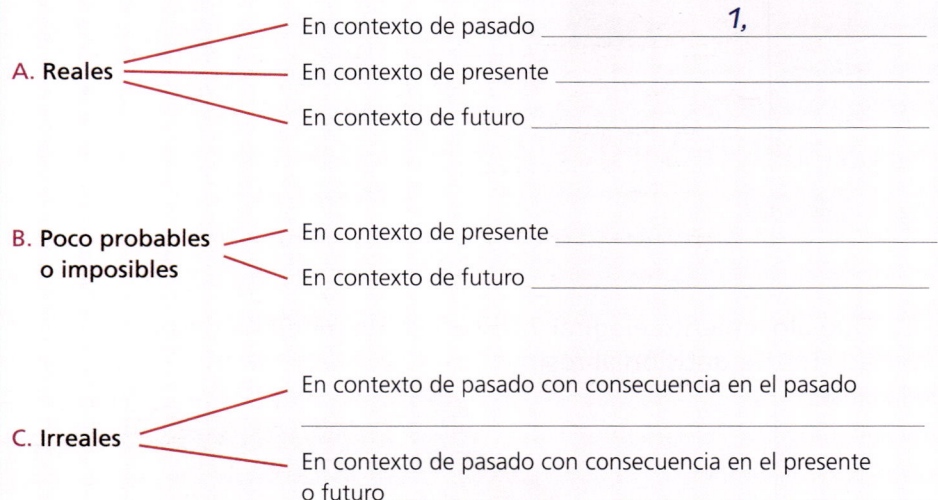

A. Reales
- En contexto de pasado _____ *1,* _____
- En contexto de presente _____
- En contexto de futuro _____

B. Poco probables o imposibles
- En contexto de presente _____
- En contexto de futuro _____

C. Irreales
- En contexto de pasado con consecuencia en el pasado _____
- En contexto de pasado con consecuencia en el presente o futuro _____

5 Condiciones y algo más

▶ **A** En español hay otros nexos que añaden un matiz o significado especial. Lee el texto y completa la ficha con los nexos destacados en el texto.

PARADOR NACIONAL DE SIGÜENZA

CONDICIONES DE RESERVA Y ALOJAMIENTO

1. Servicios prerreserva y reserva *online*.

1. 1. Estos servicios tienen un carácter únicamente informativo y ofrecen al usuario la posibilidad de consultar la disponibilidad de habitación libre. En el plazo de 24 horas, el usuario recibirá un *e-mail* donde se le confirmará que su reserva ha sido efectuada. Inmediatamente deberá verificar su reserva **por si** hubiera algún error, en cuyo caso lo notificará de inmediato.

1. 2. El usuario declara que es mayor de edad y dispone de la capacidad legal necesaria para vincularse con este acuerdo. Si usted es menor de edad y viaja con adultos que no son sus padres o tutores legales, podrá hacer su reserva **siempre que** esos adultos asuman las responsabilidades derivadas de esta reserva, así como los gastos u obligaciones que de ella se deriven.

1. 3. La cancelación de la reserva por parte del usuario supondrá que nuestro hotel cobrará, en concepto de indemnización, los gastos de cancelación, que ascenderán al importe de la primera noche, **a no ser** que esta cancelación se realice con un mínimo de cuarenta y ocho horas previas al día de llegada.

Nexos y modo	Significado	Ejemplos
▪ _____ ▪ *A condición de que* + subjuntivo ▪ *Con tal de que / Siempre y cuando* + subjuntivo	Condición imprescindible o necesaria para que se realice la acción principal.	*Me voy contigo de vacaciones **a condición de que / con tal de que** sea a gastos pagados.*
▪ _____ ▪ *Salvo que* + subjuntivo ▪ *Salvo si* ⎱ Indicativo (más probable) ▪ *Excepto si* ⎰ Subjuntivo (menos probable)	Única condición que puede impedir la realización de la acción principal.	***Salvo que me volviera loco**, no se me ocurriría alojarme en este hotel otra vez.* *Este año tendremos que ir de acampada, **salvo si / excepto si** nos **tocara** la lotería, entonces podríamos permitirnos otro tipo de vacaciones.*
▪ _____ (igual que *salvo si* y *excepto si*)	Condición + valor causal.	*Llévate una gorra **por si** durante la excursión el sol **aprieta** fuerte.*
▪ *Como* + subjuntivo	Condición + idea de amenaza o advertencia.	*Te quemarás haciendo senderismo **como** no **te pongas** protección solar.*

▶ **B** 👥 Imaginad que un compañero de clase quiere compartir piso con vosotros y por eso tenéis que elaborar unas condiciones de alojamiento para evitar problemas de convivencia. Usad los nexos que hemos aprendido.

*Chris, **si** quieres vivir con nosotros, escucha cuáles son las condiciones.*
*En primer lugar, puedes compartir piso con nosotros **a condición de que** nos hagas todos los días…*

6 Aunque discutamos, en el fondo nos queremos

► **A** ●1 **25** Escucha la conversación que Carlos, uno de los participantes del foro *Aquí no se puede vivir,* mantiene con su mujer y completa con los verbos que faltan.

Carlos: Cariño, me han ofrecido un trabajillo en la empresa de Pepe, pero, de todas formas, yo me quiero ir al pueblo.

Eva: No me lo puedo creer, **aunque** te _____ un trabajo aquí, tú insistes en lo del pueblo y **eso que** te _____ mil veces que yo prefiero quedarme.

Carlos: Aunque _____ volver a encauzar nuestra vida, ¿tú te niegas? ¡Venga ya! Que tenemos tres niños, Eva; **a pesar de que** lo _____ mal, no te quieres arriesgar.

Eva: Creo, Carlos, que no eres consciente de lo que dices. **Por más que** _____ en el campo o **por mucho que** _____, no podrás conseguir lo suficiente para poder llevar una vida digna.

Carlos: Mira, Eva, yo lo que creo es que **por muchas dificultades que** _____, lo debemos intentar.

Eva: No sé, quizás tengas razón. Además, con lo cabezota que eres, **tanto si** yo lo _____ **como si** me niego, tú te vas a ir, ¿verdad?

Carlos: Sí, creo que sí, **aunque** _____ que piensas que estoy loco y **aunque** después _____, lo tengo muy claro.

Eva: En fin, sabes que **aunque** _____, en el fondo nos queremos y **aunque** _____ ir al fin del mundo, yo te _____ .

Carlos: Ya lo sé, cielo, pase lo que pase, estaremos juntos.

► **B** Elige el significado exacto de la siguiente oración extraída del diálogo anterior.

Aunque discutamos, en el fondo nos queremos.

a. Carlos y Eva se quieren mucho, por eso discuten.

b. Carlos y Eva discuten, pero esas discusiones no impiden que ellos se quieran de verdad.

► **C** Los nexos destacados en el diálogo A expresan un obstáculo para que se realice lo expresado en la oración principal, pero no impiden su realización. Localizad en el diálogo todos los ejemplos introducidos por *aunque,* completad la tabla con ellos y comentad su significado.

Con indicativo	Con subjuntivo
Aunque podemos volver a encauzar nuestra vida,	

▶ **D** Relaciona cada modo con el significado que aporta a las oraciones concesivas.

AUNQUE +

1. INDICATIVO

2. SUBJUNTIVO

SIGNIFICADO

a) Expresa un impedimento conocido, pero se muestra indiferencia ante él.

b) La información emitida es conocida por el interlocutor.

c) Expresa un hecho real y experimentado por el hablante.

d) Se expresa un impedimento no experimentado en un contexto de futuro.

e) Expresa una información nueva para el interlocutor.

▶ **E** Localiza en el diálogo 6 A una oración donde el impedimento se presente como irreal o imposible y completa la ficha con el nombre de los tiempos verbales necesarios. Después completa las oraciones libremente.

◼

- Para expresar un impedimento irreal usamos:

  Aunque + _____ , _____

  Ejemplos:

  Aunque me pidieras perdón de rodillas, yo no _____

  Aunque me dieran todo el dinero del mundo, yo no _____
  _____

  Estoy hecho polvo, yo hoy no saldría de casa aunque _____
  _____

▶ **F** 🕐 **1 26** Hay otros nexos concesivos marcados en negrita en el diálogo, escríbelos en la tabla. Después escucha la explicación sobre su uso y significado, y toma nota. Finalmente, escribe tus propios ejemplos y coméntalos en gran grupo.

NEXO

MODO

SIGNIFICADO

TUS EJEMPLOS

▶ **G** 👥 Al final del diálogo, Carlos, para quitar importancia al asunto, dice: «Pase lo que pase, estaremos juntos». Son oraciones reduplicadas. Lee los siguientes diálogos y complétalos con una de las estructuras reduplicadas que te damos. Luego, en parejas, pensad en dos situaciones más.

✓ Hagas lo que hagas
✓ Coman lo que coman
✓ Te pongas lo que te pongas
✓ Diga lo que diga

1 Creo que la comida de hoy no me ha salido nada bien, aunque la he hecho con todo el cariño.

Amor, _____ , tus comidas siempre me saben a gloria.

2 Mi compañera de trabajo dice que siempre estás hablando mal de los demás.

María, tú sabes que _____ nunca dice la verdad.

3 Carlos, ¿qué te parece mi nuevo vestido? ¿Estoy bien?

Cariño, _____ , tú siempre estás maravillosa.

4 ¡Qué suerte tienen algunos! _____ , siempre pesan lo mismo.

5 _____

6 _____

◘ Gramática y léxico

ORACIONES CONDICIONALES

La condición puede ir delante o detrás de la oración principal. Hay tres tipos de condicionales.

1. REALES O POSIBLES

- **Referidas al pasado**

Si +
- pretérito perfecto ➜ pret. perfecto
- pretérito imperfecto ➜ pret. imperfecto
- pret. perfecto / indefinido ➜ imperativo
- pret. perfecto / indefinido ➜ futuro simple

*Si te has alojado en ese parador, seguro que **has disfrutado** de lo lindo.*

*Se ponía de los nervios **si** no la **dejaban** dormir.*

Reconócelo si te has equivocado / equivocaste; rectificar es de sabios.

*Si se ha producido / produjo algún error en la reserva, te lo **notificarán** en breve.*

- **Referidas al presente / futuro**

Si + presente de indicativo
- presente indicativo
- futuro simple
- imperativo

*Si no **tenéis** muchas ganas, **no os quedéis** aquí.*

*Si te apetece, **pasaremos** el puente en el balneario.*

*No **te arrepentirás si vas** allí.*

2. POCO PROBABLES O IMPOSIBLES

- **Referidas al presente / futuro**

[*Si* + imperfecto subjuntivo] condicional simple

*Ahora **me encantaría** acompañarte **si pudiera**.*

*Las próximas vacaciones las **pasaríamos** otra vez aquí **si fuera** posible.*

3. IRREALES (referidas al pasado)

- **Pasado con consecuencia en el pasado**

[*Si* + pluscuamperfecto subjuntivo] + pluscuamperfecto de subjuntivo / condicional compuesto

*No **nos hubiéramos / habríamos quejado si** la habitación **hubiera estado** en buenas condiciones.*

- **Pasado con consecuencia en el presente o futuro**

[*Si* + pluscuamperfecto subj.] + condicional simple

***Viviría** en paz **si me hubiese quedado** en el pueblo.*

OTROS NEXOS CONDICIONALES

- ***Siempre que, siempre y cuando, a condición de que, con tal de que** +* subjuntivo.

Indican una condición imprescindible o necesaria para que se realice la acción principal.

*Yo hubiera salido contigo **a condición de que** me **hubieras avisado** con más tiempo.*

***Siempre que respetes** a los demás puedes decir lo que tú quieras.*

***Con tal de que** me **invitéis**, yo hago lo que sea.*

- ***A no ser que, salvo que** +* subjuntivo; ***Salvo si, excepto si** +* indicativo (condición más probable) o con imperfecto de subjuntivo (condición menos probable).

Expresan la condición que puede impedir la realización de la acción principal.

*Ya está decidido: mañana haremos una barbacoa **salvo que llueva**.*

*No, gracias, no es necesario que me des dinero, **excepto si** no **hubiera** por aquí un cajero automático.*

*Hoy vamos al súper **salvo si llegas** muy tarde del trabajo.*

- ***Por si:** se usan igual que **salvo si** y **excepto si,** pero añaden un valor causal.

*Lo mejor es hacerse un seguro médico **por si nos ponemos** enfermos o **por si tuviéramos** un accidente.*

- ***Como** +* subjuntivo: condición + idea de amenaza o advertencia.

***Como llames** a tu ex, me enfado.*

◻ Gramática y léxico

ORACIONES CONCESIVAS

Las oraciones introducidas por *aunque* expresan un obstáculo a lo expresado en la oración principal.
Aunque no encuentra trabajo, no pierde la esperanza.

Pueden llevar el verbo en:

A. Indicativo
- Si la información emitida es conocida por el interlocutor.
- Si expresa un hecho real y experimentado por el hablante.
- Si expresa una información nueva para el interlocutor.

B. Subjuntivo
- Si expresa un impedimento conocido o experimentado, pero se muestra indiferencia ante él.
- Si expresa un impedimento no experimentado en un contexto de futuro.

ℹ FÍJATE: Si nos referimos a un impedimento futuro, pero que el hablante ve como de seguro cumplimiento, podemos usar el indicativo.

*Aunque mañana **saldré / salga** tarde del dentista, intentaré pasarme después por tu casa.*

En cambio, si lo vemos como un impedimento hipotético en el futuro se ha de usar siempre el subjuntivo.

Aunque me llame mañana tu hermano (= no sé si llamará), no le diré nada.

Si el impedimento se presenta como irreal o imposible se ha de emplear la estructura siguiente:

[*Aunque* + pretérito imperfecto de subjuntivo] + condicional simple.

*Aunque **me muriera** de hambre, no le **pediría** ni un euro a Pepe.*

ORACIONES REDUPLICADAS

Con esta estructura en subjuntivo, quitamos importancia a cualquier posible obstáculo.

- Verbo en subj. + LO QUE + mismo verbo en subj.

Pase lo que pase, siempre te querré.

Hagas lo que hagas, siempre te saldrá bien.

Comas lo que comas, nunca engordas.

> *Te pongas lo que te pongas, siempre estás guapo.*

Digan lo que digan, no hagas caso: tú siempre has actuado bien.

OTROS NEXOS CONCESIVOS

- *Y eso que:* se usa en el registro informal; hace referencia y enfatiza algo dicho anteriormente. Siempre se construye con **indicativo**.

  *No me gusta nada este sitio, no sé por qué hemos venido, **y eso que nos avisaron**.*

- *A pesar de que:* se puede construir tanto con **indicativo** como con **subjuntivo**, equivale a *aunque* y su uso es más formal.

  *A pesar de que los meteorólogos **habían / hubieran advertido** del riesgo de tormentas, miles de conductores se echaron a la carretera.*

- *Por más* o *mucho que* + verbo o *por mucho/a/os/as* + sustantivo: añaden una idea de intensidad o cantidad y pueden llevar el verbo tanto en **indicativo** como en **subjuntivo**.

  Por más que se pone a dieta, no adelgaza.

  Por mucho que estudia, no aprueba.

  Nunca se estresa por muchos problemas que surjan.

- *Tanto si… como si:* expresa dos obstáculos a la acción principal; se usa con **indicativo** (excepto el futuro y el condicional simple) o con el **imperfecto de subjuntivo**.

  *Tanto si aceptas la oferta **como si** la rechazas, nosotros te apoyaremos en tu decisión.*

  *Tanto si se divirtiera **como si** se aburriera, posiblemente se quejaría, porque Pepe es así.*

7 ¿Os conocéis bien?

► **A** Fíjate bien en los enunciados propuestos y relaciona ambas columnas. Después piensa qué compañero se adapta mejor a lo que se expresa y completa con su nombre.

1 Si _____ tuviera mucho dinero,

a todos nos partimos de risa.

2 Si el profesor le pregunta a _____ ,

b sería un lince porque es muy listo.

3 Si anoche _____ no hubiera salido de marcha,

c se lo gastaría todo en ropa.

4 Si _____ hiciera normalmente los deberes,

d se pone rojo como un tomate.

5 Si _____ madrugara un poco más,

e ahora no estaría hecho polvo.

6 Si _____ tiene mucha hambre,

f se pone de mal humor.

7 Si _____ se convirtiera en animal,

g el profesor no se enfadaría con él / ella.

8 Si _____ hace un chiste o gasta una broma,

h llegaría con puntualidad.

► **B** Ahora, exponed vuestras propuestas en plenaria y si no estáis de acuerdo con lo que los demás dicen de vosotros, podéis expresar vuestra opinión como en el ejemplo.

> Si el profesor no pusiera tantos deberes, seríamos más felices.

> No estoy de acuerdo, si os pongo deberes, es por vuestro bien. Además, si los hacéis os ponéis contentos porque aprendéis más…

► **C** Clasifica ahora las oraciones anteriores según su significado.

1 Condición real o posible en el presente o el futuro: _____ .

2 Condición probable o imposible en el presente o futuro: _____ .

3 Condición irreal referida al pasado: _____ .

8 Diferentes condiciones

▶ 🔊1|27 Escucha y contesta con los verbos siguientes.

« devolver tener
dejar darse
descender haber
recoger volverse »

1 Respuesta: Vale, te la _____ a condición de que me la _____ en perfecto estado.

2 Respuesta: Sí, claro, siempre que lo _____ ustedes antes de las seis de la tarde.

3 Respuesta: Creo que no, salvo que _____ muchísima hambre y no _____ nada más para comer.

4 Respuesta: Pues yo no, a no ser que _____ loco.

5 Respuesta: Hombre, nunca se sabe, por si _____ las temperaturas; además, como se suele decir: «Hombre precavido vale por dos».

6 Respuesta: Es verdad, como no _____ prisa, nos pasará como siempre y tendremos que buscar algo a última hora.

9 Como no os portéis bien…

▶ María y Jesús, los abuelos del foro *Aquí no se puede vivir,* cuidan a sus nietos. Fíjate en la información sobre los niños y después imagina y escribe en tu cuaderno las posibles advertencias y condiciones imprescindibles que estos abuelos les indican a sus nietos.

Como no os lavéis bien los dientes, mañana no tomáis chocolate para merendar.

Los niños se niegan a...

Lavarse los dientes
Hacer los deberes
Recoger sus juguetes
Pedirse perdón cuando discuten
Merendar
Acostarse pronto

A los niños les encanta...

Ver dibujos animados
Ir al parque
Jugar con la wii
Comprar chucherías en el quiosco
Ir al cine
Jugar en la bañera
Que les cuenten un cuento antes de dormir

10 El lado positivo de la vida

► **A** Completa el pensamiento de Daniel con el tiempo verbal adecuado.

Daniel va a mudarse a un pequeño pueblo de la sierra: ha decidido cambiar de vida, dejar sus clases en la universidad y aceptar un puesto de profesor en una escuela rural. Acaba de firmar el contrato y ya conoce todas las condiciones. Ahora va camino de su casa pensando en los impedimentos que sabe que se va a encontrar. ¡Pero está feliz con el cambio!

Bueno, ya conozco todos los detalles de mi nuevo trabajo.
La vida va a ser menos cómoda que en Madrid, pero merecerá la pena.
Por más que _____ *(tener)* que levantarme temprano para abrir la escuela
y poner la calefacción, me ahorraré los atascos de la Calle 30. Y Bea podrá traducir sus libros sin
ruidos y tranquilamente en casa, aunque no _____ *(disponer)* de acceso a Internet de alta
velocidad. En la escuela, aunque no _____ *(facilitar a nosotros)* ordenadores portátiles,
tendremos muchos libros y enciclopedias con los que trabajar. Nuestros hijos —y el que está por
llegar— tendrán mucho tiempo para jugar, ¡y eso que no _____ *(dejar a ellos)* que
se lleven sus tabletas! ¡Jugarán con sus nuevos amigos del pueblo, cara a cara! A pesar de que
seguramente _____ *(echar)* de menos la tecnología, apreciarán el contacto directo con la
gente. Mis suegros se han sorprendido un poco con la decisión, es cierto, pero, aunque no
_____ *(compartir la decisión)*, cuando les dijimos ayer que tendrán una casita disponible
solo para ellos durante las vacaciones, se han alegrado mucho pensando que podrán
disfrutar del huerto que hay en la parcela, del balneario
del pueblo de al lado…

► **B** Vuelve a la tabla que aparecía en el ejercicio 6 D y reflexiona sobre los verbos que has escrito donde aparecía la forma *aunque*. ¿Es una información hipotética o es conocida?

► **C** 🔊1|28 Anoche, Daniel y su mujer no sabían aún cuál sería la realidad de ese pequeño pueblo y estuvieron hablando de su futuro allí. Escucha la audición y completa el diálogo.

Daniel: Ay, Bea, no sé si hemos tomado la mejor decisión del mundo, justo ahora que tienes tanto trabajo.

Bea: No te preocupes, Dani: aunque no _____ *(tener)* Internet, puedo trabajar con mis diccionarios y después enviar las traducciones por correo postal.

Daniel: Pero ¿estás segura de que habrá una oficina de Correos?

Bea: Aunque no _____ *(haber)* una oficina, seguro que hay un buzón en el que depositar las cartas.

Daniel: ¿Y los paquetes?

Bea: Los enviaré desde la capital. Por muchas ventajas que _____ *(encontrar, nosotros)* en el pueblo, será necesario que bajemos de vez en cuando a hacer gestiones a la ciudad, ¿no? Aprovecharé entonces.

Daniel: Tienes razón. Aunque es muy posible que el pueblo _____ *(contar)* con dos o tres tiendecillas, siempre habrá productos que no encontremos allí.

Bea: Sí, y aunque los _____ *(poder)* conseguir, no me resigno a olvidar todos los beneficios de la gran ciudad. ¡Me gustaría seguir disfrutando del cine de vez en cuando! Por mucho que _____ *(querer)*, no podemos renegar del lugar donde nos hemos criado.

Daniel: ¡Claro que no! Aunque _____ *(pasar, nosotros)* muchos años en la montaña, ¿quién sabe?, siempre necesitaremos nuestro poquito de ciudad.

▶ **D** ¿Qué diferencias encuentras entre los usos verbales de los textos de A y C? ¿Los hablantes tenían el mismo grado de certeza sobre la información que manejaban?

No hay banco. ¿Y cajero?

Hay solo dos tiendas: ninguna vende pescado fresco.

¿Hay repartidor de pescado?

Hay un médico los lunes y los viernes.

¿A cuántos kilómetros está el hospital más cercano?

¿Hay farmacia?

No hay comisaría de policía ni Guardia Civil.

NO TAS

▶ **E** Daniel y Bea están leyendo en casa las condiciones del contrato y la descripción del pueblo, y están tomando notas. Léelas y completa las oraciones. Después relaciona ambas columnas según el sentido de los enunciados.

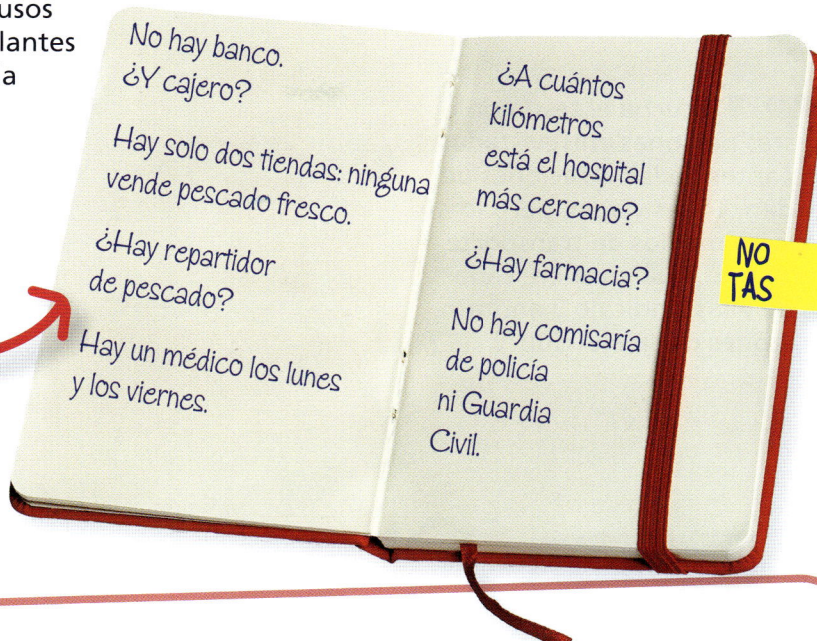

1 Aunque no _____ (*haber*) sucursales bancarias,

2 Aunque no _____ (*nosotros, disponer*) de cajero automático,

3 Los niños son aún pequeños y a veces necesitaremos llevarlos al médico. No creo que sea un problema porque aunque el médico no _____ (*estar*) en el pueblo todos los días,

4 Aunque el pueblo no _____ (*contar*) con una farmacia,

5 Es un pueblo tranquilo, pero ¿qué pasa si se comete algún delito?

6 ¡Vaya problema vamos a tener con el pescado! Aunque _____ (*venir*) un repartidor de pescado,

7 ¿Y que pasará cuando me ponga de parto? Aunque no _____ (*existir*) un hospital a menos de 5 km,

a no nos preocupa demasiado, porque siempre podremos domiciliar los pagos y hacer transferencias por Internet. Además, en el pueblo de al lado hay un banco.

b tendré que dar a luz en algún lugar. ¿Cómo lo haremos?

c lo más probable es que alguien del pueblo sea el encargado de traer los medicamentos de la farmacia del pueblo de al lado.

d aunque no _____ (*haber*) comisaría de policía, habrá patrullas que hagan ronda de vez en cuando.

e seguro que sus productos no serán muy frescos. ¿Qué podemos hacer?

f es posible que haya cajeros.

g seguro que es posible llamar a un teléfono en caso de una urgencia.

▶ **F** Daniel y Bea han formulado algunas soluciones a los problemas que les plantea este traslado. ¿Puedes aconsejarles tú otras alternativas? Utiliza estas estructuras que ya conoces.

No podrán comer pescado fresco a no ser que haya un repartidor o vayan a otra localidad.

Siempre que

A condición de que

Salvo que

Con tal de que

A no ser que

Siempre y cuando

11 ¿Compartimos?

▶ **A** ⏱ 1 29 Escucha el testimonio de estas personas entrevistadas justo antes de las vacaciones de Navidad. Todas viajan, pero lo hacen en medios de transporte diferentes. ¿Cuál prefiere cada una de ellas? Indícalo y anota las razones de su elección.

1 _____

2 _____

3 _____

4 _____

▶ **B** Vera y sus amigos tienen un presupuesto muy limitado, pero quieren pasar unos días fuera durante estas vacaciones. Como lo más económico es compartir coche, Vera está rellenando su perfil en una página web donde se comparte coche. Rellena tú también tu perfil y muéstralo a la clase.

COMPARTE.CAR

INFORMACIÓN PERSONAL

Sexo [▼]   Año de nacimiento [▼]

Nombre [   ]

Apellidos [   ]

Correo electrónico [   ]

Móvil [   ]

✔ Mostrar mi número de móvil [   ]

✔ No mostrar mi número de móvil [   ]

PARA QUE TE CONOZCAMOS MEJOR, DINOS:

No me importa viajar con desconocidos, siempre que [   ]

Dejaría espacio para otros viajeros en mi coche, a condición de que [   ]

Nunca permitiría viajar en mi coche a personas [   ] , a no ser que [   ]

Salvo que [   ] , no conduciría con gente que [   ]

Nivel de conversación

✔ Hablo mucho si [   ]

✔ Hablo poco si [   ]

✔ Nunca hablo si [   ]

Conducir con música

✔ Sí, siempre. Mi música preferida es [   ]

✔ Sí, con tal de que [   ]

✔ No, nunca, a no ser que [   ]

Llevar mascotas

✔ Nunca, excepto si [   ]

✔ Siempre, salvo que [   ]

[Aceptar] [Cancelar]

► **C** 👥 Lee los comentarios de varios usuarios acerca de unos conductores que ofrecen diferentes trayectos. ¿Cuál elegirías tú? Piensa en cómo son las personas, el precio que ofrecen, el destino… En parejas, y de acuerdo con la información que cada persona de la clase ha puesto en su perfil, propón viajes a tus compañeros.

COMPARTE.CAR

OPINIONES

PABLO, 27 AÑOS

SALAMANCA-LEÓN, VIERNES 31, 5 €

MÓNICA. Viajó con Pablo

Con tal de no viajar sola, he usado ya muchas veces esta página, con resultados muy dispares, es cierto. Gracias a toda esta experiencia puedo decir que Pablo ha sido sin duda mi mejor conductor. *Rock and roll* a todo volumen, muchas experiencias que compartir y me permitió llevar a Baco, mi perrito. «Siempre que no me ensucie el coche, puedes traer el animal que quieras», me dijo. Repetiré, sin duda.

ARANTXA, 47 AÑOS

BARCELONA-ZARAGOZA, JUEVES 30, 7 €

HUGO. Viajó con Arantxa

Aunque a mí me gusta la velocidad, creo que solo es recomendable en los circuitos de Fórmula 1: reconozco que siempre que viajo con alguien prefiero que vaya despacito, bien atento a la carretera. Arantxa conduce de manera muy segura, eso es necesario aclararlo, pero tal vez demasiado rápido, a no ser que quieras tener una experiencia como copiloto de un coche de carreras. Es cuestión de preferencias, por eso yo no repetiré.

SALAMANCA-LEÓN

BARCELONA-ZARAGOZA

MÉRIDA-SEVILLA

VALENCIA-MURCIA

PAULA, 18 AÑOS

MÉRIDA-SEVILLA, VIERNES 31, 11 €

ÁNGELES. Viajó con Paula

Si siempre has pensado que nunca viajarías con un conductor novel a no ser que quedase demostrada su destreza al conducir, yo te digo que Paula, aunque es muy joven y aún lleva la L, se comporta al volante como una conductora muy experimentada. Además, es encantadora. No te arrepentirás si viajas con ella, excepto si quieres dormir: habla bastante y cuenta anécdotas tan interesantes que no querrás que ni el viaje ni la conversación acaben.

ANDRÉS, 52 AÑOS

VALENCIA-MURCIA, LUNES 27, 10 €

BRUNO. Viajó con Andrés

Andrés es un chico callado que conduce muy prudentemente. Puntual y responsable, escucha música clásica en su coche. Para mí el viaje fue perfecto, ya que pude echarme una siestecilla. A no ser que uses esta página para conocer a gente nueva y conversar mucho, Andrés es tu conductor ideal.

12 Consejos para la vida práctica

▶ **A** Marie y Anne son dos chicas jóvenes que acaban de llegar a España con un trabajo estacional. Van a estar unos meses viviendo en casa de una amiga. Es la primera vez que van a pasar tanto tiempo en el extranjero y su anfitriona les da unos consejos prácticos. Complétalos con las siguientes expresiones.

> ir a urgencias
> cuenta corriente
> banda de delincuentes
> domiciliar recibos
> poner una denuncia
> cobrar los cheques
> seguro médico

Antes de ir a un banco para abrir una _____ , preguntad en sucursales de distintos bancos para elegir la entidad que más os interese. Algunas ofrecen muchas más ventajas que otras. Y cuanto antes la tengáis, mejor: todo es mucho más sencillo cuando por fin puedes _____ . Incluso será más barato _____ que os envíen desde vuestro país.

Es importante que tengáis un _____ que os cubra en caso de enfermedad o accidente, aunque espero que no tengáis que usarlo nunca… Cuando vivía en el extranjero tuve que _____ una vez porque se me hinchó un ojo y casi no podía ni ver. Afortunadamente, tenía todos mis papeles en regla y mi seguro, así que me atendieron sin problema en un hospital.

Si perdéis la documentación o las tarjetas de crédito, acudid inmediatamente a una comisaría para _____ . Nunca se sabe si pueden caer en manos de alguna _____ que intente suplantar vuestra personalidad.

▶ **B** ¿Les darías tú otros consejos? Recopila todos los consejos de la clase y escribe un correo donde se los haces llegar a Marie y Anne.

De	
Para	marie@anaya.es
Asunto	Unos consejillos

Hola, chicos:

¿Qué tal en España? Como sabéis, conozco un poco el país y además les he preguntado a algunos amigos qué sería necesario saber para vivir allí.
En primer lugar, os recomiendo que _____

_____

_____

_____

_____

1 Acostumbrándose a la nueva vida

Si quiere enviar cartas sin salir de casa, puede escribir un correo electrónico a Correos y ellos las imprimirán, aunque sean certificadas, siempre que no tengan más de 20 páginas.

► **A** Bea ha ido a una oficina de Correos. Lee los servicios que le ofrece la oficina. ¿Cuáles crees que podrán serle útiles, teniendo en cuenta que es traductora y ha de recibir y enviar ejemplares dentro de España? Justifica tu respuesta utilizando oraciones condicionales y concesivas.

Inicio – Correos

Nueva pestaña

www.correos.es/ss/Satellite/site/pagina-inicio/sidioma=es_ES

Google

Bienvenidos | Benvidos | Benvinguts | Ongi etorri | Welcome

CORREOS   SEPI

Hola, Identifícate
Mi cuenta

Buscador >> Avanzado
BUSCAR

Localizador >> Varios envíos
CÓDIGO DE ENVÍO

ENVIAR DOCUMENTOS | ENVIAR PAQUETERÍA | SERVICIOS FINANCIEROS | FILATELIA | SERVICIOS ADICIONALES | SOLUCIONES EMPRESARIALES | INFORMACIÓN CORPORATIVA

Envía tus cartas, tanto ordinarias como certificadas, a cualquier lugar del mundo, desde tu ordenador, sin ningún desplazamiento y a cualquier hora. Correos las imprime, ensobra y deposita en el buzón del domicilio de su destinatario. Las cartas enviadas a través de Correo Digital pueden tener hasta 20 folios de extensión, siendo posible componerlas mediante la inserción de un documento Word o Pdf, o bien redactarlas *online* en la aplicación puesta a disposición de los usuarios a tal efecto. Asimismo, es posible insertar en el documento el logo y firma del remitente.

Realiza tus envíos más urgentes de documentación y paquetes postales con Chrono 24, con la garantía de entrega de tu envío a lo largo del día hábil siguiente a la recogida. Consulta más información del producto en su enlace correspondiente.

Ahora es más sencillo hacer envíos contra reembolso. La entrega del envío al destinatario se realiza previo abono por parte de este de la cantidad que figura en el envío (la que quiere cobrar el remitente del envío) y posteriormente Correos la reembolsa. La cantidad del reembolso puede abonarse al remitente mediante orden de ingreso en cuenta de la entidad bancaria que prefiera o en su domicilio.

Para hacer envíos certificados de ámbito nacional, debe consignar la palabra «CERTIFICADO» (o la etiqueta al uso) en el ángulo superior izquierdo del anverso del envío. En el caso de los envíos internacionales, se ha de consignar en el ángulo superior izquierdo del anverso del envío las palabras «RECOMMANDÉ / CERTIFICADO» y «PRIORITARIO / PRIORITY» (en letras blancas sobre fondo azul) o etiquetas al uso. Recuerde que en el ámbito nacional, por pérdida o extravío, existe una garantía de 30 €.

Texto adaptado de www.correos.es

► **B** Escribe las siguientes palabras junto con su definición correspondiente.

► Definiciones ◄

Buzón de Correos
Correo certificado
Destinatario
Envío contra reembolso
Paquete postal
Remitente

1 _____ : Embalaje en el que figura el nombre y la dirección del destinatario al que ha de ser enviado.

2 _____ : Envío en el que el destinatario ha de pagar unos gastos antes de la recepción de la carta o paquete.

3 _____ : Persona a la que va dirigido o destinado algo.

4 _____ : Persona que envía un sobre o paquete, cuyo nombre consta en estos.

5 _____ : Receptáculo que hay en las calles donde se introduce el correo. En España, suele ser cilíndrico y de color amarillo.

6 _____ : Tipo de servicio de reparto de cartas o paquetes que implica un seguimiento desde que es entregado a Correos hasta su entrega y aceptación por parte del destinatario.

2 Unas vacaciones diferentes

▶ **A** Un amigo de Álvaro y Cristina les ha hablado de unas vacaciones muy diferentes. Completa el siguiente texto con los fragmentos que aparecen al final. Ten en cuenta que hay un fragmento que no vas a necesitar.

www.vacaciones diferentes.com

¿Quieres irte de vacaciones sin gastar mucho dinero?
¿Quieres ayudar e integrarte en la vida rural?
¿Quieres aprender idiomas?

A no ser que seas alérgico a los animales y siempre que estés dispuesto a colaborar en algunas tareas cotidianas propias de granjas o superficies agrícolas, lo tuyo es, sin duda, el sistema de alojamiento que ofrece nuestra web. **a)** [...].

Aquí puedes leer algunos comentarios de usuarios.

✔ **Marina** es una usuaria argentina que estuvo dos meses en Ecuador. «Con tal de viajar a bajo precio, había probado muchas cosas antes en mi vida: alquilar habitaciones en casa de particulares, intercambiar mi piso con el de otra persona… **b)** [...]. Si puedes, lo más conveniente es pactar con los propietarios las condiciones antes de ir, es decir, las horas de trabajo dedicadas al día y las jornadas libres por semana. Yo estuve en Ecuador durante dos meses y aprendí mucho de la vida en el campo, a la vez que hice grandes amigos de muchos lugares del mundo. Aunque no todos los establecimientos admiten estancias cortas, mi granja sí: tuve compañeros que solo se quedaron una o dos semanas con nosotros».

✔ **Carlos** participó de esta experiencia durante dos veranos enteros en Australia. Los dueños de las granjas en las que estuvo se sorprendieron: era la primera vez que tenían a un voluntario de más de 70 años… Pero lo cierto es que nadie habría adivinado su edad si no la hubiese indicado en la ficha de inscripción de la página web. **c)** [...].«He trabajado como veterinario durante casi toda mi vida, mi familia proviene del campo. Además, soy una persona muy activa: yo sabía que podría encajar en cualquier granja con tal de que me dieran una oportunidad. Por eso, mi consejo es que sea cual sea tu edad, pruebes esta experiencia».

✔ **Lola** lo tiene muy claro: «Tengas los conocimientos previos que tengas, aunque no hayas salido nunca de la ciudad, siempre que estés dispuesto a aprender de los demás, estas serán tus mejores vacaciones. He sido voluntaria de diferentes organizaciones. ¡Y es que me siento muy realizada ayudando a los demás! **d)** [...].Todo era perfecto, salvo que no fui capaz de adaptarme al frío y a la humedad de la casa, por lo que enfermé bastante. Desde entonces, intento buscar siempre lugares más cálidos para mis estancias».

fragmentos:

1. En la primera granja en la que trabajé no tuve una buena experiencia, es cierto.

2. Pero, sin duda, convivir en granjas gracias al sistema de alojamiento de la web ha sido mi mejor y más enriquecedora experiencia.

3. Mi vida en la primera granja pasó sin pena ni gloria.

4. Porque, aunque no tengas experiencia, disfrutarás trabajando en granjas orgánicas de todo el mundo a cambio de alojamiento y comida.

5. Y es que, aunque podría parecer a *priori* una desventaja contar con un septuagenario, el conocimiento atesorado durante toda su vida fue muy apreciado en cada lugar.

▶ **B** Mira los comentarios sobre esta experiencia vacacional que han dejado varios usuarios y completa los huecos con los tiempos verbales adecuados.

www.vacaciones diferentes.com

comentarios:

✔ Antonia

En 2012 estuve por primera vez como voluntaria en una granja. Mis padres no se creían que pudiese acostumbrarme a esta vida: si se lo _____ *(decir)* antes, jamás lo _____ *(creer)*. Y la verdad es que ahora aprovecho cada ocasión para escaparme a la granja de unos amigos suecos que conocí el año pasado. Aunque solo _____ *(tener)* dos días libres, preparo la maleta y me voy a echar una mano. Si mis hijos _____ *(ser)* mayores, _____ *(plantearse)* incluso cambiar radicalmente de vida y mudarme al campo.

✔ Pepe

Si _____ *(saber)* cuando era joven que existía esta posibilidad de viajar y aprender idiomas, sin duda la _____ *(aprovechar)*. Pero nunca es tarde y ya he estado tres veranos en Argentina, Francia y Canadá. Se lo recomiendo a todo el mundo. Eso sí, una advertencia para los que me estáis leyendo: si no _____ *(gustar)* los animales, ni lo _____ *(pensar)*.

✔ Nico

Me fui la primera vez sin tener mucha idea de adónde iba y sin ni siquiera hablar la lengua del país. Aunque no _____ *(saber)* ni una palabra de holandés y no _____ *(pisar)* una granja nunca antes en mi vida, todo fue sobre ruedas. Pienso que en esta vida si _____ *(estar)* motivado, todo _____ *(ser)* posible.

✔ Noelia

Este verano en Galicia conocí a quien es hoy mi mejor amiga, Eleonora, una chica de Milán. Como yo había estudiado italiano en la universidad, la ayudaba mucho en la interacción con los propietarios de la granja: si ella no _____ *(saber)* una palabra, allí _____ *(estar)* yo siempre para ayudarla. Eleonora ya tenía experiencia en el campo, así que si yo no _____ *(lograr)* plantar bien alguna semilla o recoger algún fruto, ella me _____ *(enseñar)* cómo hacerlo.

3 ¿Aún hay más formas de viajar?

▶ **A** 🕐 **1 30** A continuación, vas a escuchar unas informaciones relativas a diversos tipos de viajes. Fíjate bien en las fotos y relaciona cada audición con su correspondiente fotografía.

A

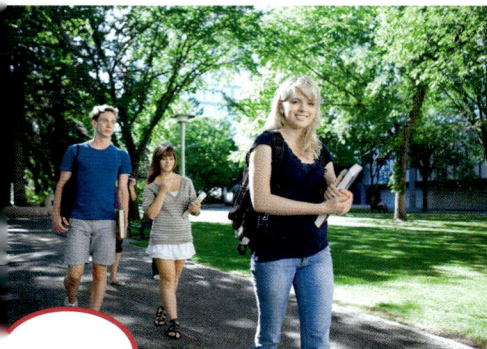

B

C

▶ **B** 🕐 **1 30** En el ejercicio anterior aparecen algunos términos vinculados a los viajes. Escucha de nuevo y encuentra la definición de cada uno de ellos.

1 Ir a una ciudad y contar con un guía que nos explique todos los detalles:
_____ .

2 Irme a otro país a recibir clases para aprender una lengua:
_____ .

3 Poner fin a una etapa académica con un viaje en el que disfrutar de los compañeros, eso sí, bajo la supervisión de algunos profesores:
_____ .

▶ **C** Ahora relaciona cada una de las siguientes afirmaciones con una o varias audiciones del ejercicio anterior. Justifica tu respuesta.

a En este tipo de viajes es necesario tener una edad determinada: *audición 1.*

b Estos viajes son extremadamente baratos: _____ .

c Se puede obtener una ayuda del Gobierno para este tipo de viajes:
_____ .

d Para estos viajes, los interesados llevan a cabo diferentes actividades que ayudan a financiar los gastos _____ .

▶ **D** ¿Y tú has viajado de alguna de las maneras de las que se habla en la audición? ¿Qué crees que pueden aportar a las personas que los eligen? ¿Realmente son tan diferentes? ¿Cómo te gusta viajar a ti?

▶ Unidad 6

Cuando haya encontrado un trabajo

▶ **Necesitamos aprender**

- Las oraciones temporales
- Léxico relacionado con el mundo laboral
- Organización del Estado
- Oraciones impersonales (II)

▶ **Para**

- Expresar tiempo
- Conocer el mundo de la incorporación al trabajo
- Expresar impersonalidad (II)

RECURS
HUM

25-10 9:05

MARTA201

UBICACIÓN: MADRID

Hola:

Soy Marta, tengo 27 años y soy graduada en Arquitectura. Hace un año que terminé y estoy buscando un estudio de arquitectura en otro país que me dé la oportunidad de tener mi primera experiencia, aunque sea en prácticas, para conocer otra cultura y otra forma de vida. Mientras estudiaba, trabajé de dependienta y de camarera. Soy seria y responsable.

Mensajes: 1

1 Busco trabajo

▶ **A** Lee el siguiente foro y explica los motivos para cambiar de país o de trabajo de cada uno de los que intervienen. ¿Es habitual en tu país la movilidad laboral? ¿Se suele cambiar mucho de trabajo? ¿Te irías a trabajar fuera de tu ciudad? ¿Y de tu país?

Mundobook >forobuscotrabajo

28-12 15:54
MANUELGH
UBICACIÓN: VALENCIA

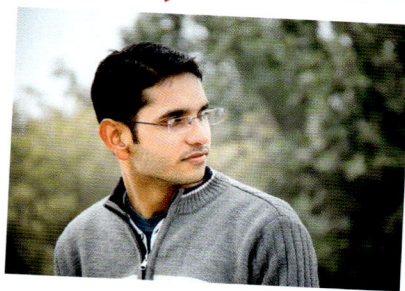

Hola:

Me llamo Manuel, estoy buscando la forma de encontrar trabajo en Bogotá porque mi esposa está allí y queremos estar juntos… Esperamos un hijo para dentro de muy poco. Ahora estoy en España pero en cuanto tenga una oferta de empleo con un sueldo digno, me iré. Seguro que cuando llegue a Bogotá, mi hijo ya habrá nacido. Hasta hace unos meses trabajé en la agricultura, de recolector de fruta. También trabajé en una panadería y en una carnicería.

Mensajes: 1

04-04 13:02
JUANA223
UBICACIÓN: PALMA DE MALLORCA

Hola:

Me llamo Juana y ahora vivo en las islas Baleares. Durante 10 años tuve mi propio negocio familiar, pero tenía muy poco tiempo libre: el negocio era muy esclavo, y acababa el día agotada y sin tiempo para mí. Por eso, en cuanto empezaron las dificultades, decidí cerrarlo. Pero ahora quiero volver a intentarlo, tal vez monte una empresa *online,* lo tengo que pensar bien. Cuando me decida…, la crisis habrá pasado. ¡Ojalá! Soy una persona emprendedora y estoy abierta a nuevas experiencias, no me importaría intentarlo en otro país. ¿A dónde puedo dirigirme? Gracias.

Mensajes: 1

15-07 19:30
ALEXIS330
UBICACIÓN: SEVILLA

Hola a todos:

Me llamo Alejandro y soy andaluz, tengo 30 años y estoy separado con dos niños. Necesito encontrar trabajo en Barcelona, donde me quiero ir a vivir porque allí residen mis hijos con su madre. Soy graduado en Ingeniería Mecánica y licenciado en Química, y antes de casarme aprobé las oposiciones de enseñanza secundaria. De todas formas, antes de pedir el traslado quiero tantear otras posibilidades laborales en la ciudad. Trabajé durante diez años de profesor en diferentes institutos. ¡Ojalá me dieran pronto el traslado! ¡Quién sabe! De momento me voy a pasar unos días con mis hijos, que los echo mucho de menos.

Mensajes: 1

RECOMENDAR

RESPONDER

→ ATENCIÓN

- Artículo neutro *lo* + adjetivo + *de*. Sirve para intensificar la cualidad del adjetivo:
  Lo bueno de eso…

- *Lo de / Eso de* + sustantivo, infinitivo:
  Lo del trabajo está mal.
  Lo de comer tarde en España resulta curioso.

▶ **B** En el foro, los participantes describen sus experiencias. Unas son positivas, pero otras no tanto. Haz un breve resumen de sus intervenciones utilizando estas expresiones.

○ *Manuel quiere encontrar un trabajo en Bogotá porque él vive en España y **lo malo de** esa situación es que su mujer está allí y ¡claro!, **eso de vivir** separados es muy difícil…*

lo bueno de… /
lo malo de… /
eso de… /
lo interesante de… /
lo difícil de…

▶ **C** ¿En qué situación profesional se encontraban o se encuentran cada uno de los participantes en el foro? Relaciona los elementos de cada columna.

1. Manuel   **a.** Contratado

2. Marta   **b.** Funcionario

3. Alexis   **c.** En prácticas

4. Juana   **d.** Autónomo

▶ **D** Observa que los participantes utilizan léxico del mundo laboral. Lee de nuevo el foro, identifícalo y subráyalo. Luego, fíjate en los sufijos que utilizan y clasifícalos en cinco apartados, según las distintas terminaciones.

Sufijos relacionados con profesiones y lugares de trabajo

A. Agricult**ura**…

B. _____

C. _____

D. Panader**ía**…

E. _____

▶ **E** 👥 A continuación, pensad en otros términos relacionados con el léxico del trabajo y que contengan los siguientes sufijos.

-ista	-ero, -era	-or, -ora	-ería
florista	florero	pescador	floristería
	pescadero		pescadería

Ahora, intercambiad preguntas con las otras parejas siguiendo el ejemplo del diálogo.

❍ Es un negocio donde se venden flores. ¿Sabes cómo se llama?

❍ Pues no me acuerdo muy bien… ¿Florería?

❍ No, floristería.

❍ ¿Y la persona que vende las flores cómo se llama?

❍ ¡Florista!

❍ O florero. Las dos palabras son correctas.

❍ Pero ¿florero no es el recipiente en donde se ponen las flores en casa?

❍ Sí, también. A veces hay palabras que tienen más de un significado.

▶ **F** En sus presentaciones, los internautas del foro utilizan estructuras para expresar tiempo. Vuelve a leer el texto y escríbelas.

Ahora estoy en España. **En cuanto…**

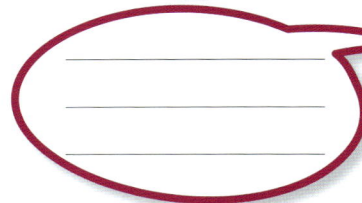

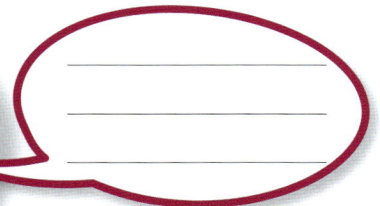

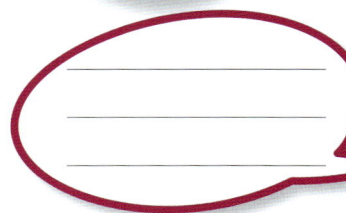

2 ¿Cómo lo hago?

	SÍ	NO
A 🔊 **2 01** Marta quiere preparar su currículum vítae pero no sabe muy bien cómo hacerlo. Escucha la conversación telefónica que mantiene con su amigo Luis. ¿De qué hablan? Señala los marcadores conversacionales que escuches.		

		SÍ	NO
1.	Perdona que te interrumpa. ¿Puedo preguntarte algo?	◯	◯
2.	Oye, que…	◯	◯
3.	No hablemos de eso, ¿vale?	◯	◯
4.	Sí, ya, claro, pero…	◯	◯
5.	Por último, …	◯	◯
6.	Cambiemos de tema.	◯	◯
7.	Espera un momento…	◯	◯
8.	En fin, …	◯	◯
9.	Y nada, …	◯	◯
10.	Hablemos de otra cosa… / Hablando de otra cosa…	◯	◯

▶ **B** A continuación, te presentamos los marcadores anteriores y otros nuevos, clasificados en tres grupos. Elige la función que desempeña cada uno y escribe un ejemplo contextualizado de cada grupo.

Grupo 1
—Cambiemos de tema.
— Hablando de otra cosa.
—No hablemos de eso, ¿vale?
✓✓ —Eso no tiene nada que ver con el tema. ◯

Ejemplo:
_____
_____

Grupo 2
—Y nada… / Y bueno…
—Por último… / Para finalizar… / Para acabar…
—Resumiendo… / En conclusión… / En suma…
✓✓—Total, que… / En fin… ◯

A. Interrumpir una conversación.
B. Concluir un relato.
C. Rechazar un tema o aspecto del tema.

Ejemplo:
_____
_____

Grupo 3
—Antes de que se me olvide…
—Sí, ya, claro…, pero…
—Espera un momento…
—Oye, que… / Perdona que te interrumpa, pero…
✓✓ —Oye, un momento, ¿puedo decir algo? ◯

Ejemplo:
_____
_____

▶

C 🔊 **2 01** Marta y su amigo utilizan estructuras para generalizar, sin personificar las acciones: expresan impersonalidad. Escucha de nuevo y busca un ejemplo de cada apartado en la conversación.

A. *Tú* impersonal 2.ª persona del singular: se refiere a «todo el mundo».

B. *Uno /-a*: incluye al *yo* y al resto.

C. 3.ª personal plural: se refiere a una persona indeterminada.

A. _____

B. _____

C. _____

3 ¡Que tengas suerte!

▶ **A** 🌐2 02 Marta lleva un tiempo desempleada. Hace poco tuvo una entrevista de trabajo. ¿Qué le sucedió? Escucha la conversación y responde. ¿Has ido alguna vez a alguna? ¿Crees que son necesarias?

≡ **Léxico**

Ir al grano: Hablar directamente, sin rodeos.

_____

_____

_____

→ **ATENCIÓN**

En España, **ETT:** empresa de trabajo temporal.

SEPE: Servicio Estatal de Empleo Público, antiguo INEM (Instituto Nacional de Empleo).

▶ **B** 🌐2 02 Vuelve a escuchar la audición y presta atención a los marcadores temporales que utiliza Marta para la expresión del tiempo. Marca solo los que se mencionan.

hasta que	☐	una vez que	☐	tan pronto como	☐	nada más	☐
mientras tanto	☐	mientras	☐	antes de que	☐	entretanto	☐
en cuanto	☐	cuando	☐	después de	☐	al mismo tiempo	☐
antes de	☐	una vez	☐	en el momento (en) que	☐	en lo que	☐
después de que	☐	ayer	☐	apenas	☐	al	☐

▶ **C** Los marcadores anteriores expresan anterioridad, posterioridad, posterioridad inmediata, simultaneidad y delimitación del tiempo. Clasifícalos en la siguiente tabla.

ANTERIORIDAD

Antes de...

_____

_____

_____

POSTERIORIDAD

_____

_____

_____

POSTERIORIDAD INMEDIATA

_____

_____

_____

SIMULTANEIDAD

_____

_____

_____

DELIMITACIÓN

_____

_____

_____

4 ¿Cuándo me llamarán?

▶ **A** ⏺2 03 Escucha, lee las siguientes conversaciones y anota las oraciones que expresan tiempo. ¿Sabe algo ya Marta de su entrevista de trabajo?

1
◗ Hola, Marta. ¿Sabes algo ya de tu entrevista? Después de que llamaras tan preocupada no he parado de pensar en ti.
◗ No, todavía no. No sabes lo nerviosa que estoy. Hasta que no me llamen, no me quedaré tranquila.

2
◗ ¡Hola, Marti! ¿Qué sabes de la entrevista del otro día?
◗ Pues nada aún. Me dijeron que me llamarían antes de que finalizara el mes, pero todavía no me han llamado. Gracias por tu interés. En cuanto sepa algo, te lo diré.
◗ Vale. Nos vemos.

3
◗ Hola, Ana.
 ¿Puedo hablar contigo? Es que estoy algo nerviosa con lo de la entrevista y necesito charlar.
◗ Lo siento, Marta. Ahora estoy muy ocupada. Tengo mucho trabajo. Llámame esta noche después de cenar y hablamos con más tranquilidad. Antes de cenar no voy a poder porque tengo que entregar unos informes y…
◗ Vale, venga. Te llamo esta noche.

4
◗ Ya me ha contado Ángela lo de tu entrevista de trabajo. ¿Qué te pasó?
◗ Pues que nada más terminar la entrevista me di cuenta de que me faltaban los papeles del currículum, así que cuando llegué a casa los envié por correo electrónico.
◗ ¿Y has sabido algo más?
◗ No, nada.
◗ ¿Y qué estás haciendo mientras tanto?
◗ Terminar un curso que tengo pendiente, echar más currículos, leer las ofertas de trabajo del periódico, buscar en Internet… Tengo mucho tiempo libre mientras no me salga nada.
◗ Vaya. Pues yo no tengo tiempo para nada. Cuando sepas algo, me llamas, ¿vale?

5
◗ Hola, buenos días. Llamaba porque hace unas semanas tuve una entrevista de trabajo en su empresa. Me dijeron que me llamarían cuando supieran algo. ¿Me podría informar?
◗ Sí, un momento, por favor. Dígame su nombre.
◗ Marta del Valle.
◗ A ver. No, todavía no hay noticias. No se preocupe. Apenas sepamos algo, la llamaremos. Pero una vez pasados quince días, si no tuviera noticias nuestras, vuelva a contactar con nosotros, ¿de acuerdo?
◗ De acuerdo. Muchas gracias.

Oraciones que expresan tiempo

1. *Después de que llamaras* tan preocupada no he parado de pensar en ti.

2. _____

3. _____

4. _____

5. _____

▶ **B** 👥 Observa que las oraciones temporales anteriores van con infinitivo, subjuntivo e indicativo. Clasificadlas según la siguiente tabla.

Con infinitivo

Con subjuntivo

Con indicativo

► **C** 👥 Finalmente, leed estos enunciados, marcad verdadero o falso y escribid ejemplos para justificar la respuesta.

V / F

Es falsa porque **antes de** y **después de** se construyen con infinitivo cuando tienen el mismo sujeto.

Por ejemplo: **Antes de venir** a clase, leo las noticias en Internet; el sujeto de **venir** y de **leer** soy yo.

1. *Antes de* y *después de* se construyen con subjuntivo cuando los verbos principal y secundario tienen el mismo sujeto. _____

2. *Antes de que* siempre lleva subjuntivo. _____

3. *Después de que* solo puede llevar indicativo cuando hablamos en pasado. _____

4. *Tan pronto como, en cuanto, en el momento en que* y *apenas* se utilizan para hablar de una acción inmediatamente anterior a la principal. _____

5. Cuando hablamos en futuro los marcadores *cuando, tan pronto como, en cuanto, en el momento en que, al mismo tiempo que, apenas* llevan el verbo en tiempo de futuro. _____

6. Si usamos estos marcadores en estilo indirecto de pasado, se usa subjuntivo de pasado cuando queremos expresar una idea de futuro. _____

7. *Hasta que* se usa en frases con doble negación. _____

8. *Mientras* tiene valor condicional cuando se usa con subjuntivo. _____

---

www.infoenparo.com

TE PRESENTAMOS ALGUNAS DE LAS OFERTAS DE EMPLEO MÁS INTERESANTES

¡CONTÁCTANOS! **PINCHA AQUÍ.**

5 Seguimos buscando…

► **A** Mientras recibe una respuesta, Marta sigue buscando empleo. En Internet ha encontrado una página web con muchas ofertas. Léelas y busca las profesiones que se relacionan con los sustantivos de la ficha. ¿Qué sufijo se utiliza para formar estas palabras?

AGRICULTURA
Agronomía
Recolector /-a
de frutas

SALUD
Doctor /-a
Enfermero /-a
Farmacéutico /-a

SERVICIOS A EMPRESAS
Consultor /-a
Abogado /-a
Intérprete
Traductor /-a

EDUCACIÓN
Maestro /-a
Profesor /-a de idiomas
Profesor /-a de secundaria

BELLEZA Y ESTÉTICA
Esteticista
Peluquero /-a

SECTOR DE HOSTELERÍA
Animador /-a
Camarero /-a
Recepcionista

INFORMÁTICA, TELECOMUNICACIONES
Administrador /-a
Gestor /-a de
Páginas web

LOGÍSTICA Y TRANSPORTE
Almacenero /-a
Camionero /-a
Jefe /-a de compras

CONSTRUCCIÓN Y OBRAS PÚBLICAS
Albañil
Arquitecto /-a
Carpintero /-a
Decorador /-a
Electricista
Fontanero /-a

SECTOR AGROALIMENTARIO
Carnicero /-a
Panadero /-a

☰ Léxico	
Almacén	
Camión	
Carne	
Pan	
Fuente	*Fontanero /-a*
Enfermedad	
Pelo / peluca	
Carpintería	

B ¿Has visto cómo se construyen? A partir de un sustantivo se añaden sufijos como *-ero, -era* cuando se trata de oficios o profesiones. Pero ese sufijo también sirve para formar otros grupos de palabras. Completa la tabla.

Limón
Membrillo

Árbol, planta: _____

*membrill**ero***

Sal
Paraguas
Azúcar
Pan
Ratón
Hormiga

Lugar o recipiente: _____ _____

_____ _____

_____

Pesca
Atún

Relativo a esa actividad:

_____

_____

_____

Fútbol
Rock

Persona muy aficionada a una actividad: _____

_____

C Se utiliza el sufijo *-ería* cuando hablamos del negocio o del lugar donde se realiza la actividad profesional. Escribe el nombre de cada uno de los establecimientos relacionados con estos sustantivos.

→ **ATENCIÓN**

-dor, -dora:

- Instrumento, máquina, electrodoméstico: *lavadora, contestador.*
- Lugar donde se realiza una acción: *comedor, recibidor.*

[carne   pescado   fruta
   pan   peluca   pastel]

pastel → *pastelería.* _____

carne → _____

pescado → _____

fruta → _____

pan → _____

peluca → _____

Palabras

- *Recolector /-a*
- _____
- _____
- _____
- _____
- _____
- _____
- _____
- _____

D En la página web aparecen también sustantivos terminados en *-tor /-a* y *-dor /-a*. Vuelve a leer las ofertas y escríbelos. ¿A qué hacen referencia? Elige la opción correcta.

Estos sustantivos hacen referencia a:

a Persona que realiza una actividad o profesión. ◯

b Lugar donde se realiza una actividad. ◯

c Actitud, conducta. ◯

6 ¿Lo ponemos en orden?

▶ **A** Las siguientes palabras se pueden clasificar en dos grupos.
Identifícalos e indica el significado que aportan cada uno de los sufijos.

> egoísmo - capitalismo - acción - prohibición - expresión - administración
> socialismo - platonismo - población - invasión - alcoholismo - nacionalismo
> confesión - comunismo

GRUPO 1
_____
_____

GRUPO 2
_____
_____

		GRUPO	SUFIJO
a	Doctrina, sistema de pensamiento; actitud, conducta		
b	Acción y efecto de realizar una actividad; estado, situación		

-ción

-miento

-mento

▶ **B** A continuación te presentamos palabras derivadas mezcladas con sus palabras de origen. Relaciona las parejas correctas.

Ejemplo: *expresar* ➡ *expresión*

expresar - egoísmo - administrar
capitalismo - invadir - prohibir - nacional - poblar
acción - ego - prohibición - alcohol - social
expresión - administración - socialismo - común -
platonismo - capital - Platón - población - confesar -
invasión - alcoholismo - actuar - nacionalismo
confesión - comunismo

«   »

▶ **C** Ahora, extrae tus propias conclusiones y marca la opción correcta.

➔ ATENCIÓN

Se expresa **acción y efecto** también con los sufijos **-mento, -miento,** que sirven para construir sustantivos a partir de verbos:
aburrir > aburrimiento
salvar > salvamento.

Mis conclusiones

1 Las palabras terminadas en *-ismo* se extraen a partir de:
○ **a.** Sustantivos / Adjetivos
○ **b.** Verbos

2 Las palabras terminadas en *-ión (-ción, -cción, -sión)* se extraen a partir de:
○ **a.** Sustantivos
○ **b.** Verbos

◘ Gramática y léxico

EL FUTURO PERFECTO

Yo	habré		
Tú	habrás		
Usted	habrá		hablado
Él / ella	habrá	+	bebido
Nosotros /-as	habremos		vivido
Vosotros /-as	habréis		
Ustedes	habrán		
Ellos / ellas	habrán		

Uso del futuro perfecto

Lo usamos para expresar una acción futura anterior a otra también futura.

*Cuando lleguemos, ya **se habrá ido**.*
*Para cuando tú llegues, yo ya **me habré ido**.*

ORACIONES TEMPORALES

- **Anterioridad de la acción principal**
  - *Antes de* + infinitivo (= sujeto).
    *Cierra la puerta **antes de salir**.*
  - *Antes de que* + subjuntivo (distinto sujeto).
    *Cerró la tienda **antes de que salieran**.*

- **Posterioridad de la acción principal**
  - *Después de* + infinitivo (= sujeto).
    __Después de salir__ de clase me fui al dentista.
  - *Después de que* + indicativo (pasado) / subjuntivo (pasado, futuro) (distinto sujeto).
    __Después de que dejaste / dejaras__ a tus padres en casa, nos llamaron de la clínica.
    __Después de que hayas terminado__ tus deberes, nos iremos de compras.
    __Después de que termines__ la escuela, nos iremos de compras.
  - *Cuando* + indicativo (presente, pasado) / subjuntivo (futuro).
    __Cuando salí__, me encontré con tu hermano.
    __Cuando salga__, quedaré con tu hermano.

- **Inmediatez de la acción anterior a la principal**
  - *En cuanto, en el momento en que, tan pronto como, apenas* + indicativo (pasado) / subjuntivo (en contexto de futuro).
    __En cuanto termines__ de trabajar, nos vamos.
    __Apenas empezó__ a llover, nos volvimos a casa.

- **Límite desde el que se inicia una acción**
  - *Una vez que* + indicativo (pasado) / subjuntivo (futuro).
  - *Una vez* + participio.
    __Una vez que analices__ este asunto, habrás comprendido mejor el problema.
    __Una vez empezada__ la reunión, el jefe del departamento tomó la palabra.

- **Acción posterior a la primera**
  - *Nada más* + infinitivo.
    Llamaron por teléfono __nada más llegar__.

- **Simultaneidad de la acción**
  - *Cuando* + indicativo (pasado, presente)
    __Cuando estuve__ en Galicia, comí mucho marisco.
    __Cuando hago__ deporte, me siento muy bien.
  - *Mientras* + indicativo (pasado) / subjuntivo (futuro)
    Llovía __mientras corría__. Era un placer.
    __Mientras haga__ mal tiempo, no saldré de casa.
  - *Mientras tanto, entretanto, al mismo tiempo (que), en lo que* + indicativo
    La madre estaba preparando el almuerzo; __mientras tanto__, los niños __jugaban__ en el jardín.

- **Delimitación**
  - *Hasta que* + indicativo (presente, pasado) / subjuntivo (contexto de futuro).
    __Hasta que no lo entiendo__ todo, no estoy tranquilo.
    __Hasta que no tuvo__ un buen trabajo, no se fue.
  - *Hasta hace* + tiempo.
    No hemos sabido nada de él __hasta hace dos meses__.

➔ ATENCIÓN: *Al* + infinitivo = *Cuando* + ind. / subj.

__Al salir__, me encontré con tu hermano. = Cuando salí.
__Al salir__ del túnel, verás un desvío. = Cuando salgas.

ARTÍCULO NEUTRO *LO*

- *Lo* + adjetivo + *de* + infinitivo: sirve para intensificar la cualidad del adjetivo.
  __Lo bueno de ser__ autónomo es que eres tu propio jefe.
  __Lo interesante de vivir__ en una ciudad es la facilidad para desplazarse.

- *Lo de / Eso de* + sustantivo, infinitivo
  __Lo de estudiar__ varios idiomas te ofrece muchas salidas.
  __Eso del aumento__ de sueldo no está todavía muy claro.

▣ Gramática y léxico

Expresión de la impersonalidad (II)

– Con la segunda persona singular.
Te piensas que la vida es fácil... hasta que llegas a los 30.

– Con la tercera persona plural.
Dicen que van a contratar a más gente.

– Con el pronombre *uno/-a.*
*Cuando **uno/-a** no lo tiene claro, mejor es pararse a reflexionar.*

– Con las expresiones *todo el mundo / la gente.*
*A **todo el mundo** le gusta que le adulen.*
La gente piensa una cosa y dice otra.

● Sufijos

■ **-ero, -era:**
– Oficio, profesión, afición: *ganadero/-a, futbolero/-a.*
– Árbol: *limonero.*
– Recipiente o lugar donde viven animales: *salero, hormiguero.*
– Actividad: *pescadero, panadera.*

■ **-ería:**
– Lugar donde se trabaja: *carnicería.*

■ **-ismo:**
– Doctrina, pensamiento: *liberalismo.*
– Actitud o dependencia: *egoísmo, alcoholismo.*
– Palabras propias de una lengua: *latinismo.*
– Actividad o afición: *alpinismo, coleccionismo.*

■ **-ción, -sión, -cción:**
– Acción y efecto: *prohibición, comprensión, contracción.*

■ **-miento, -mento:**
– Acción y efecto: *salvamento, derrumbamiento.*

■ **-dor, -dora; -tor, -tora:**
– Que realiza una acción: *hablador/-a, lector/-a.*
– Instrumento o máquina: *contestador, lavadora.*
– Lugar donde se realiza una acción: *comedor.*
– Profesión, ocupación: *diseñador/-a, repartidor/-a, agricultor/-a.*

7 De mercadillo

▶ Ⓐ Manuel trabaja con su familia en la venta ambulante, en los mercadillos. ¿Conoces alguno? ¿En qué día se instalan en tu localidad? ¿Compras en ellos habitualmente? Coméntalo en plenaria.

● *En mi ciudad hay un mercadillo cada jueves.* **Lo venden** *todo baratísimo.*

● *¿Ah, sí? Pues en la mía hay un mercadillo todos los domingos.* **La gente** *prefiere comprar en estos lugares. Hay de todo.*

▶ Ⓑ 🕑2 04 Un programa de la radio ha entrevistado a Manuel y María sobre su trabajo. Fíjate en los marcadores temporales y completa con los tiempos verbales necesarios. Luego, escucha y comprueba.

Entrevistador: Hoy en nuestro programa *15 minutos con...* abordaremos una de las actividades comerciales más antiguas: la venta ambulante. ¿Cómo piensan y cómo viven una **jornada** de trabajo quienes se dedican a esta actividad? Hoy contamos con la presencia de Manuel y María, que como todos los domingos, abren su **puesto** en la plaza de nuestra localidad, ¿no es así?

Manuel: Sí. Mi familia trabajó durante mucho tiempo en el comercio ambulante. Luego, al *(llegar)* _____ los años del *boom* económico, mi hermano y yo lo dejamos. Pero después de *(trabajar)* _____ en varias empresas, decidimos volver al negocio familiar. Ahora toda la familia se dedica a esto. Yo seguiré trabajando hasta que *(cansarme)* _____ : creo que hay que tener nuevas experiencias de vez en cuando.

Entrevistador: ¿Qué pasos hay que seguir para vender en un mercadillo?

Manuel: Pues cuando *(abrirse)* _____ el plazo de inscripción de una plaza, echamos la solicitud en el ayuntamiento. Mientras tanto, no *(poder, nosotros)* _____ vender en esa localidad.

Entrevistador: ¿Qué pasa cuando les *(dar, ellos)* _____ el permiso?

Manuel: Pues que en cuanto *(pagar)* _____ los **impuestos**, nos asignan un lugar y ponemos nuestro **tenderete**.

Entrevistador: ¿Qué **mercancía** venden?

María: Nosotros tenemos un puesto de frutas y verduras.

Entrevistador: ¿Y qué tal les va? ¿Venden mucho?

Manuel: Bueno, no nos podemos quejar.

Entrevistador: Mucha gente viene al mercadillo a comprar porque piensan que aquí todo son **chollos**. ¿Qué les pasa por la cabeza cuando la gente empieza a **regatear**?

María: La mercancía tiene un precio, ¿sabe? La mercancía nos cuesta un dinerito. Cuando alguien *(venir)* _____ aquí con ganas de regatear, a mí no me gusta, aunque sé que es una práctica habitual en el mercadillo.

Entrevistador: ¿Y cómo es un día normal y corriente?

Manuel: Pues empezamos muy temprano y nada más *(llegar)* _____ montamos el **tenderete**. Hay veces que mientras lo *(montar, nosotros)* _____, tenemos clientes esperando, ¿sabe? En cuanto *(llegar)* _____ el primer cliente, ya no paramos en toda la mañana.

▶ **C** Ahora, identifica en el texto los siguientes términos relacionados con el comercio y la venta ambulante, y completa las siguientes intervenciones para comprobar que has comprendido su significado.

mercancía, tenderetes, jornada, impuesto, chollo, regatear, puesto

1 ◗ ¿Sabes? Hoy le he pedido a mi jefe reducción de _____ .
◗ ¿Y eso por qué?
◗ Para poder llevar a mis hijos al colegio yo mismo.

2 ◗ Mira, estuve ayer en el mercadillo y encontré este _____: un tocadiscos antiguo a mitad de precio.
◗ Ya, como te gustan tanto las antigüedades…

3 ◗ Me encanta la _____ de esa tienda.
◗ ¿Sí? ¿Qué es lo que venden?
◗ Tienen unos bolsos y unos zapatos baratísimos y de calidad, vamos, un chollo.

4 ◗ ¡Qué alfombra más original y qué colores! Debe de haberte costado una fortuna.
◗ ¡Qué va! Nos pusimos a _____ y me ha salido muy barata.

5 ◗ ¿Sabes cuánto han subido el _____ de circulación? Casi un 10%.
◗ Es que todo está por las nubes.

6 ◗ ¿De dónde vienes tan temprano?
◗ Del _____ de frutas del mercadillo. La mejor fruta se vende muy pronto.

7 ◗ Los vendedores ambulantes montan sus _____ muy temprano.
◗ Claro, es normal. Cuanto antes llegues, más productos te encuentras. Se agotan muy pronto.

8 De trabajo

▶ **A** Lee estos minidiálogos entre dos amigos y elige la opción más conveniente para sustituir las frases temporales sin cambiar el significado.

1

- ¿Qué has decidido? ¿Vas a renovar tu **contrato** con esa empresa?
- Hasta que no vea los resultados económicos, no decidiré.

  a) Antes de ver los resultados económicos, decidiré. ○
  b) Después de ver los resultados económicos, decidiré. ○

2

- ¿Sabes? Ayer, nada más entrar en la oficina, mi jefe me llamó al despacho.
- ¿Y qué quería?
- Hablar conmigo para ofrecerme un **ascenso**…, y más horas de trabajo, claro.

  a) Apenas llegué a la oficina ayer, mi jefe me llamó al despacho. ○
  b) Después de que llegué a la oficina ayer, mi jefe me llamó al despacho. ○

3

- ¿Tienes listo ya el **presupuesto**?
- No. Lo tendrás en tu mesa en cuanto esté listo.

  a) No. Lo tendrás en tu mesa cuando esté listo. ○
  b) No. Lo tendrás en tu mesa en el momento en que esté listo. ○

4

- ¿Qué te dijeron en la entrevista?
- Que una vez terminado el **plazo de admisión** de los **aspirantes** a la plaza de encargado, cada uno debería **ocupar su puesto** en una semana.

  a) Que una vez que hubiera terminado el plazo de admisión de los aspirantes a la plaza de encargado, cada uno debería ocupar su puesto en el plazo de una semana. ○
  b) Que hasta que no terminara el plazo de admisión de los aspirantes a la plaza de encargado, no deberían ocupar su puesto en el plazo de una semana. ○

5

- ¿De qué hablaron en la asamblea del **sindicato**?
- Los sindicalistas opinan que los trabajadores no tendrán un **sueldo digno** mientras sigan existiendo contratos basura.

  a) Si siguen existiendo contratos basura, los trabajadores no tendrán un sueldo digno. ○
  b) Cuando sigan existiendo contratos basura, los trabajadores no tendrán un sueldo digno. ○

6

- Mira lo que dicen las noticias.
- ¿Qué dicen?
- Que como las condiciones en que se trabaja no son dignas, los trabajadores amenazan con **ir a la huelga**.

  a) Las condiciones en que se trabaja no son dignas. Entonces, los trabajadores amenazan con ir a la huelga. ○
  b) Los trabajadores amenazan con ir al huelga; mientras tanto, las condiciones en que se trabaja no son dignas. ○

▶ **B** 👥 En parejas, cada uno debe explicar los términos que tiene en sus fichas. Podéis usar el diccionario, pero utilizad luego vuestros propios recursos.

« A »	« B »
Contrato	Ascenso
Presupuesto	Plazo de admisión
Aspirante	Ocupar un puesto
Sindicato	Sueldo digno
Ir a la huelga	

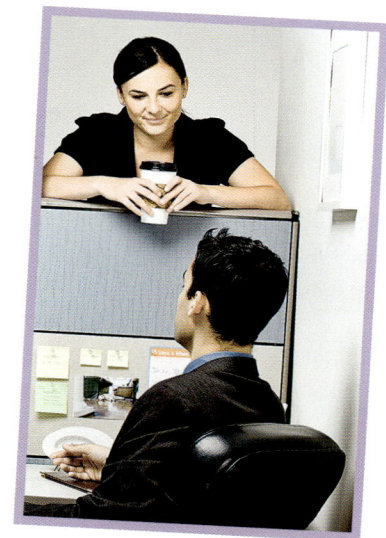

▶ **C** Ahora formad oraciones con dos de los términos de cada ficha en contextos adecuados.

Aún no han convocado a los aspirantes al puesto de encargado.

9 Cuando tú vengas

▸ **A** 👥 Escribid cuatro oraciones temporales que expresen inmediatez, posterioridad, anterioridad y simultaneidad.

> *Después de comprar* en el mercado me fui a la tintorería. ➜ Posterioridad de la acción principal.

▸ **B** Lee estos enunciados y subraya el conector adecuado.

1. Me encontré con Juan justo *durante / al / hasta que* salir del trabajo.

2. Me lavo los dientes *después de / cuando / nada más* voy al dentista.

3. *Antes de / después de / apenas* que te vayas dame las llaves del coche.

4. *Nada más / una vez que / mientras* yo hago la cena, tú pon la mesa.

5. Nos tomaremos un helado *después de / nada más / mientras* comer.

▸ **C** Marcos tiene muchos propósitos. Para no olvidarlos, ha hecho breves anotaciones. Escribe oraciones temporales con el futuro perfecto de indicativo. Observa el ejemplo.

1 Hacer la compra antes del viernes.
Marcos habrá hecho la compra **antes de que llegue** *el viernes.*

Para cuando llegue el viernes, *Marcos ya habrá hecho la compra.*

2 ¡Atención! Recoger la ropa de la tintorería para el martes.
_____

3 No olvidar abrir y contestar el correo pendiente para antes de mañana.
_____

4 Poner la lavadora antes de quedarme sin ropa interior limpia.
_____

5 ¡Ojo! Presentarme a la nueva vecina antes del fin de semana.

6 Escribir el informe del trabajo antes de una semana.
_____

7 Aprender salsa antes de terminar el curso.
_____

8 Dejar de fumar para fin de año.
_____

9 ¡Importante! Planificar los gastos y ahorrar algún dinero para viajes antes del año que viene.
_____

10 Descubrir un lugar paradisíaco para visitar antes de las próximas vacaciones.

10 Ya no sabe uno cómo acertar

▸ 👥 Formad oraciones impersonales con estos verbos. Utilizad las fórmulas del apartado de GRAMÁTICA y LÉXICO.

> Viajar / Dormir / Buscar / Mirar / Vivir / Conocer / Hablar / Pensar / Quejarse / Comer

> *Dicen* que hay que dormir al menos ocho horas diarias.

< Cuando estás cansado, **te duermes** en cualquier sitio.

> Al final, **uno/-a duerme** lo que puede y como puede.

11 El estado de Colombia

▶ **A** En el periódico de hoy se habla de la República de Colombia, un país reconocido por ser la cuarta economía latinoamericana y uno de los mayores productores de café. Lee el artículo y explica con tus palabras quién representa cada uno de los poderes y su función.

ASI FUNCIONA EL ESTADO COLOMBIANO

Colombia, la cuarta economía de Latinoamérica y la tercera en población tras Brasil y México, es un Estado social de derecho con centralización política y descentralización administrativa. El Estado colombiano funciona mediante los tres poderes públicos, con unos organismos de control y una organización electoral. Los tres poderes públicos son el ejecutivo, el legislativo y el judicial. El ejecutivo está representado por el presidente de la República, que es el jefe del Estado y del Gobierno y es elegido por sufragio universal. El poder legislativo, que está representado por el Congreso de la República, está integrado por 102 senadores, de los cuales, 100 son elegidos por voto popular y dos por representación de las comunidades indígenas. Por último, el poder judicial está integrado por las altas cortes, compuestas por la corte constitucional, que es la encargada de cuidar de la supremacía de la Constitución, y la corte suprema de justicia, que es el máximo tribunal.

▶ **B** 🕐2 05 Para elegir a nuestros representantes es fundamental el proceso de elecciones. Escucha la conversación entre un padre y su hija, y ordena las imágenes por orden de aparición.

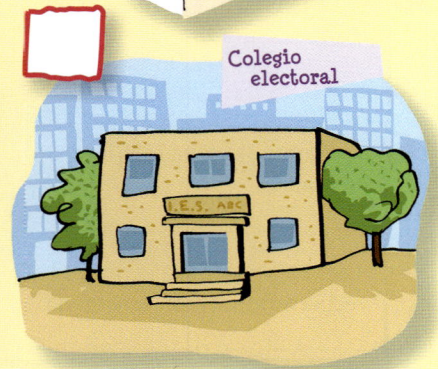

Jornada de reflexión

Urna

Votar

Escrutinio

Mitin

Colegio electoral

C 🔊 1 0? Vuelve a escuchar y señala verdadero o falso. Justifica tu respuesta.

	V	F
1. Ejercer el derecho al voto significa que los ciudadanos pueden elegir a sus representantes.	☐	☐
2. Siempre le corresponde al Gobierno convocar elecciones.	☐	☐
3. La jornada de reflexión dura menos de 24 horas.	☐	☐
4. En los mítines, los políticos piden el voto de los electores.	☐	☐
5. Durante el escrutinio, los políticos aprovechan para seguir haciendo campaña.	☐	☐

D Laura quiere saber más sobre cómo están organizados otros países. ¿Por qué no la informamos? Cada uno elige un país y prepara una redacción de unas 200 palabras donde aparezca la siguiente información.

✔ Situación geográfica y política (dónde está situado, cuáles son sus fronteras, relaciones con los países vecinos…).

✔ Situación actual del país en cuanto a la política y la economía.

✔ Descripción del sistema político (elección de los representantes, partidos políticos, quién gobierna actualmente…).

12 No hay que darse por vencida

A Como ninguna empresa ha llamado a Marta aún, continúa enviando cartas de presentación. Lee la última que ha escrito.

1

Marta del Valle
C/ de Abad Juan Catalá, 22
28070 MADRID (España)

2

D. Pedro Martínez Page
Director del departamento de Personal de
Arquitectura y más

Carrera 5, nº. 25 C. Oficina 24
Edificio Torre del bosque
BOGOTÁ (Colombia)
Asunto: Solicitud de trabajo

Estimado Sr. Martínez:

3

Me pongo en contacto con Vd. para comunicarle que estoy interesada en la oferta de empleo publicada en el periódico *El País*, con fecha 10 de enero. Desde que terminé mis estudios, he estado desempeñando diferentes trabajos, pero después de leer su anuncio he valorado mi experiencia académica y profesional, y creo que doy el perfil para el puesto vacante de arquitecto.

4

Arquitectura y más es una empresa en la que me gustaría consolidar mi trayectoria profesional por sus valores y su amplia proyección internacional. Por esta razón y para enriquecer más mi experiencia, querría entrar a formar parte de ese proyecto.

5

En el caso de que lo consideren oportuno, les agradecería que mantuviésemos una entrevista con el objeto de ampliar los datos que aparecen el currículum vítae, así como de todo aquello que sea de su interés.

Un saludo, **7**

6

Marta del Valle **8**

B Localiza los siguientes apartados, que deben aparecer en una carta de presentación, en las casillas correspondientes.

☐ Despedida   ☐ Motivo de la carta
☐ Solicitar una entrevista   ☐ Ofrecimiento
☐ Destinatario   ☐ Remitente
☐ Firma   ☐ Indicar formación y experiencia

► **C** Un currículum vítae debe contar obligatoriamente con las siguientes secciones: datos personales, experiencia académica, experiencia profesional y estudios complementarios o datos de interés. Relaciona la siguiente información sobre Paloma con el apartado correspondiente. ¿Tú añadirías algún apartado más?

1 **Nombre y Apellidos:** Paloma García Peña
Lugar y fecha de nacimiento: Madrid, 5 de abril de 1985
Dirección: c/ Flores, 2, 3.° C. 28027 Madrid

2 **2009 / 2013:** Gestión y organización de eventos. Contacto con proveedores, elaboración de facturas y presupuestos, control contable y de contratación de personal para la empresa Eventing.

3 Manejo de sistemas operativos a nivel de usuario y de programas de maquetación y diseño.

4 **Octubre 2008 / Abril 2009:** Prácticas en el sector de Control Financiero para la empresa Rinolta, realización de tareas informáticas de actualización de la base de datos.

5 **e-mail:** palomapena@anaya.es
Móvil: XXX XXX XXX

6 **Julio 2008 / Agosto 2008:** Curso intensivo de inglés en la International School of English.

7 **IDIOMAS**
Inglés: Nivel B2
Francés: Nivel A2

8 **2001 / 2003:** Bachillerato, opción: Ciencias de la Naturaleza y de la Salud. Centro o instituto: Colegio Santa Salutación, Madrid.

9 **2003 / 2009:** Licenciatura en Administración y Dirección de Empresas en la Facultad de Ciencias Económicas y Empresariales de la Universidad Autónoma de Madrid.

10 **Agosto 2005:** Monitora de deportes en campamento de verano.

A Datos personales

B Formación académica

C Experiencia profesional

D Estudios complementarios

► **D** Organiza en tu cuaderno el currículum de Paloma ordenando cada apartado. Recuerda que el orden es un factor importante.

▶ **E** Esta es la página web de *oferton.es* que se dedica a la búsqueda de empleos. Prepara tu carta de presentación y tu currículum en respuesta a alguna de estas ofertas.

http://www.oferton.es

oferton.es

PORTADA | **TRABAJO** | **CULTURA** | **DEPORTES** | **OTROS MEDIOS**

ADMINISTRATIVO/-A BRASIL

Referencia: KLI
Nombre de la empresa: Intecmol
Ubicación: España
Puesto vacante: Administrativo/-a Brasil
Nivel: Especialista
Personal a su cargo: 1-5
Número de vacantes: 1
Descripción: Empresa de ingeniería líder en su sector, busca incorporar en su equipo de Administración y Finanzas un administrativo/-a para dar apoyo al jefe de Administración en la oficina de Brasil.
Requisitos:
- ✓ 4 años mínimo de experiencia.
- ✓ Haber trabajado en puestos de similar categoría.
- ✓ Tener experiencia en la implantación de oficinas en el extranjero.
- ✓ Formación académica.
- ✓ Se valorará positivamente posgrado y/o formación específica en tributación y fiscalidad.
- ✓ Alto nivel de Inglés.
- ✓ Ofrecemos: interesante paquete retributivo e incorporación a sólida empresa del sector energético.
- ✓ Jornada laboral: completa.

ARQUITECTO/-A JAVA URGENTE

Referencia: JGU
Nombre de la empresa: Arquijuve
Ubicación: Madrid (España)
Puesto vacante: Arquitecto/-a
Categoría: Informática y telecomunicaciones
Nivel: Especialista
Número de vacantes: 2
Descripción: Seleccionamos para importante cliente dos arquitectos/-as cuyos requisitos mínimos son:
- ✓ Experiencia demostrable de 2 años mínimo.
- ✓ Centro de trabajo Madrid y alrededores.
- ✓ Don de gentes, acostumbrado a trabajar en equipo.
- ✓ Tipo de contrato: larga duración.
- ✓ Jornada laboral: completa.

GUÍA TURÍSTICO

Nombre de la empresa: Confidencial
Área del puesto vacante: Hostelería y gastronomía
Descripción: Se precisa guía turístico para senderismo nocturno
Requisitos mínimos:
- ✓ Dominio del inglés y se valorará positivamente el manejo de otros idiomas.
- ✓ Conocimientos de gastronomía.
- ✓ Ubicación: zona de Granada.
- ✓ Tipo de contrato: temporal.

SUPERVISOR/-A DE LIMPIEZA

Nombre de la empresa: Servilimp
Ubicación: México D. F.
Descripción: Se necesita un supervisor/-a de limpieza con conocimientos y manejo de personal y maquinaria.
Requisitos mínimos: Trabajo bajo objetivos, disponibilidad de tiempo.

Presentación y motivo de la carta	*La razón / El motivo del presente escrito es…* *En relación con…*
Referencia al anuncio	*Con relación al anuncio incluido en…* *Con referencia a la oferta de empleo que figura en…*
Ofrecimiento	*Me complace ofrecerles mis servicios…* *Me es grato ofrecerles mi colaboración…*
Formación y experiencia	*Poseo una sólida formación en…* *He realizado / seguido cursos de… en…* *Tengo el título de…* *Cuento con… de experiencia en…* *Como apreciarán en el currículum vítae adjunto, he ocupado este tipo de puesto en… durante… años…*
Solicitud de una entrevista	*Quedo a su disposición para concertar una entrevista.*
Conclusión y despedida	*Agradezco de antemano su atención…* *Agradeciendo de antemano su atención, les saluda atentamente,* *A la espera de sus noticias, les saluda atentamente,* *Les saluda atentamente,* *Atentamente,*

1 Preparada para trabajar

▶ **A** En ocasiones, como requisito para ser contratado, hay que acudir a una entrevista de trabajo. Antes de leer las recomendaciones que nos da la siguiente página web, ¿qué aspectos crees que se deben tener en cuenta en una entrevista de trabajo?

www·revistadigital·anaya·es

✔ ¿Estás buscando empleo?
✔ ¿No encuentras nada?
✔ ¡No te desesperes!
✔ Aquí te ayudamos a mejorar tus entrevistas para que tengas más oportunidades y estés más preparado.

Algunos consejos...

1 Acude con puntualidad a la cita.

2 Ten buena presencia. Vístete de manera formal.

3 No te sientes hasta que el entrevistador te lo indique.

4 No invadas la mesa con papeles.

5 No te quites la chaqueta, aunque el entrevistador vaya en mangas de camisa. Uno debe mantener las buenas maneras siempre.

6 Responde con franqueza y cortesía a las preguntas que te formule el entrevistador.

7 Evita contestar con monosílabos o con respuestas cortas.

8 Habla de manera formal. Tienes que saber escuchar y no ser pedante.

9 Cuidado con tu postura. No debes sentarte en el borde de la silla porque revela nervios e inseguridad. Tampoco debes desparramarte en ella porque es signo de ser irresponsable.

10 Es bueno interesarse antes por la política de formación de la empresa. Uno debe estar informado para poder opinar.

11 Es importante estar relajado y seguro de uno mismo a lo largo de la entrevista de trabajo.

12 Uno debe darse cuenta de cuándo se da por terminada la entrevista: cambio de postura del entrevistador o de la escucha activa; el entrevistador ordena y guarda los papeles que ha utilizado, entre otros.

13 Si el entrevistador pregunta si quieres realizar tu pregunta final, puedes aprovechar la ocasión para resumir los puntos fuertes de tu perfil para el puesto en cuestión o agradecer la entrevista. Tienen que saber que estás interesado.

▶ **B** 👥 ¿Qué te parecen estos consejos? ¿Crees que son útiles? Habla con tu compañero para elegir de la lista los cinco consejos que te parezcan más prácticos. Aquí tienes un ejemplo.

> Mira, yo creo que la puntualidad es muy importante.

> ¿Sí? ¿Por qué?

> Porque pienso que si uno llega tarde a su entrevista de trabajo, pueden pensar que también después llegará tarde al trabajo.

> Ya veo. Tienes razón...

▶ **C** En los consejos se utilizan diferentes estrategias para atenuar el papel del hablante y del oyente, es decir, para incluir de manera cortés al interlocutor o para quitarle importancia al hablante. ¿Sabes cuáles son? Vuelve a leer el texto y completa la tabla con las frases que expresan impersonalidad.

FUNCIÓN

1 Se cuenta la experiencia de manera general, incluyendo al interlocutor.

2 El hablante habla de la situación de manera impersonal.

3 No se conoce o no interesa el sujeto de la acción.

ESTRATEGIA

1 *Tú* conversacional.

2 Uno...

3 3.ª persona plural.

EJEMPLO

Tienes que saber...

2 Somos emprendedores

▶ En el correo electrónico que ha recibido Marta se ha perdido parte de la información. Elige la opción correcta y completa.

De	Graciela	
Para	Marta del Valle	
Asunto	Nueva asociación	

Hola, Marta:

Te escribo porque mis amigos y yo estamos también sin trabajo y hemos pensado montar una asociación de gente joven en paro. Se llamará Jóvenes Cerebritos. ¿Qué te parece? Se nos ocurrió el otro día, **1.** _____ . Nos pareció una buena idea. Creemos que **2.** _____ , todos los jóvenes parados tenemos que estar unidos. Así que **3.** _____ nos fuimos a hablar con unos amigos que tienen una asesoría para ver qué teníamos que hacer. Nos dijeron que no hacía falta que tuviéramos un local fijo para las reuniones, pero que era importante que dispusiéramos de página web. Así que **4.** _____ , no paramos. ¿Qué? ¿Te apuntas? **5.** _____ , piensa que no tienes nada que perder.

Así que ya sabes. Te esperamos.
Un beso.

1
a) Cuando Juan Manuel y yo estábamos en la cola del paro ☐
b) En cuanto Juan Manuel y yo estábamos en la cola del paro ☐

2
a) Mientras sea tan difícil encontrar un primer empleo ☐
b) Mientras tanto sea tan difícil encontrar un primer empleo ☐

3
a) Nada más salir de la oficina ☐
b) Hasta salir de la oficina ☐

4
a) Apenas no hablamos con Miguel el informático ☐
b) Hasta que no hablamos con Miguel el informático ☐

5
a) Después de que me digas que no ☐
b) Antes de que me digas que no ☐

3 En un año, ya hablaremos…

▶ 👥 Bruna y Nicolás se conocieron hace poco tiempo y ya han hecho planes para su vida en común. Con tu compañero, relaciona las imágenes con los episodios de su vida. Luego, cuenta sus proyectos. Usa el futuro perfecto de indicativo.

*Nicolás y Bruna se conocieron en Dublín, en un concierto. Él era violinista y ella violonchelista. En cuanto se vieron, decidieron pasar juntos el mayor tiempo posible. Estos son sus planes: antes de que termine su primer año juntos, Bruna **habrá terminado** su carrera en el Conservatorio…*

Se habrán ido a vivir juntos.

Y antes del tercer año juntos…

1. Conocer a los padres de Bruna.
2. Quedarse Bruna embarazada.
3. Ir a vivir juntos.
4. Nacer su primer hijo.
5. Llegar Dorotea, la perrita de Bruna.
6. Dar su primer concierto importante juntos.

4 Conciliación laboral y familiar

▶ **A** Esta es la página del blog *Mejora emocional*. En él se tratan asuntos relacionados con el mundo del trabajo. Hoy el tema principal es la conciliación del trabajo y la vida familiar. Lee este artículo del blog y elige el título de cada párrafo.

belleza
mejora
emocional

Organización - Realismo - Tiempo libre - Culpa - Equilibrio

La incorporación de la mujer al trabajo y el reparto de responsabilidades entre hombres y mujeres influyen en el equilibrio social y el entorno familiar. Cuando en una familia trabajan los padres muchas horas fuera de su hogar, tienen una carga extra. Es verdad que se puede compatibilizar, pero a veces se necesita ayuda. Te mostramos unos trucos que te ayudarán a optimizar el tiempo del que dispones:

_____ Este es el punto esencial. Lo de quién lleva y recoge a los hijos a la escuela, qué harán ellos hasta que regreses al hogar, los días de compras en el súper y demás actividades rutinarias son preocupaciones añadidas. Cuando te resulte difícil, pide ayuda: te dará la tranquilidad necesaria para que puedas rendir al 100% en el trabajo y llegar a tu casa de buen humor para disfrutar en familia.

_____ ¿Es realmente preciso que cocines todos los días, o que seas tú quien se encargue de la ropa sucia? Uno tiene que saber delegar, no solo en el trabajo. Delegar es un acto inteligente. Si estableces prioridades y compartes las tareas con tu pareja o con las personas que te rodean, tendrás más espacio y energía para brindarles a tus hijos.

_____ Las madres / los padres que trabajan y pasan todo el día lejos de sus hijos se sienten continuamente mal. Relájate. Deja ese sentimiento de lado: como seguramente tus hijos estarán a cargo de personas de confianza, ten en cuenta que lo que haces fuera de tu hogar (trabajar) es muy beneficioso para ellos, y no solo en términos económicos: unos padres felices y realizados en su parte profesional les transmitirán esta sensación a sus hijos.

_____ La casa, la oficina, los niños, tu pareja. Todos necesitan que les prestes cuidados y atenciones. Se pasan los días, las horas y no te queda ni un minuto libre. Lo agradecerás. Necesitas un respiro. Una vez que hayas organizado tus horarios y obligaciones, búscate un tiempo para ti.

_____ Sé realista con respecto a las metas que te fijas. ¿Puedes llevar a tus niños a la escuela todos los días? ¿Puedes asistir a absolutamente todos los actos escolares? Cuando te resulte imposible, disfruta cuando lo haces y planifica de antemano quién los acompañará si tú no puedes.

▶ **B** ¿Cómo es en tu país? ¿Qué medidas hay para conciliar la vida laboral y familiar? ¿Conoces la situación de otros lugares? Expón estas cuestiones en plenaria.

No solo de trabajo vive el hombre

► **Necesitamos aprender**

- Las oraciones consecutivas con indicativo
- Los conectores consecutivos con intensificadores
- La voz pasiva con Ser y Estar
- Las perífrasis verbales
- Actividades de ocio

► **Para**

- Expresar la consecuencia
- Conectar las distintas partes de una narración y reformular
- Conocer aspectos relacionados con el tiempo libre

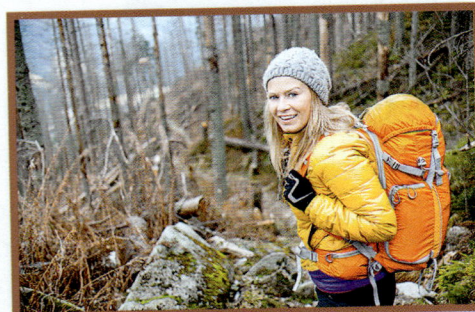

1

Con la llegada del buen tiempo, ha llegado la hora de echarse a andar. En otras palabras, que se organizan de nuevo las caminatas de primavera. El principal objetivo es volver a acercar la naturaleza a todos los vecinos. El plazo de inscripción será desde el día 6 hasta el día 15 de abril. Habrá cien plazas para cada una de las salidas programadas. Pincha en el enlace y rellena el formulario. Podrán participar los mayores de edad; los menores han de ir acompañados de un adulto. Se recomienda llevar pantalones largos y algo de ropa de abrigo, así como calzado adecuado de montaña, protegerse los ojos con gafas de sol y llevar algo de comida y agua suficiente.

ENTRAR

4

Este taller ha sido organizado por la Concejalía de Cultura. Está orientado a nuestros mayores. A través del baile (flamenco, pasodobles, rumbas, tangos, *rock*, salsa…) volverás a recuperar tu coordinación y acabarás conociendo a un montón de gente nueva. En conclusión, no te lo puedes perder. Las clases serán impartidas por jóvenes especializados en cada modalidad. Por el módico precio de 10 €, aprenderás a bailar con técnica, te divertirás a lo grande y romperás con la rutina.

No dejes de venir y, si estás interesado, contacta con nosotros y formaliza la matrícula.

Número de plazas limitado.

ENTRAR

1 Ocio para todos

▶ A 👥 El ayuntamiento de Villarriba ha publicado en su página web las actividades de ocio que se han organizado en el pueblo para este periodo. En parejas, leed toda la información y elegid un título para cada una de ellas.

OCIO PARA TODOS

[EXPONUESTRO   PEQUELAND   DE RECHUPETE
ARTES MARCIALES   CRUZADORES DE LIBROS
MAYORES A TODO RITMO   CON LA MOCHILA A CUESTAS]

2

Ha llegado el momento de dejar de comer mal, puesto que acabarás por cocinar como un auténtico profesional. ¿Pasárselo bomba y además chuparse los dedos? Ahora es posible. Clases de cocina participativa a cargo de profesores titulados. De 18:00 a 21:00 horas, de lunes a viernes. Comidas para perder peso, menú para llevar al trabajo, platos de la abuela, cocina natural… Para más información y reserva de plazas, puedes contactar con nosotros a través de nuestra web. No te lo pienses. De todas formas, si no estás satisfecho, te devolvemos el dinero.

ENTRAR

3

El taichi es practicado en la actualidad por millones de personas en el mundo entero, de manera que ahora ponemos al alcance de tu mano la posibilidad de que tú también lo practiques. Hemos organizado un taller de iniciación impartido por instructores muy experimentados. Su técnica está basada en ejercitar movimientos lentos y suaves con los que se puede alcanzar una total relajación. Si eres principiante o veterano, no te preocupes: en cualquier caso nos adaptamos a ti.

MATRÍCULA gratuita. HORARIO: de 21:00 a 22:00 h. Lunes y martes.

ENTRAR

5

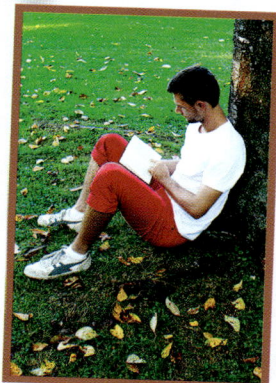

Personas que dejan sus libros y, a su vez, cogen otros que están en lugares públicos. ¿Eres una de ellas? ¿Todavía no? Pues ponte a buscar en los parques, colegios, paseos…, y elige tu lectura.

Te podrás entretener, a partir del próximo fin de semana, en nuestra ciudad, porque nos sumamos a esta iniciativa para fomentar la lectura. Una cosa más: no olvides traer los libros que ya tienes leídos y dejarlos en algún sitio donde los demás los puedan encontrar. En definitiva, para pasar un buen rato, ¿qué mejor que una buena lectura?

ENTRAR

6

¿Eres coleccionista de llaveros, sellos, insectos…? ¿Tienes montados en casa muchos puzles y te haría ilusión que los demás los vieran? Pensamos que debe de haber grandes colecciones esperando a ser descubiertas. Mejor dicho, ¡tu colección está esperando que se la muestres al mundo! Disponemos de una nueva sala donde podrás mostrar lo que quieras. Solo tienes que llamarnos y contárnoslo. Nosotros nos encargaremos de todo.

7

El Ayuntamiento, en colaboración con la Concejalía de Servicios Sociales, ofrece a partir de la próxima semana el servicio de ludoteca en horario de tarde para los más pequeños. Para que se llegue a alcanzar la conciliación laboral y familiar, han sido preparadas multitud de actividades para niños que estarán atendidos en todo momento por personal especializado. Se organizarán fiestas de disfraces, se recuperarán juegos tradicionales, se impartirán talleres de lectura… Resumiendo, acabamos de encontrar la solución para muchos padres. ¡Papás, mamás, venid al ayuntamiento y hablad con nosotros! Seguimos dispuestos a ayudaros.

ENTRAR

B En los textos anteriores se usan marcadores del discurso para ayudarnos a entender mejor la información, son los reformuladores. Localízalos y subráyalos. Fíjate en el ejemplo.

Texto 1   *Con la llegada del buen tiempo, ha llegado la hora de echarse a andar.* **En otras palabras**, *que se organizan…*

Texto 2   _____
        _____

► **C** Ahora clasifica los marcadores anteriores y los del siguiente cuadro según su finalidad.

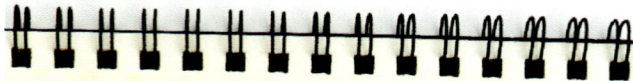

OTROS REFORMULADORES: por cierto, para resumir, de todas maneras, total que (coloquial), a propósito, una cosa.

✔ PARA EXPLICAR DE OTRA MANERA: _____

_____

✔ PARA RESUMIR O CONCLUIR UNA IDEA: _____

_____

✔ PARA RECTIFICAR UNA INFORMACIÓN: _____

_____

✔ PARA INTRODUCIR UNA OBJECIÓN: _____

_____

✔ PARA RECORDAR O AÑADIR INFORMACIÓN EXTRA: _____

_____

► **D** Y tú, ¿en qué actividad te inscribirías? Coméntalo en gran grupo. Usa las palabras del recuadro como en el ejemplo.

🔲 **Ayuda**

- Por consiguiente / Por eso / De esta manera / De este este modo / De esta forma.

Yo soy un devorador de libros. **Por consiguiente,** me apuntaría a la actividad de cruzadores de libros.

2 Los Rodríguez

► **A** 👥 ⏱2 06 Cada uno de los miembros de la familia Rodríguez se ha inscrito en alguna de las actividades anteriores. ¿Sabéis en cuál? Exponed vuestras conclusiones al resto de la clase. Luego, escuchad la audición y anotad al lado de cada uno la actividad elegida.

Pepe, el abuelo

Pensamos que se ha inscrito en:_____

En realidad asiste a la actividad de:_____

Juan, el padre

Pensamos que se ha inscrito en:_____

En realidad asiste a la actividad de:_____

Raúl, el pequeño

Pensamos que le han inscrito en:

_____

_____

En realidad asiste a la actividad de:

_____

_____

Pepa, la madre

El abuelo parece un hombre tranquilo y amante de la lectura, por eso a nosotros nos parece que el abuelo Pepe querrá hacer el intercambio de libros.

¿Eso creéis? Puede ser. Nosotros pensamos que a Raúl, el niño, su padre le habrá inscrito en las actividades de la ludoteca…

Pensamos que se ha inscrito en:_____

En realidad asiste a la actividad de: _____

Miguel Ángel, el hijo mayor

B A continuación, te presentamos otras formas de entretenimiento. Pensad en otra actividad que pueda ser colgada en la web del ayuntamiento de Villarriba. Presentadla al resto de la clase.

Pensamos que se ha inscrito en:_____

En realidad asiste a la actividad de: _____

Para ayudarte

✓ Descripción de la actividad
✓ Objetivos
✓ Destinatarios
✓ Lugar donde se realiza
✓ Número de plazas
✓ Inscripción
✓ Precio
✓ Material necesario

Elisa, la hija

Recuerda los conectores de organización de la información

- **De inicio:** Para empezar, primeramente, lo primero es que…
- **De continuación:** Por su parte, de otra parte, de otro lado…
- **De cierre:** Para finalizar, en suma, bueno…

Pensamos que se ha inscrito en:_____

En realidad asiste a la actividad de: _____

3 Todo tiene sus consecuencias

► **A** Relaciona las situaciones con sus posibles consecuencias.

ACONTECIMIENTO	CONSECUENCIA
1. Me aburro como una ostra,	**a.** no me apunté al gimnasio con mi amigo.
2. No tenía tiempo libre,	**b.** voy a hacer un crucigrama.
3. Seguiré asistiendo a clases de merengue,	**c.** todo el mundo tiene opción de hacer lo que más le guste.
4. Se organizan muchas actividades para el tiempo de ocio,	**d.** tendré tiempo de aprenderme los pasos.

► **B** Ahora fíjate en los siguientes conectores, señala los que expresan consecuencia y utilízalos para relacionar las columnas anteriores.

《 PORQUE - ASÍ (ES) QUE - GRACIAS A QUE
A FIN DE QUE - POR CONSIGUIENTE
POR LO TANTO - POR ESO
DE MANERA / MODO / FORMA QUE 》

► **C** En ocasiones, un mismo enunciado puede expresarse de una forma más intensa a través de los llamados intensificadores. Observa la ficha y escribe de nuevo la misma información, pero intensificada.

	INTENSIFICACIÓN	CONSECUENCIA
V1 +	de (tal / un/-a) modo / manera / forma tan + adjetivo tan + adverbio tanto/-a, tantos/-as + sustantivo tanto	que + INDICATIVO

La madre estaba muy estresada. Se apuntó a taichi.

*La madre estaba **tan** estresada **que** se apuntó a taichi.*

1. El abuelo Pepe baila muy bien. Todos sus compañeros lo admiran.

2. Elisa recorrió muchísimos kilómetros haciendo senderismo. Está hecha polvo.

3. Juan come como una lima. Ha engordado.

4. Raúl tiene una cuidadora muy divertida en la ludoteca. Quiere que sus padres lo lleven también los fines de semana.

► **D** Fíjate en las ilustraciones y elabora oraciones que expresen consecuencia.

*Pepa se relaja **tanto** con las clases de taichi **que** se siente infinitamente mejor.* → *Pepa está practicando taichi, **de manera que** está menos estresada.*

El abuelo

_____
_____

Miguel Ángel

_____
_____

Juan

_____
_____

Elisa un día

_____
_____

4 Más cosas que has de saber

▶ **A** Los Rodríguez siguen pensando en sus actividades de ocio y tiempo libre. Vuelve a leer el ejercicio 1 A y localiza los textos donde aparece la siguiente información. Fíjate en el ejemplo.

1 Ya es momento de **empezar a andar** tras el duro invierno y con la llegada de la estación primaveral.

Texto 1: *Con la llegada del buen tiempo, ha llegado la hora de echarse a andar.*

2 **Empieza a buscar** en lugares públicos y escoge tu libro.

Texto ...: _____

3 Se **acabó lo de alimentarse** de cualquier manera.

Texto ...: _____

4 El objetivo fundamental **es acercar de nuevo** la naturaleza al ciudadano.

Texto ...: _____

5 **Es obligatorio** que los pequeños vayan en compañía de un adulto.

Texto ...: _____

6 Ahora sí **conseguirás preparar** platos como los grandes cocineros.

Texto ...: _____

7 **Para lograr la conciliación laboral y familiar,** se han preparado gran cantidad de actividades para los más pequeños.

Texto ...: _____

8 **Imaginamos que habrá** excelentes colecciones.

Texto ...: _____

9 **Conseguirás conocer** mucha gente nueva.

Texto ...: _____

10 **Estamos y estaremos dispuestos** a ayudarte.

Texto ...: _____

11 Recuerda traer los libros que **ya te has leído**.

Texto ...: _____

12 **Hemos encontrado** la solución.

Texto ...: _____

▶ **B** Las soluciones del ejercicio anterior están construidas con un verbo en forma personal seguido de un infinitivo, gerundio o participio: son las perífrasis verbales. Clasifícalas según su significado.

CON INFINITIVO

1 Principio de la acción:
Empezar a andar, echarse a andar...

2 Acción que se repite:
_____

3 Acción habitual o continuada que se interrumpe o termina. En forma de imperativo negativo se utiliza para aconsejar, rogar o invitar:
_____

4 Obligación:
_____

5 Suposición o probabilidad:
_____

6 Acción acabada recientemente (valor de pretérito perfecto):
_____

7 Acción expresada como el final de un proceso:
_____

8 Resultado de una acción enfatizando el esfuerzo para conseguir ese resultado:
_____

CON PARTICIPIO

1 Continuación de un estado o situación comenzados anteriormente:
_____

2 Expresa el resultado de una acción sin hacer referencia a lo que todavía no se ha hecho. Informa simplemente de lo que está hecho en el momento en que se habla (la acción puede o no estar terminada):
_____

CON GERUNDIO

Final o resultado de un proceso una vez superadas las dificultades:
_____

5 Las actividades *han sido / están organizadas*

▶ **A** Lee estos titulares y comenta en qué se diferencian. Lee la ficha para ayudarte con las conclusiones y relaciona la información con los titulares. ¿Cuáles utilizan la voz pasiva?

1 El ayuntamiento de Villarriba **ha organizado** diferentes actividades para ocupar el tiempo libre.

2 Diferentes actividades para ocupar el tiempo libre **han sido organizadas** por el ayuntamiento de Villarriba.

3 **Están organizadas** diferentes actividades para ocupar el tiempo libre.

A. No interesa especialmente **quién** realiza la acción, sino el **objeto** o **la persona** que recibe los efectos de dicha acción. El énfasis está en *diferentes actividades* y no en el agente que realiza la acción: *el ayuntamiento*. Es la **voz pasiva**. Número: ☐

B. Interesa expresar el **resultado** de una acción realizada. *Las actividades están organizadas* pero no interesa el agente que lleva a cabo dicha acción; de hecho, no suele llevar complemento agente. Es la **voz pasiva de resultado**. Número: ☐

C. Interesa expresar tanto **quién** realiza la acción como **qué** realiza. Es la **voz activa**. Número: ☐

▶ **B** ¿Quieres saber cómo se construye la voz pasiva? Cambia las siguientes oraciones como en el ejemplo.

Los alumnos del taller de cocina han preparado muchos platos deliciosos.

*Muchos platos deliciosos **han sido preparados** por los alumnos del taller.*

Mi amigo expuso su colección de insectos en la nueva sala.

🌱 _____

Se intercambiarán una gran cantidad de libros durante el próximo fin de semana.

🌱 _____

No imaginábamos que el abuelo ganaría tantos concursos de baile.

🌱 _____

Es una gran satisfacción que el Ayuntamiento pueda ofertar tanta variedad de actividades.

🌱 _____

▶ **C** Lee la siguiente información y localiza más ejemplos de voz pasiva en la actividad 1 A. Reflexiona sobre su significado.

▢ PASIVA DE ACCIÓN	PASIVA DE RESULTADO
Ser + participio	*Estar* + participio
▪ No interesa quién realiza la acción, sino quién o qué la experimenta. ▪ Expresa el proceso. ▪ El complemento agente solo aparece cuando es relevante. *El premio **ha sido entregado** por el alcalde de la ciudad.*	▪ Interesa expresar el resultado final de la acción. ▪ El complemento agente no suele aparecer, excepto si es responsable de que siga el resultado de la acción. *Las calles **están tomadas por una marea de gente**, de manera que es imposible circular con normalidad.*

Pasiva con *ser*

_____
_____
_____

Pasiva con *estar*

_____
_____
_____

6 Cada palabra en su sitio

▶ 🔊2 07 *¿Si o no o sino?* Completa con el término adecuado. Después escucha y comprueba.

1

¡Qué sino el mío! Siempre pensando en si sí o en _____ me he de casar.

2

No solo entrarán los niños, _____ también aquellos acompañantes que lo deseen.

3

_____ quieres venir, allá tú. Nosotras, desde luego, no solo iremos, _____ que, además, estamos seguras de que nos los pasaremos bomba.

4

> ¡Hombre, Juan! ¿Qué tal?

> Pues, chico, _____ me dices nada no te hubiera conocido.

5

> Sí, no, sí, no… Bueno, _____ me quiere, casi mejor…

< Anda, anda. No solo es falso que no te quiera, _____ que además te adora.

6

No lo hizo Sara, _____ Paqui.

7

Pregúntale a él _____ lo sabes.

8

Quiero creer que lo has hecho por ayudar, _____ , me va a costar volver a confiar en ti.

🔲 Gramática y léxico

Expresar consecuencia

- *Así (es) que, o sea (que), por lo tanto, por eso, de manera / modo / forma + que + indicativo.*
  Acabo de dejar de fumar, de modo que estoy un poco nervioso.
  Estaba de muy mal humor, así que decidí no comentarle nada.

- Cuando se intensifica la acción principal, circunstancia o efecto: *de (tal / un / -a) modo / manera / forma; tan + adjetivo / adverbio; tanto -a, tantos -as + sustantivo; tanto + que + indicativo.*
  Se puso a correr de tal manera que fuimos incapaces de alcanzarlo. (La consecuencia se deduce de la intensidad con que se manifiesta).
  Tengo tanta ropa preparada para el viaje que no me cabrá en la maleta.
  Vivo tan lejos que cada día tengo que coger el metro y dos autobuses para llegar al trabajo.

  ℹ OJO: Se construyen con indicativo excepto con el nexo *De ahí que…*
  Cayó enfermo de repente, de ahí que no asistiera a clase.

PERÍFRASIS VERBALES

DE INFINITIVO
- **Principio de la acción:** *echarse a* (de manera repentina), *ponerse a.*
  El niño se echó a andar de repente.
  Se puso a estudiar una semana antes del examen.

- **Acción que se repite:** *volver a.*
  Volvieron a quedar después de dos años sin hablarse.

- **Acción habitual o continuada que se interrumpe o termina:** *dejar de* (en forma de imperativo negativo expresa consejo, ruego o invitación).
  He dejado de ir al gimnasio por la noche.
  No dejes de tomarte la infusión. Te hará bien.

- **Obligación:** *tener que, haber de* (formal), *deber* + infinitivo
  Juan debe llamar sin falta al médico.
  Pepa ha de llamar hoy sin falta.

⬛ Gramática y léxico

- **Suposición o probabilidad:** *deber de.*

  Debe de haber venido *pronto, por eso no lo hemos visto.*

- **Acción acabada recientemente:** *acabar de.*

  María ***acaba de comprarte*** *este libro.*

- **Acción expresada como final de un proceso:** *acabar por, llegar a* (enfatiza el esfuerzo para alcanzar un resultado).

  Gracias a tu esfuerzo ***llegarás a ser*** *lo que quieras en la vida.*

  Si continúas estudiando, ***acabarás por aprobar.***

DE GERUNDIO

- **Continuación de una acción comenzada anteriormente:** *seguir / continuar + gerundio.*

  Chicos, ***seguid calentando*** *un poco más antes del partido.*

- **Final de un proceso después de superar algunas dificultades:** *acabar + gerundio.*

  Con ayuda de los médicos y de su familia ***acabó venciendo*** *la enfermedad.*

- **También para indicar un proceso que termina de forma diferente a lo esperado:**

  No quería cenar, pero ***acabó comiendo*** *más que los demás.*

DE PARTICIPIO (concertado en género y número con el sustantivo).

- **Continuación de un estado o situación comenzados anteriormente:** *seguir / continuar + participio.*

  Creo que el plazo de inscripción ***seguirá abierto*** *una semana más.*

- **Resultado de una acción en proceso. Transmite la idea de lo que se ha hecho hasta ahora. No se puede usar cuando el proceso ha finalizado:** *llevar + participio.*

  Llevo pintada *la mitad de mi casa.*

- **Resultado de un proceso sin tener en cuenta lo que queda por hacer:** *tener + participio.*

  Menos mal que ***tenemos comprados*** *los regalos de los niños.*

PASIVA CON *SER* / PASIVA CON *ESTAR*

- **Pasiva de acción (con *ser*):** interesa quién o qué experimenta la acción. Expresa el proceso; el complemento agente solo aparece cuando es importante conocerlo.

  El problema ***ha sido resuelto*** *correctamente por el equipo número 1.*

- **Pasiva de resultado (con *estar*):** interesa expresar el resultado de la acción; el complemento agente no suele aparecer.

  Ya hemos dejado de discutir porque el problema, por fin, ***está resuelto.***

Estructuradores de la narración

✳ **RECUERDA**

- **De inicio:** *para empezar, primeramente, lo primero es que…*

- **De continuidad:** *por su parte, de otra parte, de otro lado…*

- **De cierre:** *para finalizar, en suma, bueno…*

Reformuladores de la información

- **Explicativos:** *en otras palabras.*

- **Recapitulativos:** *resumiendo, para resumir, en conclusión, en definitiva, total (que)* (coloquial).

- **Rectificativos:** *mejor dicho.*

- **De distanciamiento:** *de todas maneras / formas, de todos modos.*

- **Digresores:** *por cierto, a propósito, en cualquier caso, una cosa.*

➖ Sino / Si no

- *Sino, sino que…* es una conjunción adversativa que expresa oposición entre dos elementos incompatibles entre sí.
- *Si no* introduce una condición.

  No es su cuñado, ***sino*** *su hermano.*

  Si no *voy no es porque no quiera,* ***sino*** *porque no puedo.*

7 Los actos y sus consecuencias

► En el foro de la web del ayuntamiento aparecen comentarios de los vecinos sobre las actividades de ocio propuestas. Complétalos, de manera lógica, con los enunciados del recuadro y los conectores consecutivos. Fíjate en el ejemplo y no olvides que estamos expresando consecuencia.

> **tanto que - de tal manera que (2)**
> **tan que - así que - por eso**
> **de manera que - de tal modo que**
> **tantos/-as que (2)**

resbalarse y caerse por la calle - *ofertarse gran cantidad de actividades para el tiempo de ocio* - caminar mucho - participar en la actividad cruzadores de libros - asistir mucho público - comer como una lima - hacer trampas ser un gran aficionado al fútbol - tocarle la lotería a alguien bailar muy bien salsa

Mi ayuntamiento

1

Ociosoinfatigable

Este año *se ofertan tantas actividades para el tiempo de ocio que* no sé por cuál decidirme. ¿Me podríais echar una mano con vuestras opiniones? Gracias.

2

Futboleras

Mira, ociosoinfatigable:

Los partidos de verano son fantásticos. Si te apuntas a la liga, seguro que haces amigos. Mi abuela _____ _____ no se pierde ni un solo encuentro.

3

Sofing

Yo lo que no te recomiendo es el senderismo. ¡Son marchas larguísimas! ¡Uf! El año pasado _____ luego estuvimos una semana sin poder andar con los pies hechos polvo. Donde esté un buen sofá…, tu ordenador o un buen libro…

4

Lectoradicto77

El otro día _____ _____ , _____ acabamos consiguiendo algunos ejemplares muy interesantes. Me encantó la actividad. Os la recomiendo a todos, pequeños y mayores.

5

Protesta100

Hola a todos:

Desde aquí quiero protestar por el mal estado de algunas aceras del barrio. Están llenas de socavones y la gente mayor tropieza constantemente. El otro día, paseando con mi padre, _____ ; _____ , se torció el tobillo y tuvimos que ir al hospital. Está escayolado. ¡Que las arreglen de una vez!

6

Vividor99

¡A mí lo que me gustaría es estar continuamente de vacaciones! Mira mi vecino, _____ , _____ ha montado un restaurante de lujo en la playa. Además, se ha ido al Caribe de vacaciones… ¡Un mes! Yo también quiero.

7

parchis89

Vividor, se trata de comentar las actividades municipales, no de criticar a tu vecino por que le haya tocado la lotería.

Atención a los que se han apuntado al campeonato de parchís y juegan contra Manolo: _____ , _____ le gana a todo el mundo. ¡No es justo!

8

musicatop

Ociosoinfatigable, tienes que ir al concierto que organiza la banda de música municipal. Pero intenta llegar pronto para coger un buen sitio porque las entradas no están numeradas. La última vez _____ nos quedamos en la última fila y no veíamos prácticamente nada.

9

Buengourmet73

Yo me quedo con la degustación que hace la escuela de cocina. Es deliciosa. En la última, _____ en veinte minutos ya habían desaparecido todos los manjares que había sobre el mantel.

10

Bailongo13

Si te va la marcha, entonces tienes que probar a apuntarte a los concursos de baile. Todos los años hay una pareja que _____ nadie es capaz de ganarla en los concursos. ¡A ver si tú lo consigues!

8 ¡Vaya familia!

A Los Rodríguez están tan pendientes de sus actividades lúdicas que descuidan un poco otros aspectos de su vida. Lee estas situaciones e imagina las posibles consecuencias para cada una de ellas. Utiliza los conectores que has aprendido en esta unidad.

1 El padre no deja de cocinar y cocinar.

El padre cocina tanto que siempre queda mucha comida y tienen que invitar a los vecinos para que la terminen.

2 La madre, durante las rebajas, gasta mucho dinero.

_____

3 El abuelo está un poco sordo y pone la tele muy alta.

_____

4 Como Elisa practica mucho deporte, necesita mucha ropa deportiva.

_____

5 Miguel Ángel y Elisa se llevan como el perro y el gato. No se parecen en nada.

_____

6 A Juan y a Pepa les saca de quicio que sus hijos salgan de marcha todas las noches durante el verano.

_____

B Lee otras informaciones sobre arte y entretenimiento. Después completa en voz pasiva con SER y ESTAR.

1. Subasta de una silla de Gaudí

Aparece un nuevo mueble del genial artista Antonio Gaudí. La Casa Batlló, para la que _____ creada esta silla en 1907, desconocía su existencia.

2. Detenidos por intento de estafa

Tres estafadores quisieron comprar un Van Gogh a un coleccionista con un cheque sin fondos como anticipo de la compra. _____ capturados ayer tarde cuando intentaban huir y _____ detenidos en comisaría.

3. Concurso de ajedrez

El premio del concurso de ajedrez organizado por el Ayuntamiento _____ otorgado a Teresa Pasatime, quien consiguió superar a su rival más inmediata, Rosa Jaque. La partida duró hasta las tres de la madrugada. Nuestra enhorabuena.

4. Desfile benéfico

Sevilla pone sus miras en la Feria de Abril. Los trajes de flamenca ya _____ preparados, pero si te faltan los últimos detalles para rematar tu traje, acércate al desfile benéfico que muestra las últimas tendencias. Contribuirás, además, a una buena causa.

5. Nuevo espectáculo de circo

De nuevo el circo de la Luna nos sorprende con un nuevo espectáculo apto para todos los públicos. La primera función _____ estrenada con una gran número de trapecistas y malabaristas en el aire. Como siempre, el éxito _____ asegurado.

9 Dicho de otra manera

2|08 Escucha las conversaciones entre Elisa y sus hermanos, Raúl y Miguel Ángel. Luego, elige la perífrasis que tenga el mismo significado.

Diálogo 1
a) Debían de ser las diez ☐
b) Seguían siendo ☐

Diálogo 2
a) Has de explicármelo ☐
b) Vuelve a explicármelo ☐

Diálogo 3
a) He dejado de ir ☐
b) He llegado a ir ☐

Diálogo 4
a) Acabaré por enfadarme ☐
b) Me pondré a enfadarme ☐

Diálogo 5
a) Llevo hecho ☐
b) Tengo hecho ☐

a) Seguiré trabajando ☐
b) Llegaré a trabajar ☐

Diálogo 6
a) Acabaste andando ☐
b) Te echaste a andar ☐

10 De compras

▶ **A** En el Facebook de Villarriba ha aparecido esta noticia sobre los centros comerciales. Complétala con los estructuradores de la información necesarios y ponle título.

Lo primero es que / Además
En suma / Para empezar

Título: _____

LA REALIDAD SE IMPONE: A los hombres y las mujeres no nos gustan las mismas cosas. Y para ir de compras tenemos gustos y estilos distintos. Por eso, en algunos centros comerciales se ha puesto en marcha una iniciativa muy interesante: una zona para que hombres o mujeres esperen a sus parejas mientras consumen.

(1) _____ los clientes suelen pensar que todos los centros comerciales son iguales. Por este motivo, en uno de ellos decidieron organizar un concurso de ideas y la ganadora fue el *aparcamaridos*, una sala «de espera» con dos televisiones, unas plantitas, dos sofás bien cómodos y algunos diarios: el paraíso de algunos señores que ven la tele y leen mientras su pareja está comprando. El ganador del concurso lo dijo muy claro: hacía falta una guardería gratuita donde las mujeres pudiesen aparcar a los maridos.

(2) _____, los estudios de mercadotecnia dicen que las mujeres suelen comprar más que los hombres y, además, compran más y mejor cuando van solas. Sin embargo, los hombres van directos al grano: suelen comprar solo aquello que han ido a buscar.

(3) _____, a la mayoría de los hombres no les gusta ir de compras con sus parejas, pues al tener distinta disposición para la compra se aburren y acaban sentándose en el primer banco que encuentran. Pero también hay mujeres que pasan por estas salas para descansar mientras sus parejas ultiman las compras. De este modo, esta idea también se ha convertido en una estrategia de mercado para inducir al consumo.

(4) _____, ya sea por una u otra razón, lo cierto es que estas salas han acabado por funcionar para ellos y para ellas, y se están imponiendo de alguna manera en los centros comerciales.

👍 ME GUSTA   💬 COMPARTIR

▶ **B** ¿Estás de acuerdo con la propuesta de este centro comercial? ¿Piensas que ideas como esta pueden ayudar a incentivar el comercio? Coméntalo con tus compañeros.

▶ **C** Escribe una carta al periódico, de unas 150 palabras, mostrando tu punto de vista sobre el siguiente tema. Recuerda la organización de un texto argumentativo: presentación de las ideas, desarrollo y conclusión o cierre. No olvides incluir los estructuradores de la información.

El comercio tradicional

¿Dónde prefieres comprar, en un comercio tradicional o en un centro comercial?

¿Está en peligro el comercio tradicional?

¿Puede desaparecer?

11 ¿Qué hacemos hoy?

▶ **A** **◐2 09** En un programa de radio se hacen recomendaciones sobre qué hacer durante el tiempo libre. Mira las fotografías y enuméralas por orden de aparición.

A
B
C
D
E
F

▶ **B** **◐2 09** Vuelve a escuchar la audición y elige la opción correcta.

1 <u>En tu tiempo libre puedes...</u>

a. Comprar algún artículo de lujo. ☐
b. Quedarte en casa y relajarte. ☐
c. Buscarte algún viaje fantástico. ☐

2 <u>Para pasar un feliz verano con los niños, puedes...</u>

a. Organizar una aventura con ellos: es una opción perfecta. ☐
b. Llevarlos de visita a casa de sus tíos. ☐
c. Distraerlos yendo a un parque de atracciones o a uno acuático. ☐

3 <u>Con tus familiares puedes...</u>

a. Hacer una barbacoa el domingo. ☐
b. Ir a un festival de teatro. ☐
c. Cenar en una terraza de verano. ☐

▶ **C** **◐2 09** En la audición se utilizan expresiones para reformular lo dicho en el discurso. Escucha de nuevo y subraya las que escuches del siguiente cuadro.

EN OTRAS PALABRAS - RESUMIENDO
EN DEFINITIVA - TOTAL - MEJOR DICHO
DE TODAS MANERAS - DE TODAS FORMAS
EN CUALQUIER CASO - POR CIERTO
UNA COSA

▶ **D** ¿Se celebran festivales de teatro en tu localidad? ¿Cuándo son? ¿Qué otras actividades culturales se realizan? Explícalo en clase.

1 Opina

▶ En este foro de opinión los usuarios recomiendan y preguntan sobre algunos espectáculos. Léelo y clasifica las expresiones de consecuencia, las perífrasis y las formas pasivas que aparezcan en el texto.

opn. cine_opinion.com   15 de marzo

| PORTADA | CLASIFICADOS | OPINIÓN | PUBLICACIONES |

Peñaelcinecito

Hola a todos:

El próximo viernes por la noche, en la peña El cinecito vuelven a poner cine de verano, con cinefórum después. ¡Ah! Y para los amantes del cine español, habrá sesión doble todos los viernes, de junio a septiembre. Se ofrecerá un ciclo dedicado a Luis García Berlanga. Así que ya sabéis: hay para todos los gustos.

Cinéfilocurioso

Por cierto, para los socios de la peña: todavía no está decidida la película que inaugura la sesión de cine de verano. Está prevista la proyección de *Nacidas para sufrir*, una comedia dramática que fue dirigida por Miguel Albadalejo y que cuenta la historia de Flora, una mujer de 72 años, soltera, que vive en un pequeño pueblo y que se ha pasado la vida cuidando a sus familiares más cercanos. Ahora Flora empieza a pensar en que es mayor y que alguien ha de cuidar de ella. Trata del miedo a la soledad y de la situación de una mujer sola en la sociedad. Pero sigue abierto el plazo de sugerencias, de manera que podéis seguir mandando vuestras ideas.

Deberlanga

Hola amigos:

Como habéis hablado de Berlanga, quería preguntar si es cierto que en todas sus películas este director incluía en los diálogos la palabra *austrohúngaro*. Me ha extrañado tanto que he visto en video *La vaquilla* y, efectivamente, sale esa palabra. ¿Alguien sabe por qué lo hace?

Peñaelcinecito

FILA 9 Butaca 5

Para Berlanga, *austrohúngaro* era una palabra fetiche, mágica, que salió en su primera película de casualidad y desde entonces la insertaba en todas sus cintas. Curiosamente, la palabra volvió a salir en su segunda película, y al ser un término tan extraño provocaba tanta gracia que decidió ya mantenerlo en toda su filmografía. No deja de ser una curiosidad que se ha convertido en la marca de Berlanga. Todo el mundo la espera, como cuando Hitchcock sale en escena en todas sus películas.

Deberlanga

Graciasssssss.

Conectores consecutivos	Perífrasis verbales	Formas verbales en pasiva

2 Otras opciones

▶ **A** En el periódico de Villarriba han aparecido las siguientes noticias, pero en algunas hay errores. Corrige donde sea necesario y justifica tu decisión.

Sábado 18 de marzo

Edición especial

DIARIO DE VILLARRIBA

De concierto

La Orquesta Municipal de Música de Villarriba finalmente tocará en el templete del Parque Central.

El concierto que pensaban realizar en el teatro del Carmen está cancelado y se celebrará en el Parque Central en la fecha prevista.

Nuevos artistas

Los Cursos de Verano de la Universidad Popular abren sus puertas.

Comienza la nueva edición de los Cursos de Verano de pintura con una amplia oferta por niveles. Las clases estarán impartidas por especialistas de reconocido prestigio.

De presentación

Autores noveles muestran sus obras en la Feria del Libro de Villarriba.

El escritor Julián de las Musas presenta su nuevo libro de poesía, que ha sido publicado por una de las editoriales más importantes del sector.

Escritura creativa

Jóvenes con ganas de aprender reciben clases para mejorar su escritura

Desde el 15 de julio se impartirán las clases. Las actividades están comentadas y corregidas durante la clase.

▶ **B** Ahora, escribe tú en tu cuaderno alguna noticia más para el periódico de Villarriba. Utiliza correctamente la voz pasiva.

▶ **C** 🔊2 **10** Completa el texto con la perífrasis de infinitivo, de gerundio y de participio adecuada. Luego escucha y comprueba.

| Tener + participio | Acabar + gerundio | No dejar de + infinitivo |
| Deber de + infinitivo | Tener que / Acabar de + infinitivo | Volver a + infinitivo |

○ **Locutor:** Buenas tardes. De nuevo con todos ustedes para contarles las últimas novedades de la semana. Esta vez, *(centrarnos, nosotros)* _____ _____ en la celebración del II Certamen Gastronómico de la Tapa de Villarriba, organizado por la Asociación Gastronómica El Tapete en colaboración con el Ayuntamiento de Villarriba.

○ **Locutora:** Así es. Como cada año, *(celebrarse)* _____ este certamen que gusta tanto a los vecinos de Villarriba como a todos los turistas que se acercan con este motivo a nuestra localidad.

○ **Locutor:** ¡Claro! Es que las tapas son exquisitas, hay muchísima variedad y uno *(ponerse)* _____ morado. ¿Cuántos bares y restaurantes se presentan? *(Ser, ellos)* _____ muchísimos, ¿no, Aurora?

○ **Locutora:** Pues *(contar, yo)* _____ en el folleto publicitario y son exactamente veinticinco locales de restauración los que se presentan con una tapa original, que podrá degustarse durante el fin de semana en cada restaurante.

○ **Locutor:** Sí. Además, han preparado un carné especial para que se selle en cada establecimiento, de manera que quien lo *(rellenar)* _____ _____ al final del certamen recibirá un premio especial.

○ **Locutora:** En efecto. *(Participar, ustedes)* _____ y disfruten de esta iniciativa gastronómica.

▶ **D** Escribe estas oraciones con *llevar* + participio y *tener* + participio. Explica por qué utilizas una u otra en cada caso.

1 He pintado dos habitaciones ya ➜ *Tengo pintadas dos habitaciones. / Llevo pintadas dos habitaciones.*

2 Ya he pintado toda la casa. ➜ _____ .

3 Ya he hecho cinco ejercicios de perífrasis. ➜ _____ .

4 He resuelto el problema. ➜ _____ .

5 He resuelto dos problemas. ➜ _____ .

6 He redactado el informe. ➜ _____ .

3 La cultura del deporte

▸ **A** Los fragmentos del siguiente texto están desordenados. Léelos y ordénalos.

A

Por eso, han adquirido gran importancia las actividades que giran en torno a los juegos basados en la motricidad y el aprendizaje deportivo. Jugar es hacer trabajar el cerebro; es decir, a partir de la enseñanza de las normas que componen el juego, el niño aprende a reaccionar ante un estímulo. El juego no solo ofrece la posibilidad de ganar o perder, sino también de superar una dificultad y, en definitiva, de asimilar una actitud cultural.

B

De entrada, la ocupación esencial del niño es jugar. Juega continuamente y con todo. Prueba de ello es que si proponemos un trabajo útil a un niño, al cabo de unos minutos descubriremos que el trabajo se ha convertido en juego. Esto no significa que el juego deba ser considerado una forma secundaria o menos perfecta de trabajo. A través del juego, el niño intenta comprender y organizar la realidad. Y a ello dedica infinitas tentativas. El juego es una dimensión tan real, que el niño es capaz de desatender necesidades primarias, como comer o descansar.

D

Finalmente, hay padres más sensibilizados con la práctica deportiva, o claramente aficionados a un deporte en concreto, que tarde o temprano se plantean la posibilidad de que sus hijos lleven a cabo una actividad más organizada. Así, muchos expertos opinan que es conveniente que los niños inicien la práctica física a los ocho años y recomiendan comenzar el entrenamiento sistematizado a partir de los doce años.

E

Todos los expertos coinciden en la importancia del juego y el deporte en la infancia y la juventud. Actualmente, la actividad deportiva se inicia a edades muy tempranas, siempre a través del juego. Tanto la formación física escolar como las actividades infantiles, organizadas por iniciativa de entidades recreativas o centros deportivos, coinciden en proporcionar una amplia variedad de estímulos al niño.

C

Por otro lado, la escuela considera el juego como una actividad recreativa: por ello lo ha desviado parcialmente al mundo de las actividades extraescolares. Además, la falta de espacio en muchas viviendas y el desarrollo de juegos pensados para ser utilizados en espacios pequeños (videoconsolas, videojuegos) han reducido de forma significativa las posibilidades de jugar de los niños.

(Texto adaptado de www.bienestar.doctissimo.es)

■ El orden correcto es:

1.º	2.º	3.º	4.º	5.º

▸ **B** 👥 ¿Crees que se fomenta suficientemente el deporte en tu país? ¿Tienes tiempo suficiente para practicar algún deporte? Prepara una breve argumentación a favor o en contra de esta idea y debátela con tu compañero.

Toca cuidarse

▶ Necesitamos aprender

- El futuro perfecto y el condicional compuesto
- Los verbos de cambio: *ponerse, quedarse, hacerse* y *volverse*
- Léxico relacionado con la salud

▶ Para

- Expresar probabilidad en el pasado, presente y futuro (II)
- Expresar cambio y transformación

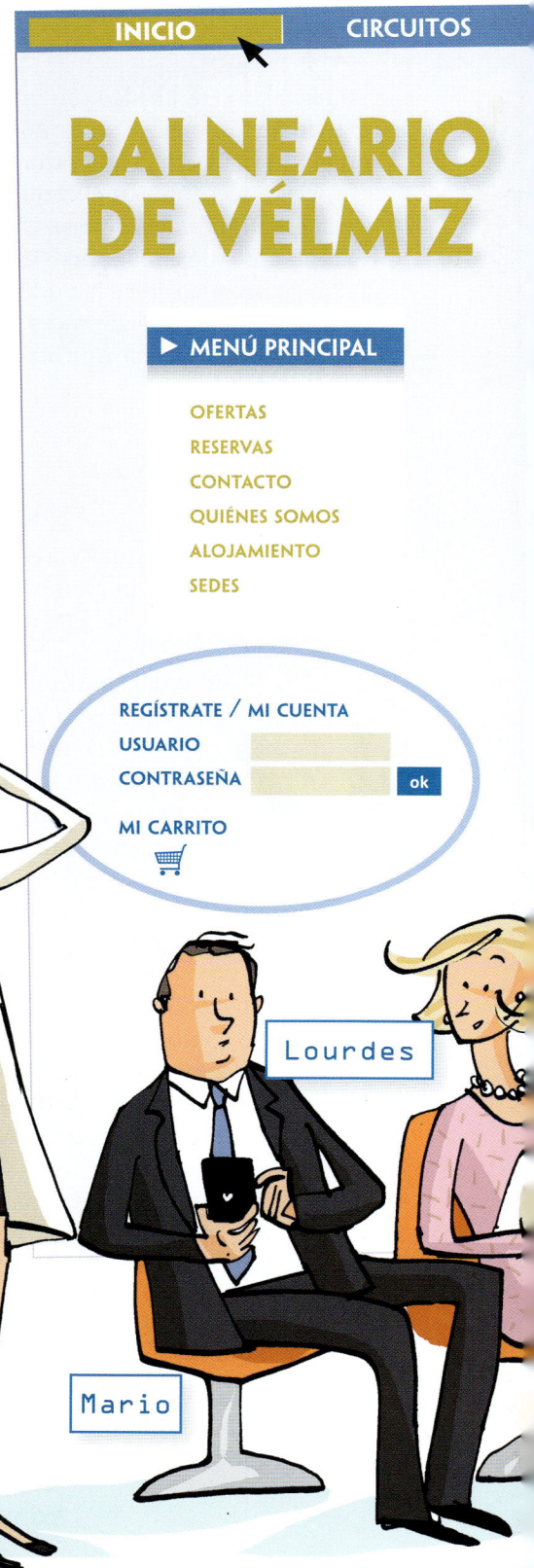

INICIO   CIRCUITOS

BALNEARIO DE VÉLMIZ

▶ MENÚ PRINCIPAL

OFERTAS
RESERVAS
CONTACTO
QUIÉNES SOMOS
ALOJAMIENTO
SEDES

REGÍSTRATE / MI CUENTA
USUARIO
CONTRASEÑA   ok

MI CARRITO

Petra

Fernando

Rocío

Lourdes

Mario

1 Disfruta del relax

► **A** Relajarse en un balneario es una opción para descansar y recuperarse del estrés diario. Esta es la página web de la clínica balneario Vélmiz. Léela. ¿Te interesa? Coméntalo con tus compañeros.

TARIFAS	MASAJES Y TRATAMIENTOS	APARATOLOGÍA	GIMNASIO	OPINIÓN

NUESTRO BALNEARIO dispone de una vanguardista área médica formada por diferentes profesionales del ámbito de la salud, donde cada uno de sus especialistas aporta su conocimiento y experiencia desde las distintas áreas de asistencia: clínica, nutrición y dietética, fisioterapia y acupuntura, en las que el paciente es el centro de la actividad médica. Atención totalmente personalizada y de calidad.

1 CLÍNICA   Evaluación médica general con la finalidad de establecer diagnósticos y vías de tratamiento; prescripción de las diferentes técnicas termales según necesidades y controles periódicos durante la etapa de tratamiento en el balneario; medición del nivel de colesterol y toma de tensión.

2 NUTRICIÓN Y DIETÉTICA   Evaluación clínica sobre hábitos alimenticios y mediciones antropométricas de peso, talla, porcentaje de grasa, etc., con el objetivo de establecer hábitos alimenticios adecuados. Test de intolerancia alimentaria para determinar qué alimentos no son bien tolerados por nuestro organismo y causan síntomas desagradables.

3 ACUPUNTURA   Terapia complementaria basada en la inserción de agujas de acupuntura. Indicada para diversas patologías, especialmente para el tratamiento del dolor.

4 FISIOTERAPIA   Masajes terapéuticos; entrenamiento individualizado o por parejas, supervisado y guiado por un profesional.

SALA 1

Miguel

11

► **B** A continuación, te presentamos a unos clientes que van a pasar unos días en el balneario Vélmiz y necesitan asistencia. Obsérvalos en la sala de espera. ¿Qué área crees que habrán elegido? Utiliza las fórmulas que te damos para expresar probabilidad.

[**Quizás, tal vez, probablemente, seguramente, a lo mejor, igual, es posible que...**]

> *Yo creo que Miguel quizás haya elegido* **la fisioterapia.**

< *Sí.* **A lo mejor** *ha corrido en una competición y se ha hecho daño.*

	Área de asistencia	Porque…
✔ Mario y Lourdes		
✔ Miguel		
✔ Petra		
✔ Rocío y Fernando		

▶ **C** 🔊2 **11** Escucha los comentarios de los pacientes del balneario y completa la tabla.

2 ¡Qué me dices!

bla bla bla

▶ **A** 🔊2 **12** Dos amigas hablan de los cambios y transformaciones de varias personas famosas. Escucha la audición y anota qué les has pasado a las personas de las que hablan.

1 La nueva mujer del torero Pacorrón _____

2 _____

3 _____

4 _____

5 _____

▶ **B** 🔊2 **12** Sara no se puede creer lo que Rosa le ha contado. Por eso continuamente niega sus afirmaciones. Vuelve a escuchar la audición y complétala.

Rosa: Hola, Sara. ¿Viste ayer el programa de Rosablanca?

Sara: _____ No pude. Llegué tarde a casa y mientras preparé la cena y todo, se me hizo tarde. ¿Hay algo que merezca la pena saber?

Rosa: _____: que la nueva mujer del torero Pacorrón se ha quedado embarazada.

Sara: ¡Vaya! Ya era hora. Tenían muchas ganas.

Rosa: Sí. Y también dijeron que el actor Mario Mas se ha hecho una liposucción.

Sara: _____. Pero si estaba muy delgado. Se habrá quedado en los huesos. ¿Seguro que era él?

Rosa: ¡Claro! Lo que yo no escuche… Y Bill Gotes se ha vuelto pobre.

Sara: _____. Que yo sepa, es multimillonario…

Rosa: Pues yo no sé lo que le ha pasado, pero el caso es que ha perdido toda su fortuna. ¡Ah! Y Antonio Bandejas se ha hecho estadounidense.

Sara: _____. Que eso no puede ser. Antonio Bandejas es español y está casado con una actriz norteamericana, pero ¡es español!

Rosa: ¡Qué va! ¡Pero si se han separado! ¡Ah! Y Leo Messilla se ha hecho budista y ha dejado el fútbol. ¿No te extraña?

Sara: _____. Yo ya no me extraño de nada.

▶ **C** Fíjate en la conversación, presta atención al contexto en el que se utilizan las expresiones de negación y relaciónalas con las funciones que te presentamos.

La negación en español, al igual que en otras lenguas, puede expresar diferentes matices.

- Para confirmar: _____
- Para reiterar: _____
- Para expresar énfasis: _____
- Para atenuar, suavizar: _____

3 La vida da muchas vueltas

▶ **A** 🔊2 **13** Rosa charla en una cafetería con su amiga Inés sobre los cambios que han experimentado algunos miembros de su familia. Léelos y escucha.

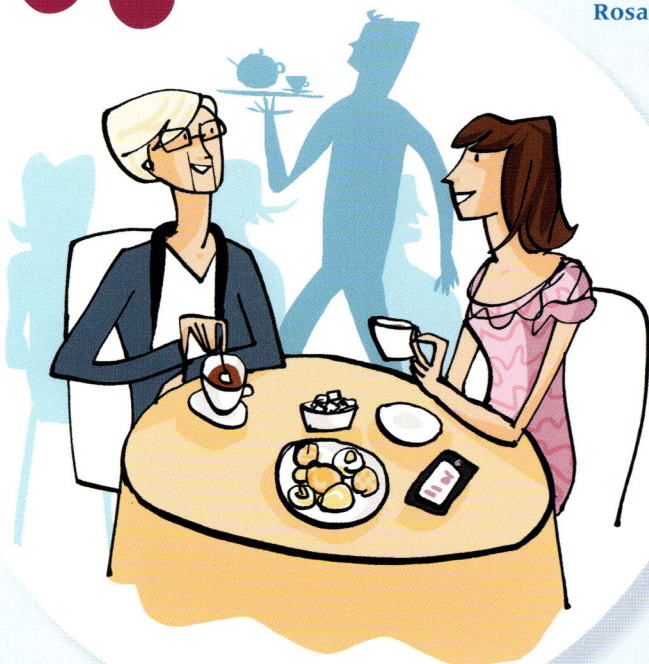

Inés: ¿Sabes que Blanca está embarazada?

Rosa: ¡No me digas! Su marido se habrá puesto muy contento, ¿no?

Inés: Sí. Ahora están viviendo un momento muy dulce…, pero no siempre es así, ¿verdad?

Rosa: Bueno, la vida da muchas vueltas. También hay momentos malos.

Inés: ¿Cuál ha sido el peor momento de tu vida, Rosa?

Rosa: Sin duda, cuando mis hijos se fueron de casa. Un día se hicieron mayores y se fueron. Me quedé muy sola. Sí, vale, también estaba mi marido, pero ya no era lo mismo. Estábamos solos y él pasaba mucho tiempo trabajando. Pero desde que se jubiló, hacemos muchas cosas juntos: nos hemos vuelto unos bailarines de primera. Bueno, y también recuerdo como un periodo bastante malo la época en que mi marido se quedó sin trabajo. Después de muchos años en la misma empresa, lo pusieron de patitas en la calle. Así sin más. Entonces se puso insoportable. Se volvió antipático, intratable, no quería ver a nadie, no salía. ¡Vaya, que estábamos todos muy preocupados! Menos mal que eso no duró mucho porque encontró otro trabajo y por fin todo volvió a la normalidad.

Inés: Ahora todo es más fácil, ¿no? Disfrutas de tus nietos…

Rosa: Bueno, ahora son mis nietos precisamente los que me preocupan. Mi nieto Mario se ha hecho médico. ¡Quién lo iba a decir! ¡Con el miedo que le daban las agujas! Se ha hecho de Médicos sin Fronteras y está casi todo el tiempo fuera. Martita ha dejado los estudios, se ha hecho *hippie* y ecologista. Está todo el tiempo organizando manifestaciones y protestas en defensa del medioambiente. ¡Quién lo iba a decir! Si parece que fue ayer cuando tuvo que hablar en la ceremonia de fin de curso. ¡La pobre lo pasó tan mal! Se puso roja como un tomate, no le salía la voz, hasta tuvo que salir la profesora a tranquilizarla. ¡Y mírala ahora! ¡Ha cambiado tanto!

Inés: Tú tenías otro nieto, ¿no?

Rosa: Sí, Jesús, el pequeño. Se puso muy gordo cuando dejó de fumar, pero luego empezó a hacer deporte. Corría todas las tardes, hizo dieta y se quedó muy delgado. Perdió diez kilos en muy poco tiempo. ¡Ahora está hecho un roble! No tiene nada que ver con ese niño flacucho que siempre estaba enfermo. ¿Sabes? Sus padres lo llevaban a la playa todos los veranos porque el médico les había dicho que los baños de sol y el agua del mar eran muy buenos para el niño, y es que tenía muchas alergias y se resfriaba continuamente. No te puedes imaginar lo mal que lo pasó un invierno en el que se puso muy enfermo debido a una infección respiratoria.

Inés: Oye, ¿y tu perro? ¿Qué fue de él?

Rosa: ¡Ay! ¡No sabes cuánto echo de menos a mi perrito Lucas! Desde que lo pilló un coche ya no fue el mismo. Se quedó cojo y no se recuperó ya. Murió hace unos meses.

► **B** En su conversación Rosa utiliza repetidamente verbos que expresan cambios y transformaciones. Vuelve a leer el diálogo e identifica los verbos.

1 _hacerse_

2

3

4

► **C** Cada verbo de cambio se utiliza para expresar unos significados concretos. Vuelve a leer la conversación, busca los ejemplos y completa la tabla.

Verbo utilizado

Ejemplos del texto

1
- Adjetivos: _____
- Profesión: _____
- Ideas políticas y religiosas: _____

2
- Adjetivos de cualidad: _____
- Artículo indeterminado + sustantivo: _____

3
- Estado de ánimo: _____
- Salud: _____
- Estado físico: _____
- Color: _____

4
- Verbo + _sin_ + sustantivo: _____
- Secuelas físicas: _____
- Estado personal: _____
- Estado físico: _____

► **D** A ver si lo has entendido bien. Lee las siguientes definiciones y elige la opción correcta.

1. Para expresar cambios voluntarios, el hablante utiliza:

a. volverse ☐   **b.** hacerse ☐   **c.** ponerse ☐

2. Para expresar el resultado tras un hecho, el hablante utiliza:

a. ponerse ☐   **b.** volverse ☐   **c.** quedarse ☐

3. Para expresar un cambio momentáneo o temporal e involuntario, el hablante utiliza:

a. volverse ☐   **b.** hacerse ☐   **c.** ponerse ☐

4. Cuando el cambio es involuntario y está centrado en el proceso, el hablante utiliza:

a. ponerse ☐   **b.** hacerse ☐   **c.** volverse ☐

► **E** Finalmente observa que, cuando hablamos de transformaciones, algunos verbos se caracterizan por su temporalidad o momentaneidad y otros por su carácter más estable. Es decir, unos verbos se relacionan con SER y otros con ESTAR. Clasifícalos y da ejemplos.

relacionados con Ser

1. _Hacerse_   _Mi hermano ha estudiado medicina._ **Se ha hecho** _médico. Es médico._
2. _____

relacionados con Estar

1. _____
2. _____

4 ¿Qué tal están todos?

▶ **A** ⏱2 **14** Rosa e Inés continúan charlando en la cafetería. Ahora hablan sobre algunos amigos y familiares. Escucha y relaciona cada imagen con su comentario correspondiente.

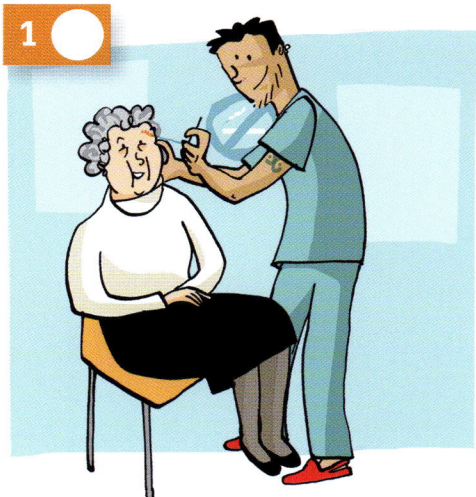

1 ◯

2 ◯

3 ◯

4 ◯

5 ◯

6 ◯

▶ **B** ⏱2 **14** En el diálogo entre Rosa e Inés hay formas verbales y expresiones que indican probabilidad o incertidumbre. Vuelve a escucharlo y anótalas.

Diálogo A

Diálogo B

Diálogo C

Diálogo D

Diálogo E

Diálogo F

► **C** ◐2 **14** Las expresiones y formas verbales de probabilidad
e incertidumbre se usan con indicativo, con subjuntivo o con ambos.
Escucha de nuevo y escribe las oraciones donde aparecen en su lugar
correspondiente.

INDICATIVO

- _____
- _____
- _____

SUBJUNTIVO

- _____
- _____
- _____

INDICATIVO / SUBJUNTIVO

- _____
- _____
- _____

FORMAS VERBALES

- _____
- _____
- _____

5 ¿Y si…?

► **A** ◐2 **15** Rosa está preocupada. Para formular sus ideas utiliza
el futuro perfecto y el condicional compuesto. Completa con la forma
verbal correcta. Luego escucha y comprueba tu respuesta.

1 > Oye, Inés, ¿le _____ algo a Inma? Es raro que no haya
aparecido.

< Pues no tengo ni idea. Estos días no he hablado con ella.

> Se habrá equivocado de día. ¡Es tan despistada!

2 > Inés, el otro día llamé a Inma a su casa, pero no me cogió el teléfono.
¿No te parece raro?

< Sí, porque ella siempre contesta o te llama más tarde. _____
en la ducha antes y por eso no lo oyó.

3 < Escucha, Rosa, mi prima Marta dice que Inma estuvo unos días en su
ciudad de visita, pero que no la llamó para quedar. ¡Qué raro! Ella cree que
_____ en secreto buscando trabajo en otra empresa.
Parece ser que está harta de aguantar a su jefe.

► **B** ¿Has entendido cómo se utilizan el futuro perfecto y el condicional
perfecto? Lee las siguientes definiciones y elige la opción correcta.

1 Se expresa una información no
totalmente segura o conocida situada en
un tiempo anterior a otro en el pasado.

a Futuro perfecto ☐
b Condicional compuesto ☐

2 Se expresa una información no
totalmente segura o conocida en
un tiempo anterior al presente.

a Futuro perfecto ☐
b Condicional compuesto ☐

Gramática y léxico

VERBOS DE CAMBIO

Expresan transformación. Se pueden clasificar en dos grupos:

1. Relacionados con SER

- **Hacerse**
  - Acentúa el esfuerzo y la participación activa del sujeto. El cambio es voluntario. Se usa con adjetivos y sustantivos de profesión, religión e ideas políticas.

    Se ha hecho médico.

    Se ha hecho budista / anarquista.

  - Expresan un cambio gradual, precedido de un proceso, voluntario o no.

    Esta escritora se ha hecho muy famosa con su última novela.

    Los niños se han hecho mayores muy rápido.

    Fundó una empresa naviera y se hizo millonario.

    → **ATENCIÓN:** El proceso de cambio no voluntario se suele producir por una causa externa.

    Este joven se hizo famoso por salir con Madonna.

    ¡Me ha tocado la lotería! Me he hecho rico.

- **Volverse**
  - Se usa con adjetivos que significan cualidad, pero implica la no voluntariedad del cambio. Destaca el proceso o la evolución.

    Juan se ha vuelto muy tierno desde que es padre.

    Se ha vuelto loco de la noche a la mañana.

    El jefe se volvió antipático.

    Desde que sale con ese chico, Sonia se ha vuelto insoportable.

  - Puede aparecer con sustantivos o adjetivos pero con artículo indeterminado.

    Se ha vuelto un actor muy famoso.

    En este último año tu hijo se ha vuelto un vago.

2. Relacionados con ESTAR

- **Ponerse**

  Indica un cambio en el estado de salud, ánimo, color, aspecto físico o comportamiento. Con adjetivos de color y de estado de ánimo, indica un cambio espontáneo, involuntario y momentáneo.

  Se usa con adjetivos y complementos preposicionales, nunca con sustantivos.

  Se puso contento / triste / nervioso cuando vio entrar al comandante.

  Se puso rojo cuando tuvo que hablar en público.

  Al dejar de hacer ejercicio se puso muy gordo.

  La minifalda se puso de moda en los sesenta.

  Nada más venir de vacaciones, me puse muy enferma.

- **Quedarse**

  Expresa el estado en que se queda el sujeto tras el cambio. Señala el resultado de un hecho que puede ser reciente o no. Entre otros usos, se utiliza para señalar secuelas físicas.

  Se quedó ciego / sordo / cojo / calvo.

  Se quedó sin dinero.

  Se quedó viudo / soltero / huérfano.

  Se quedó embarazada.

  Al entrar en el examen, me quedé en blanco.

  Me quedé perplejo cuando vi a mi madre con esa peluca.

La expresión de la probabilidad

1. Con marcadores de probabilidad

- **Alternan indicativo y subjuntivo**

  Quizás, tal vez, probablemente, posiblemente, seguramente.

  Hoy quizás llegue / llegaré más tarde del trabajo.

  Llegaré más tarde del trabajo, probablemente.

  ℹ **OJO:** Si van detrás del verbo, solo pueden ir en indicativo.

◀◀◀

◘ Gramática y léxico

- **Solo con indicativo**

  A lo mejor, seguro que, lo mismo, igual. Estos dos últimos pertenecen al registro coloquial.

  Igual *vamos al cine esta noche.*

  Lo mismo *nos vamos esta tarde al cine.*

- **Solo con subjuntivo**

  Puede (ser) que, lo más seguro es que, es muy probable que, es posible que.

  Al final, anoche no me llamó Juan. ***Puede que*** *llegara muy cansado a casa.*

2. Con ciertos tiempos verbales

- **Futuro simple:** expresa probabilidad en un contexto de presente.

  No tengo reloj, ¿qué hora ***será****?*

- **Condicional simple:** expresa probabilidad en un contexto de pasado en relación con el pretérito indefinido y el pretérito imperfecto.

  *¿****Celebraría*** *Ana su cumpleaños el otro día?*

- **Futuro perfecto:** expresa probabilidad en un tiempo anterior al actual. Se relaciona con el pretérito perfecto.

  ¿Dónde ***habré puesto*** *las llaves?*

  > *¿Por qué* ***habrá tardado*** *tanto el autobús?*

- **Condicional compuesto:** expresa probabilidad en un tiempo de pasado anterior a otro. Se relaciona con el pretérito pluscuamperfecto.

  – Probabilidad en el pasado: el condicional se refiere a un hecho anterior, probable, a otro verificado.

  Cuando nació su hijo, ya ***habría comprado*** *su piso.*

  – Probabilidad muy remota en el pasado: Indica una acción pasada, supuesta, posible. No necesariamente está presente la idea de anterioridad a otro hecho. Se usa mucho en el lenguaje de los medios de comunicación.

  Los ladrones ***se habrían llevado*** *diez mil euros (eso cree la policía).*

Para negar dentro del discurso

En el discurso se puede negar lo dicho por el interlocutor añadiendo distintos matices.

- Para confirmar: *¡Claro que no!*

- Para reiterar: *¡Que no, que no!, ¡Que no, mujer! ¡Que no, hombre!*

- Para expresar énfasis: *¡Eso sí que no! ¡Por supuesto que no!*

- Para atenuar, suavizar:

  No digo ni que sí ni que no. / No, que yo sepa. / No, nada que yo no supiera hasta ahora / No, yo ya no me extraño de nada.

6 Solo suposiciones

▶ **A** En las siguientes conversaciones las situaciones son inciertas. Léelas y elige una de las dos opciones: futuro o condicional.

1

> ¡No sabes lo que me ha pasado, María! No encuentro mis llaves y tengo que irme pitando al trabajo.

< Las *habrías dejado / habrás dejado* en cualquier parte. Eres muy despistado.

> ¡Que no, que no! Que ayer las dejé en el mueble de la entrada, como siempre.

< ¿Seguro? Pero si siempre tengo que recogerlas de la cocina y ponerlas en su sitio.

> ¡Qué dices! ¡Eso sí que no!

2

> ¿Qué te pasa? Te has puesto rojo de repente nada más colgar el teléfono.

< ¡Calla! Que estoy que trino. Ayer teníamos una reunión en la comunidad de vecinos y cuando llegué, ya habían terminado. Y resulta que han decidido subir la mensualidad de la comunidad, pero yo ya no estoy dispuesto a pagar más.

> ¿Seguro que habían terminado? Pues unos amigos que viven en el mismo bloque me dijeron que habían salido muy tarde de la reunión. Igual *habrían cambiado / habrán cambiado* el lugar de reunión y tú no te enteraste.

< ¡Que no mujer, que no! Que terminaron muy pronto. Te lo digo yo.

3

> Daniel tiene cita en el médico de cabecera a las once y todavía no ha llegado. Me pidió que lo acompañara porque no le gusta ir solo, pero no contesta al teléfono.

< Mujer, no te pongas nerviosa, ya aparecerá.

> Oye, ¿le *habrá ocurrido / habría ocurrido* algo?

< ¡Claro que no! *Habría habido / habrá* más tráfico de lo normal y por eso llega tarde. Anda, no te preocupes.

4

< ¡Estoy harto de mi coche! Me ha dejado tirado otra vez.

> ¿Qué ha pasado?

< Que me he quedado sin gasolina en mitad de la carretera. No lo entiendo, si tenía el depósito lleno.

> Lo *habrá cogido / habría cogido* tu hijo.

< No, que yo sepa. Bueno, ahora que lo dices, lo mismo sí, porque la otra noche cuando llegué a casa, mi hijo estaba hablando por teléfono con sus amigos sobre el fin de semana.

> ¿Ves? *Habrá estado / habría estado* todo el fin de semana con sus amigos dando vueltas por ahí sin decirte nada y cuando llegaste tú a por el coche, te *habría dejado / te habrá dejado* el depósito casi vacío.

< Puede ser. Yo no digo ni que sí ni que no. Pero sigo pensando en cambiar de coche.

▶ **B** Construid diálogos sobre situaciones probables usando como modelo las conversaciones del ejercicio anterior. Utilizad el futuro y el condicional de probabilidad. Fijaos en las expresiones que se han usado para negar dentro del discurso. Aquí tenéis algunas ideas.

1 Ha desaparecido del frigorífico una tarta de manzana que hiciste ayer.

2 Hace días que no se sabe nada del vecino del quinto piso y estás preocupado.

3 Tu perro apareció llevando en el hocico una cartera llena de billetes de quinientos euros.

4 Un chico/a te dejó plantado en una cita y tú pensabas que iba a venir.

5 Llevas días queriendo comunicarte con un amigo que vive en otra ciudad, pero no lo localizas.

▶ **C** Las siguientes personas necesitan que alguien les indique las probabilidades que hay en las situaciones que presentan. Indícaselo tú. Te damos una pista entre paréntesis.

1 ▶ Estoy un poco preocupada por Ángel. La otra noche, sin ir más lejos, se pasó la noche en blanco y estuvo todo el día muy nervioso. Pero no quiere contarme lo que le pasa.

(Problemas con un compañero de trabajo).

Lo mismo _____ .

2 ▶ El martes pasado, en casa de Juan, esperaba encontrarme con Luisa, su novia, pero no la vi. Además, Juan estaba muy tenso. ¿Sabes si les había pasado algo?

(Tener una discusión; últimamente se enfadan a menudo).

Condicional perfecto _____ .

3 ▶ Han cancelado todos los vuelos a Bruselas, ¡qué faena!

▶ ¡Vaya! ¿Sabes por qué?

(Haber temporal de lluvia y nieve; hacer mal tiempo durante toda la semana).

Seguramente _____ .

4 ▶ Mi hijo ha suspendido el último examen de Matemáticas. ¡Si me dijo que se lo había preparado muy bien!

(Resolver mal algunos de los problemas que le han planteado).

Futuro perfecto _____ .

5 ▶ No sé nada de mi amigo Fernando, el fotógrafo. Me dijo que lo más seguro era que volviera de su viaje antes de las próximas navidades y que me enseñaría sus últimas fotos. Ya pasaron las vacaciones y sigue sin venir.

(Volver ya y estar muy ocupado montando las fotos para su exposición).

Problamente / Futuro _____ .

6 ▶ ¡Me he quedado de piedra! Acabo de enterarme de que robaron el fin de semana en la oficina de Ana. Lo que no saben exactamente es cuándo fue. La policía lo está investigando.

(Según la policía, entrar los ladrones en la oficina cuando se fueron de fin de semana, antes del siguiente lunes y de que los empleados fueran a trabajar).

Condicional compuesto _____ .

7 ▶ No veo a mi perro por aquí.

(Estar corriendo por la explanada).

A lo mejor _____ .

8 ▶ ¡Estoy muerto de sueño! Anoche los vecinos de al lado no me dejaron dormir porque se escuchaba llorar a un niño. Eran las dos de la madrugada y aún no había parado.

(Estar enfermo el niño pequeño, por eso no dejaba de llorar).

Condicional simple _____ .

7 A revisar el botiquín

▶ **A** En una clínica están haciendo inventario de los medicamentos y utensilios que se necesitan en la sala de enfermería, pero se han colado algunas palabras inadecuadas. Encuentra la palabra intrusa en casa serie.

1 Inyección, pomada, calmante, supositorio, prospecto, analgésico, antiinflamatorio.

2 Pediatra, otorrinolaringólogo, enfermero, odontólogo, médico de familia.

3 Escayola, esguince, venda, esparadrapo, gasa.

4 Bisturí, quirófano, fonendoscopio, termómetro.

5 Transfusión, radiografía, escáner, TAC, ecografía.

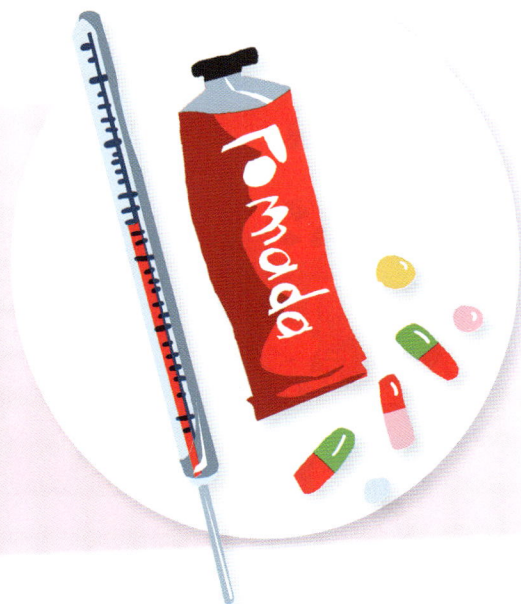

▶ **B** 👥 A los pacientes de un centro de salud les pasa algo: han olvidado las palabras necesarias para explicarse. Con tu compañero, elige la palabra correcta en cada caso.

《 **Traumatólogo / Efectos secundarios
Vacuna de la gripe / Estar decaído
Medicamento genérico / Inyección** 》

① Verá, doctor. Todos los años me la pongo cuando llega el otoño y la verdad es que me ayuda mucho y, si me enfermo, me da muy leve.
Se refiere a _____

② Doctor, llevo ya varios meses con estos dolores en las rodillas y con el tratamiento no mejoro, así que me gustaría que me viera un doctor especialista en huesos. **Se refiere a** _____

③ Ya sé que los medicamentos con principios activos tienen los mismos resultados que los medicamentos de marcas específicas, pero es que mi madre es muy mayor y prefiere el medicamento de marca… **Se refiere a** _____

④ Creo que el antibiótico que me tomé para la otitis me sentó mal porque me duele mucho el estómago y no me encuentro bien.
Se refiere a _____

⑤ Mire, doctor. No sé lo que me pasa desde hace un tiempo. Me siento triste, cansado, siento un malestar generalizado.
Se refiere a _____

⑥ No me gustan los medicamentos que se ponen con jeringas. ¿Podría recetármela en jarabe? **Se refiere a** _____

8 ¿Qué nos habrá pasado?

▶ **A** 👥 Observa las imágenes e indica qué cambio se ha producido en la persona. Usa los verbos de cambio.

1

2

3

4

5

▶ **B** Completa el texto con los verbos de cambio necesarios.

¡Cómo cambia nuestra vida! ¿Nunca te has parado a pensar cómo eras antes y cómo eres ahora? Mis amigos dicen que me _____ muy acomodada. Es verdad que sin darnos cuenta todos _____ mayores y muchos buscamos una vida más tranquila. Yo lo he observado en mi forma de viajar. Antes _____ muy contenta si de repente me llamaba una amiga para pasar el fin de semana fuera. ¡No me lo pensaba dos veces! Cogía mi mochila con algo de ropa y ya está. Si _____ sin dinero no pasaba nada. Pero luego me _____ una mujer de provecho y empecé a trabajar. Creé mi propio negocio de estética y peluquería, _____ autónoma y, ¡claro!, ¿cómo te vas y cierras el negocio? La familia también te condiciona mucho. Desde que _____ embarazada mi vida empezó a cambiar.

Ya no salgo tanto de noche, _____ más casera, mi vida _____ más tranquila.

También con la edad uno empieza a ver que hay cuidarse más. _____ muy sorprendida cuando en las revistas las modelos dicen que comen de todo y que no engordan, que su fisonomía es natural. ¿Natural? ¡Pues yo _____ furiosa y de mal humor cuando tengo que hacer dieta si no quiero ponerme como una foca!

Bueno, en definitiva, no _____ millonaria, pero tengo dinero suficiente para vivir; veo a mis hijos cómo _____ mayores y me encanta. Ya no viajo sola: mi vieja mochila se ha convertido en unos maletones enormes… Pero soy feliz.

▶ **C** Ahora escribe un texto explicando un cambio en tu vida o en la vida de algún conocido. Cuando termines, léelo en clase y luego pide a tus compañeros que te digan qué cambios creen que son ciertos y cuáles no.

9 La salud es lo primero

▶ **A** A lo largo de la historia, la medicina ha tenido que ir ganando pequeñas batallas para convertirse en lo que es hoy en día. Lee el siguiente artículo de una revista especializada. ¿Recuerdas algún descubrimiento médico? ¿Cuál es el último que te ha llamado más la atención?

Hitos de la historia de la medicina en España e Hispanoamérica

LA MEDICINA Y LA CIENCIA han avanzado una barbaridad. En el siglo XXI nos encontramos con descubrimientos médicos impensables tan solo cuarenta o cincuenta años antes, que han logrado que la humanidad pueda tener una mejor calidad de vida. Recordemos a **Alexander Fleming** y la penicilina, con la que se ha salvado la vida a millones de personas. A ello también han contribuido notablemente científicos españoles e hispanoamericanos.

¿Qué decir de los inventos españoles en el ámbito de la medicina? Las gafas graduadas se introdujeron en España en 1623 y resultaron ser un importante descubrimiento renacentista.

Miguel Servet en el siglo XVI descubrió la circulación pulmonar de la sangre. El cantante de ópera Manuel García

Miguel Servet.

inventó en 1855 el laringoscopio, para ver la laringe de un ser humano vivo usando la luz natural. El famoso investigador **Santiago Ramón y Cajal** fue galardonado en 1906 con el Premio Nobel de Medicina por su trabajo sobre el sistema nervioso, y **Severo Ochoa** ganó el Premio Nobel de Medicina en 1959 por sus investigaciones sobre la síntesis del ARN.

Además, el inventor de la fregona, **Manuel Jalón Corominas,** también inventó las agujas y jeringuillas desechables, de gran impacto en la medicina.

De entre los investigadores hispanoamericanos, **Jorge Reynolds Pombo** fue un ingeniero colombiano conocido mundialmente por ser el inventor del primer marcapasos artificial externo en 1958. **Manuel Elkin Patarroyo,** inmunólogo, colombiano también, hizo en 1997 el primer intento

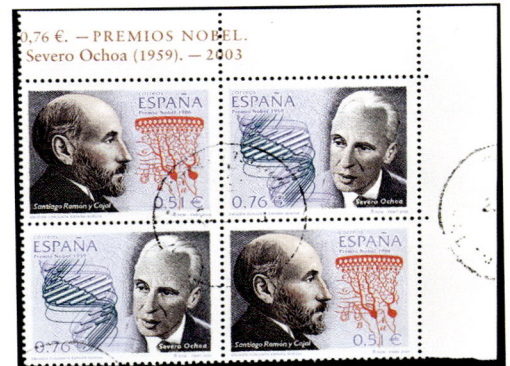

para fabricar una vacuna sintética contra la malaria, enfermedad transmitida por mosquitos y que afecta a millones de personas en regiones tropicales y subtropicales de América, Asia y África. Por otro lado, Cuba es conocida por sus logros en la cura del vitíligo, enfermedad de la piel que consiste en que va perdiendo su color y van apareciendo unas manchas blancas; eso ha sido el detonante del turismo sanitario en la zona del Caribe.

Gracias a estos descubrimientos se combaten las enfermedades y no solo para curarlas, sino también para prevenirlas y tratarlas desde sus primeros síntomas.

▶ **B** 👥 La humanidad hoy día no se entiende sin los avances científicos y médicos. ¿Qué habría pasado si no hubieran ocurrido? Con tu compañero, elegid algún descubrimiento de impacto social y analizad qué habría pasado si no hubiera ocurrido. Luego presentadlo en la clase.

< *¿Tú te imaginas qué habría ocurrido si no se llegan a inventar las gafas graduadas?*

> *Pues es muy difícil imaginárselo, pero creo que la mitad de la población nunca habría leído un libro en su vida porque no verían las letras pequeñas…*

▶ **C** 👥 Ahora buscad información sobre otras investigaciones y descubrimientos médicos que os interesen y presentadla en clase con ayuda de la tabla.

Descubrimiento	Autor (profesión)	Fecha	País	Historia
La anestesia	Horacio Wells (odontólogo)	1844	Estados Unidos	Observó que al usar óxido nitroso (entonces conocido como gas de la risa) en las extracciones dentales sus pacientes no sentían dolor.

10 Setenta años no es nada

▶ **A** 👥 En la siguiente entrevista dos personas cuentan sus experiencias sobre la jubilación, pero faltan las preguntas del entrevistador. Con tu compañero, elaborad la más adecuada a cada respuesta. Luego, comprobad vuestras hipótesis.

«Cumplir años es inevitable, envejecer es una opción»

MARÍA Y CARLOS ESTÁN JUBILADOS. Se acabaron las prisas y el levantarse a las seis de la mañana para ir a trabajar y para no llegar tarde al trabajo. A través de la siguiente entrevista hemos querido dar a conocer cómo pasan su tiempo y qué cambios ha experimentado su vida desde que se retiraron del mundo laboral.

Entrevistador: (1) _____

Carlos: Yo, dos años.

María: Pues yo llevo más tiempo. Hace cinco años que dejé de trabajar.

Entrevistador: (2) _____

Carlos: ¡Por supuesto que no! Por mi trabajo, no tenía tiempo para mis aficiones. Con los años me he vuelto más exigente; para mí ahora el tiempo es oro y lo empleo en hacer todo lo que me gusta y que antes no podía hacer: salgo a correr, me he apuntado a un curso de pintura y algunas horas a la semana estoy como voluntario en una ONG.

María: Pues yo a veces sí me acuerdo de mis alumnos. Disfrutaba mucho con ellos; incluso me seguía poniendo nerviosa cada principio de curso y la verdad es que las clases me mantenían la mente en forma.

Carlos: Eso es verdad. Dicen que el trabajo es salud, pero yo creo que no es el trabajo, sino el mantenerse activo. Me quedé pasmado cuando dejé de trabajar y empezaron enseguida a salirme achaques: me dolían las rodillas, me subió la tensión y tuve que dejar de tomar sal en las comidas, me daban subidas de azúcar. Vaya, que me pusieron a dieta. Además, el médico me recomendó caminar todos los días y así, poco a poco, me puse a correr. Para el año que viene me he propuesto un objetivo: correr la media maratón. ¡Son veinte kilómetros! Ya corro unos quince kilómetros cada dos o tres días, así que, si tengo suerte y mi salud lo permite, lo más seguro es que pueda participar. Lo mismo hasta gano, ja, ja.

Entrevistador (3): _____

Carlos: Estoy de acuerdo. Los dos grandes peligros de esta etapa son la falta de ejercicio físico y mental. Yo siempre he sido muy tranquilo, no me gustaba hacer deporte y me habría pasado las horas muertas delante de la televisión, con los riesgos que eso conlleva: falta de movilidad, problemas cardiovasculares, diabetes… Pero, además, el ejercitar la mente es necesario: leer, hacer crucigramas, jugar al dominó. Creo que no saber qué hacer tras la jubilación es lo peor.

Entrevistador (4): _____

María: Dicen los expertos que en la juventud se pueden cometer algunos excesos, pero que en la vejez hay que ser más espartano. En lo que se refiere a las comidas, yo personalmente soy enemiga de las cenas abundantes, nada beneficiosas para la salud. Porque, ya se sabe, una buena alimentación seguramente ayudará a mantenernos más sanos, pero una mala alimentación seguro que te acaba haciendo daño y pasando factura.

▶ **B** Vuelve a leer el texto y marca verdadero o falso en relación con las siguientes afirmaciones. Justifica tu respuesta.

V **F**

1. Carlos y María habrían querido seguir trabajando.

2. Están más sanas las personas que trabajan.

3. Carlos se quedó con la boca abierta cuando empezó con los achaques al dejar de trabajar.

4. Mantener la atención en la televisión beneficia la salud mental.

5. Las comidas deberán ser más austeras durante la vejez.

▶ **C** ¿Qué te parecen las opiniones de estas personas? ¿Estás de acuerdo con que es necesario planificar las actividades que se realicen después de la jubilación?

▶ **D** La actividad física y mental es muy beneficiosa para mantenerse sano. ¿Qué habrán hecho estas personas para sentirse tan bien? Observa las fotografías y escribe textos breves explicándolo. Usa los marcadores y las formas verbales de probabilidad.

La mujer de la foto 2 parece muy sana y alegre. Lo más seguro es que se cuide mucho y que tenga una alimentación sana y equilibrada. Habrá ido a yoga durante mucho tiempo porque parece muy contenta y relajada... Tendrá unos 70 años...

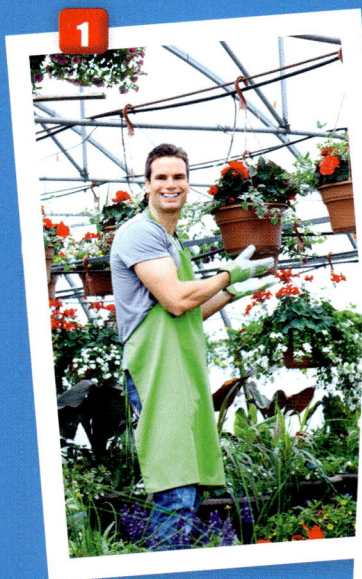

1 Consultorio médico

▶ En la página web de la clínica balneario Vélmiz responden a las preguntas de los pacientes. Completa las respuestas con indicativo o subjuntivo: puede haber más de una posibilidad.

| CONSULTORIO | | | DESCONECTAR |

BALNEARIO DE VÉLMIZ

CONSULTORIO DE SALUD BALNEARIO VÉLMIZ

Con esta sección pretendemos dar respuesta a las preguntas de salud de manera asequible para todos y proporcionada por profesionales cualificados. Es preciso tener en cuenta que este servicio no pretende sustituir la consulta presencial con los profesionales de la salud. Así que, ante cualquier duda, consulte siempre a su médico.

1 PIEL

¿Es preciso eliminar un tatuaje porque me haya salido un lunar que me pica mucho? Mar55

Debería acudir a su médico de atención primaria. Puede ser que *(tener)* _____ algún tipo de lesión y que *(deber)* _____ consultarlo con un dermatólogo o, simplemente, hacerle un seguimiento.

2 OFTALMOLOGÍA

Hace tiempo que me puse lentillas, pero tuve que quitármelas porque los ojos se me ponían rojos. Ahora uso gafas, pero sigo con conjuntivis. ¿Qué debo hacer? Jennifer41

Efectivamente, es muy probable que *(tener)* _____ una inflamación del tejido conjuntivo del ojo. Podría ser producida por una infección o por alergia a las lentillas. Vaya a su oftalmólogo. Probablemente *(curarse)* _____ la conjuntivitis con un colirio o una pomada.

3 NUTRICIÓN

Durante bastantes años fui obesa, pero hice una dieta de adelgazamiento bajo control médico y la verdad es que perdí mucho peso; ahora no quisiera recuperar los kilos perdidos y por eso quería saber si es recomendable hacer las cenas solo a base de frutas. De no ser así, dígame qué debo hacer. Mónica77

Cuando usted hizo la dieta de adelgazamiento, seguro que *(alimentarse)* _____ de manera equilibrada e hizo cuatro o cinco comidas al día. Cuando pensamos en una cena ligera, puede ser que *(creer)* _____ todos que una cena a base de frutas es lo más saludable, pero curiosamente hay algunas que tienen mucho azúcar (plátanos, higos, uvas) y es muy probable que además *(resultar)* _____ indigestas de noche. Seguro que si *(tomar)* _____ la fruta fuera de las comidas hará mejor la digestión.

CUIDADOS GENERALES

4 **Hola. El otro día, cuando estaba limpiando en mi casa, me empezaron a zumbar los oídos, me empezó a doler mucho la cabeza y me sentí muy mareada. Estaba sola en casa y me asusté muchísimo Si me vuelve a ocurrir, ¿qué debería hacer?** Cielo 927

Lo más seguro es que *(ser)* _____ una bajada de tensión, quizás debido a un sobreesfuerzo. ¿Es posible que *(estar)* _____ limpiando durante varias horas sin descanso? La próxima vez que le ocurra, tome algo dulce, por ejemplo, una fruta y túmbese con las piernas levantadas: seguro que *(mejorar)* _____ rápidamente. Si estas bajadas de tensión se repiten a menudo, debería ir a su médico de cabecera. A veces, las alteraciones en la presión arterial se deben a problemas de tiroides, por eso tal vez *(poder ser)* _____ importante acudir a un endocrino.

2 Por el cambio

▶ **A** Carlos comenta los cambios sufridos en su personalidad.
Completa con los palabras que faltan.

veterinario
canijo
pasmado
rojo
contento
vegetariano
sociable

Cuando era pequeño, mis compañeros de clase me decían que estaba como un fideo y
que era muy (1) _____. Yo era de los más listos de la clase y siempre terminaba el
primero los deberes, pero cuando me sacaban a la pizarra, me ponía (2) _____ de
la vergüenza. Con las chicas era mucho peor: me quedaba (3) _____, sin habla,
cuando se me acercaba la chica que me gustaba. Pero un día todo cambió cuando mis
padres me trajeron a Tobby, un cachorrito precioso. Era muy cariñoso, con él me volví
más (4) _____ y me fue más fácil relacionarme con las chicas porque a todas les
gustaba mi perrito. Era una delicia de perro. Se ponía muy (5) _____ cada vez que
volvía del colegio. Eso aumentó mucho mi autoestima y marcó mi vida. De mayor me hice
(6) _____ y me volví (7) _____. Ahora doy charlas en los colegios sobre la
importancia de proteger a los animales. Tobby me ha hecho ser quien soy.

▶ **B** 👥 En parejas, leed de nuevo el texto y decid
cómo se perciben los cambios en cada caso:
¿rápidos, lentos, voluntarios, involuntarios?

3 ¿Quién será esa mujer?

▶ **A** La vida de José Luis dio un gran cambio a partir de un
encuentro que tuvo en una cafetería. Completa el texto con
los tiempos verbales adecuados.

JANE Y JOSÉ LUIS se encontraron en una cafetería una fría mañana de
marzo en la que llovía a cántaros. Todos los días José Luis se sentaba en
una mesa junto a la ventana, pero ese día no pudo porque,
cuando llegó, una mujer ya se había sentado allí. ¿Qué (pasar) 1
_____ ? ¿Cómo (consentir) 2 _____ el camarero
que alguien se sentara allí? José Luis estaba furioso. ¡Aquella era su
mesa! La mujer se dio cuenta de que algo le pasaba y le indicó que se
sentara con ella. José Luis, sorprendido, se sentó.
Y cuál fue su sorpresa cuando vio que Jane había pedido el mismo
café capuchino con unas gotas de menta que llevaba pidiendo él
desde hacía años. No puede ser, pensó: ¿(Ser) 3 _____
una coincidencia? Los dos se mantuvieron en silencio saboreando cada
uno su café. Hasta que Jane se levantó y se marchó. José Luis continuó en aquel lugar hasta
que decidió que era hora de marcharse. Pero, cuando fue a pagar, la cuenta ya estaba pagada. ¿Quién la (pagar) 4
_____ ? Y pensó para sí: ¿Me (invitar) 5 _____ la mujer que se ha sentado en mi mesa? No puede
ser. Si no la conocía de nada. ¿O sí? ¿La (conocer) 6 _____ en alguna ocasión anterior que en ese momento
no recordaba? Estaba muy confundido. Él era hombre de pocos amigos, y pocas veces consentía que le pagaran un café.
Pensó que todo era un misterio…

▶ **B** 👥 José Luis se quedó muy intrigado con todo aquello. ¿Quién sería aquella mujer? ¿Dónde la habría
visto antes? ¿Por qué se habría marchado sin decir nada? Su cara le sonaba mucho. ¿Y por qué no podía
dejar de pensar en ella? En parejas, responded a las preguntas y continuad la historia.

4 Otras terapias

▶ **A** Las terapias alternativas cada vez tienen más adeptos. Lee el siguiente texto extraído de una página web de salud y ordena los párrafos.

Acupuntura y meditación son respaldadas por los científicos

Las reconocen como formas efectivas de manejar el estrés

Nuevas evidencias científicas prueban la eficacia de ambas técnicas orientales. Las agujas bloquean la liberación de las hormonas que se elevan cuando hay tensión y la meditación reduce la ansiedad.

A. Silva, por su parte, agrega que estas técnicas de la medicina oriental están ayudando a aumentar el arsenal terapéutico para hacer frente al estrés, «que es uno de los grandes problemas que tiene el estilo de vida actual, con más horas de trabajo, menos horas de sueño y menos contacto con la naturaleza», concluye. ☐

B. «Esto aporta evidencia sobre cómo funcionan las técnicas», dice el psiquiatra Hernán Silva, investigador chileno del Instituto Milenio de Neurociencia Biomédica. Según él, hasta ahora su acción se atribuía al efecto placebo. «Ahora tenemos un efecto biológico que se puede medir». ☐

C. En Bélgica, un grupo de investigadores europeos, apoyados por la fundación Go for Happiness, realizó un estudio en cinco colegios de Flandes. Trabajaron con unos cuatrocientos estudiantes de secundaria entre 13 y 20 años. Los adolescentes fueron entrenados en la técnica de meditación llamada *mindfulness*. Otro grupo no recibió ese adiestramiento. Antes de la intervención, ambos equipos presentaban niveles similares de síntomas de estrés, ansiedad y depresión (entre 21 % y 24 % los padecían). El grupo entrenado en meditación bajó a un 15 % la proporción de estudiantes afectados por estos síntomas, mientras que los no entrenados aumentaron hasta un 27 %. Incluso, seis meses después de terminada la intervención, la diferencia seguía siendo de 16 % contra 31 %. ☐

D. Para la psiquiatra Patricia Fernández, de la clínica chilena Indisa, cuando alguien comienza a sentirse estresado, es bueno «hacer alguna actividad física, hacer algo que a uno lo distraiga, tomarse tiempo libre y tener vida social». Y reconoce que actividades como la meditación y el yoga también son útiles. ☐

E. Para ayudar en esta línea, Eshkevari y su grupo trabajaron con ratas y les aplicaron agujas antes de someterlas a una hora de frío intenso como situación estresante. Así, buscaban simular la exposición de las personas al estrés y ver qué sucedía en su cuerpo cuando contaban con el apoyo de la técnica milenaria. Sorprendentemente, no se produjo en los animales un aumento de las hormonas del estrés. Otras ratas expuestas al mismo frío, pero sin acupuntura, tuvieron un fuerte aumento de las hormonas del estrés. ☐

F. Las técnicas orientales para mejorar el autocontrol y reducir el estrés gozan de una creciente popularidad en Occidente. Y si bien las personas se sienten mejor al someterse a la acupuntura o practicar meditación, hasta ahora no contaban con el respaldo de la comunidad médica. Hace pocos días, un equipo de científicos de la Universidad de Georgetown, en Estados Unidos, publicó los resultados de una investigación que revelaba el mecanismo por el cual la acupuntura alivia las tensiones en las personas. «Muchos acupuntores han observado que esta práctica puede reducir el estrés en sus pacientes, pero faltaba la evidencia de cómo y por qué esto sucedía», admitió la autora principal del estudio, Ladan Eshkevari, profesora de la Universidad de Georgetown. ☐

www.elpais.com (23/3/2013)
(texto adaptado)

▶ **B** ¿Te interesan las terapias alternativas como la acupuntura y la meditación? ¿Has tenido alguna experiencia? Coméntalo en plenaria.

▶ **C** 👥 Ahora, en grupos, preparad una pequeña exposición sobre las siguientes terapias.

pilates

yoga

homeopatía

flores de Bach

A pedir de boca

► Necesitamos aprender

- Oraciones de relativo con indicativo / subjuntivo
- Uso de los pronombres y adverbios relativos
- Preposiciones POR y PARA
- Expresiones coloquiales habituales con preposiciones
- Cultura gastronómica

► Para

- Definir y describir
- Intensificar el discurso

1

2 ○

3 ○

4 ○

1 Variedad de sabores

▶ **A** En España podemos encontrar una gran cantidad de locales donde degustar diferentes tipos de comida. Fíjate en las imágenes y relaciónalas con su nombre correspondiente. Después escribe una breve definición.

A CHURRERÍA: *es un local **donde / en el que** se hacen y venden churros.*

B MARISQUERÍA: _____
_____

C TABERNA: _____
_____

D CHIRINGUITO: _____
_____

▶ **B** Ahora anota qué se puede tomar en los siguientes locales.

1. Asador: _____

2. Tapería: _____

3. Mesón: _____

4. Pastelería: _____

▶ **C** ¿Qué tipos de restaurantes os gustan? ¿Habéis probado algún plato o tapa que os haya sorprendido? ¿Hay buenos restaurantes en vuestra ciudad? ¿Hay alguno famoso? Comentad en plenaria vuestra experiencia.

2 Come donde más te apetezca

► **A** Hoy es domingo y Maribel y Juanjo, la pareja de la Unidad 1, han decidido salir almorzar con sus hijos. Esta es la página web que están mirando para elegir el restaurante. Lee la información de cada uno de ellos. ¿Dónde comerías tú? ¿Por qué?

www.comecome.es

Rincón argentino

Empanadas de carne, migas o puchero de carne y gallina.

Gran variedad de recetas con dulce de leche (caramelo, bizcocho, flan, helado, alfajores…).

Irresistible tentación. Si se te hace la boca agua, no esperes más y haz tu reserva. Al alcance de todos los bolsillos.

Comentarios

El huarache

Sabores traídos desde México. Acércate y prueba nuestra cochinita pibil. Te sorprenderemos con nuestras especialidades en nachos, quesadillas, flautas…

Y para buenos postres, los nuestros. Te espera un gran surtido: flan de café, buñuelos de viento, galletitas de amaranto…

Come bien por poco dinero.

Comentarios

El oleaje

Cerca de la orilla, disfruta de nuestras frituras, espetos de sardinas y todo tipo de pescados a la brasa.

Productos frescos 100% para nuestros clientes.

Playa La Malaguita, un entorno ideal para almuerzos o cenas.

Comentarios

Salpicón

Especializados en productos del mar: almejas, mejillones, langostinos, gambas… y pescado.

Fines de semana: paella, arroz negro y fideuá (por encargo).

Postres caseros (arroz con leche, natillas, macedonia de frutas…).

Comentarios

En su punto

Buey a la piedra, pierna de cordero, cochinillo lechal, delicioso entrecot. Disfruta de la buena mesa y de excelentes vistas con nosotros.

Precios sin competencia.

Cerrado domingo por la noche y lunes.

Comentarios

► **B** ⏱2 16 A continuación, escucha la conversación y escribe dónde prefiere ir cada uno. No olvides justificar tu respuesta.

	Restaurante	Justificación
Maribel		
Juanjo		
Hijo		
Hija		

3 Comedor escolar

► **A** Durante el curso escolar los hijos pequeños de Juanjo y Maribel comen en el comedor del colegio. Estas son las normas de funcionamiento. Léelas, fíjate en las palabras en negrita y, por último, añade dos normas más que creas necesarias. Comentadlas en gran grupo.

NORMAS DE FUNCIONAMIENTO
DEL COMEDOR ESCOLAR

1. Los niños, **que** se habrán lavado las manos con anterioridad, formarán la fila que tienen asignada en la puerta del comedor.

2. El personal de vigilancia **del que** dispone el centro se encargará de que la entrada al comedor se realice de manera ordenada sin correr ni gritar.

3. **Los que** quieran ocupar un sitio diferente **al que** les ha sido asignado desde un principio deberán consultarlo con los responsables.

4. **Quienes** incumplan las instrucciones de los monitores serán amonestados.

5. **Quien** necesite un menú especial, por razones de salud, avisará con antelación para la correcta elaboración de los platos.

6. Los alumnos de mayor edad colaborarán de la manera **en que** les indiquen los monitores: ayudando a comer a los alumnos de infantil, recogiendo platos…

7. Los alumnos **que** después del comedor tengan actividades extraescolares deberán esperar en el patio principal, en el que los profesores se harán cargo de ellos.

8. Los padres, **con quienes** nos reuniremos en breve, recibirán una copia de los menús con el fin de que puedan programar las cenas de sus hijos.

9. Aquellos **que**…

10. **Quienes**…

► **B** Recuerda y completa la ficha teniendo en cuenta las oraciones del ejercicio anterior.

■ Los pronombres marcados en negrita introducen oraciones llamadas _____ _____ o _____ .
■ El pronombre _____ es invariable y hace referencia a personas, cosas o animales.
■ El pronombre _____ es variable solo en cuanto al número y siempre se refiere a personas.

«Los libros, que están sobre la mesa, son para Juan»

▶ **C** Lee con atención estas dos oraciones, ¿tienen el mismo significado? Discutid vuestra opinión en plenaria. Después, leed la ficha y escribid otros ejemplos.

1. Los alumnos, que han acabado de comer, son recogidos por sus padres.

2. Los alumnos que han acabado de comer son recogidos por sus padres.

Oraciones de relativo

1. Es una oración **EXPLICATIVA**.

   - Va separada por comas de su antecedente.
   - Da una información adicional del antecedente al que se refiere.
   - Siempre va en **indicativo**.

2. Es una oración **ESPECIFICATIVA**.

   - Concreta o especifica el significado del sustantivo al que se refiere.
   - Puede ir en **indicativo** o **subjuntivo**.
   - No va separada por comas.

«Los libros que están sobre la mesa son para Juan»

▶ **D** Localiza en las normas del ejercicio 3 A las oraciones de relativo y completa la siguiente tabla.

PRONOMBRE RELATIVO (con preposición si lo exige el verbo)	VERBO

▶ **E** En las oraciones de relativo a veces hay antecedente y otras veces no. Márcalo en las estructuras anteriores. ¿En qué casos no aparece?

CON ANTECEDENTE

1 **Los niños,** que se habrán lavado...

SIN ANTECEDENTE

▶ **F** Observa las siguientes oraciones. ¿Sabrías decir cuál de las dos no es correcta y por qué?

A
Los niños **quienes** están inscritos en el comedor escolar deben rellenar este impreso.

B
Los niños **que** están inscritos en el comedor escolar deben rellenar este impreso.

▶ **G** En las normas del comedor escolar hay dos casos en los que se podría utilizar también un adverbio relativo: *donde* y *como*. Estos adverbios pueden funcionar con y sin antecedente. Anota los dos ejemplos y emplea un adverbio relativo.

- **Donde**: *en el que, en la que, en los que, en las que.*
- **Como**: *de la manera que de la forma en que del modo en que.*

EJEMPLO 1

EJEMPLO 2

▶ **H** ¿Indicativo o subjuntivo? Indica si van en indicativo (I) o en subjuntivo (S) y relaciona ambas columnas.

1. Hazlo **como sepas**, seguro que te saldrá bien. ☐

2. Volvimos a aquel lugar **donde nos enamoramos** a primera vista. ☐

3. No tenía **quien** lo **ayudara**. ☐

4. Había pocas cosas **que** no **supiésemos** el uno del otro. ☐

5. El que ríe el último ríe mejor. ☐

6. Los que **hayáis acabado** podéis salir. ☐

7. Los invitados, **que estaban** agotados, se retiraron a sus habitaciones. ☐

A Para hablar de verdades generales.

B Cuando el antecedente es determinado o conocido.

C Cuando se niega el antecedente o se dice que es poco o escaso.

D Cuando el antecedente es desconocido o indeterminado.

▶ **I** Lee con atención los dos enunciados y únelos con un relativo y con una preposición si fuese necesario.

❶ En la boda de mi amigo Paco conocí a Juan. Me ha propuesto montar una empresa.

❷ He suspendido Matemáticas. Quiero una cita con el profesor.

❸ Tengo que hacer un guiso. Esos son los ingredientes necesarios.

❹ Viajaste en un coche por el sur. Es el coche de tu padre.

❺ Bailaste con una chica. Es la hija del profesor de Lengua.

❻ Comí con María Gómez. Es la directora de mi tesina.

❼ Mi padre es médico. Le salvó la vida a su hijo.

Juan, **a quien** conocí en la boda de Paco, me ha propuesto montar con él una empresa.

4 ¿Por ti / para ti?

▶ **A** 🔊2 **17** Es lunes y Juanjo está en su oficina. Lee el diálogo y completa con *por* o *para*. Después escucha y comprueba.

Pepe: Mira, Juanjo, esto lo ha dejado el jefe _____ ti, _____ que lo revises _____ mañana sin falta.

Juanjo: ¿Todo eso? Pues _____ mí, que diga lo que quiera, pero es imposible que lo tenga todo listo con tan poco tiempo.

Pepe: Venga, no te lo tomes así. Lo que te pasa es que, como hoy es lunes, no estás _____ nada. Seguro que, al final, lo acabas sin problema. Bueno, vamos a callarnos porque él se pasa _____ aquí sobre las doce y son menos cinco, así que está _____ llegar.

Juanjo: Además, hoy me tengo que ir pronto _____ casa… ¡Me van a quedar cosas _____ hacer!

Pepe: Si quieres, te envío _____ correo electrónico todo lo que yo haga. Yo _____ ti hago lo que sea.

Juanjo: Gracias, Pepe, ¿qué haría yo sin ti? En fin, lo mejor será que me lo tome con calma, aunque te digo una cosa: estoy _____ cogerme unos días libres, que aún me quedan vacaciones. Además, bien pensado, en esta época _____ poco dinero te puedes escapar con toda la familia.

Pepe: Sí, claro, _____ ser temporada baja. Anda, ponte a trabajar que se pasa el tiempo.

Juanjo: Calla, calla, que ya viene _____ el pasillo.

Jefe: Buenas, ¿cómo va todo? Oye, Juanjo, _____ mañana _____ la mañana me harían falta los informes que te he dejado antes y, además, tienes que echarle un vistazo a la cartera de clientes que ha sido organizada _____ el agente comercial.

Juanjo: Claro, claro… ¿Alguna cosa más?

Jefe: No, con eso es suficiente. Nos vemos luego, me pasaré más tarde _____ aquí.

Pepe: Pero, Juanjo, ¿cómo es que no le dices que eso es demasiado trabajo? Desde luego, _____ quejica tú, pero a la hora de la verdad… no se lo dices a la cara…

Juanjo: Eh, eh, deja de criticarme, que a ti te pasa igual.

Pepe: ¿Ah, sí? Ay, ten amigos _____ esto. Anda, ponte a trabajar y no protestes más.

Juanjo: Bueno, pero que sepas que _____ mí no eres tan buen compañero.

Pepe: Ya está otra vez quejándose el señorito…

▶ **B** Ahora completa la ficha con ejemplos del diálogo anterior donde *por* y *para* tengan los significados que se indican.

POR	PARA
▪ Causa, motivo o razón: _____	▪ Lugar, dirección, movimiento *hacia*: _____
▪ Beneficiario: _____	▪ Finalidad: _____
▪ Lugar no determinado, lugar de tránsito: _____ _____	▪ Destinatario: _____
	▪ Tiempo, fecha límite: _____
▪ Tiempo, parte del día: _____	▪ Falta de ánimo o disposición *(No estar para)*: _____
▪ Agente de la voz pasiva: _____	▪ *Para* + adjetivo (valor comparativo): _____
▪ Intención de hacer algo (sujeto animado): con el verbo *estar*: _____	▪ Opinión: _____
▪ Medio o instrumento: _____	
▪ Indiferencia o falta de interés en algo: _____	

5 Expresiones por un tubo

▶ **A** ⏱2 **16** ¿Conoces alguna expresión con preposición? Forma expresiones con los elementos de las dos columnas. Escucha después el diálogo del ejercicio 2 B y comprueba que lo has hecho bien. Cuidado: hay una expresión que no aparece.

✔ **A**

✔ **DE**

✔ **POR**

barba

oídas

higos a brevas

rajatabla

gusto

si las moscas

pena

▶ **B** 👥 Ahora preparad un diálogo con alguna de las expresiones en contexto. Representadlo en grupos. Podéis buscar información en la red.

> No sé si llamar al restaurante para reservar mesa. Yo creo que no habrá problema, ¿no?

> Bueno, tú llama **por si las moscas**, porque los sábados suele ir mucha gente a ese restaurante.

◻ Gramática y léxico

ORACIONES ADJETIVAS O DE RELATIVO

Explicativas Aportan una información adicional del antecedente. Siempre van en indicativo y entre comas.

➔ **ATENCIÓN:**

Si el antecedente es un nombre propio, un pronombre personal o un posesivo con un sustantivo, la oración siempre es explicativa.

*Iván, **que siempre piensa en todo**, nos había organizado una cena de despedida.*

Especificativas Aportan una información concreta y específica del antecedente. Pueden llevar el verbo en modo indicativo o subjuntivo.

▪ INDICATIVO

– Para hablar de verdades universales.
  *El **que quiere** puede.*

– Cuando el antecedente es determinado o conocido.
  *Trabaja en una editorial **que** publica libros de arte.*

▪ SUBJUNTIVO

– Cuando se niega el antecedente o se dice que es poco o escaso.
  *No había mucha gente **que supiera** resolver aquel problema.*

– Cuando el antecedente es desconocido o indeterminado.
  *Necesito algo **que me quite** el hambre y no **engorde**.*

🔲 Gramática y léxico

RELATIVOS

- **QUE**: hace referencia a personas, cosas o animales. Es invariable. Se usa con artículo cuando:
  - El antecedente no aparece expreso.
    Los que necesitan ayuda nos la piden.
  - Lleva preposición.
    Este es el tema sobre el que hablaremos.

- **QUIEN/ES**: hace referencia solo a personas. Es variable solo en cuanto al número. Puede construirse en indicativo o subjuntivo.
  - No puede ser sujeto de oraciones especificativas.
    El camarero ~~quien~~ / que nos atendió llevaba toda la vida trabajando en la hostelería.
  - Puede llevar preposición.
    Es a mis padres a quienes tengo que agradecerles muchas cosas.
  - Nunca lleva artículo.
  - Puede aparecer sin antecedente expreso.
    Quienes han terminado han abandonado ya la sala.

- **DONDE** [equivale a *en el / la / los / las que*]. Funciona con o sin antecedente.
  Esta es la página web donde he encontrado la información.
  Se volvieron a encontrar donde menos lo esperaban.

- **COMO** [equivale a *de la manera / forma / modo en que*]. Generalmente, funciona sin antecedente.
  Siempre preparo esa tarta como me enseñó mi tía.

POR Y PARA

- **POR**
  - Causa.
    Cerrado por defunción.
    Llegó tarde por el tráfico.
  - Beneficiario:
    Esto lo hago por ti.
  - Lugar no determinado o de tránsito:
    El asador que buscamos está por aquí.
    Ella salió por la puerta de emergencia.

  - Tiempo: parte del día o aproximación.
    Por la tarde tengo algo de tiempo libre.
    Vino a visitarnos por mayo.
  - Agente de la voz pasiva.
    No merece ser criticado por todos: es un trozo de pan.
  - *Estar por* + infinitivo: intención de hacer algo con sujeto animado / acción no realizada con sujeto inanimado.
    Estamos por irnos de aquí si no nos atienden.
    Me pone de los nervios que a estas horas todo esté por hacer.
  - Sustitución: con idea de cambio.
    Voy a descambiar la blusa por esta chaqueta.
    Yo compré el jarrón por 12 euros. (Precio)
    Hoy conduce tú por mí, que estoy muy cansado. (En mi lugar)
  - Medio o instrumento.
    Te lo envío por WhatsApp.
  - Indiferencia o falta de interés.
    Por ti, se puede acabar el mundo, que no te alteras nunca.

- **PARA**
  - Dirección [= *hacia*].
    Fuimos para su casa en cuanto nos llamó.
  - Tiempo, fecha límite.
    Tengo que estudiar este tema para mañana.
  - Finalidad.
    Apunté lo que necesitaba en la lista para no olvidarme de nada.
  - Destinatario.
    ¡No me digáis que todo esto es para mí!
  - *Estar para* + infinitivo: inminencia de la acción.
    Estaba para llover, así que decidimos tomarnos algo más en la tapería.
  - *No estar para:* falta de ánimo o disposición.
    Cuidado con el jefe, que no está para bromas.
  - *Para* + adjetivo: valor comparativo.
    Para pesada tú, que siempre estás con el mismo runrún.
  - Opinión.
    Para nosotros, lo más razonable sería no coger el coche con este tiempo tan malo.

◄ ◄ ◄

🔲 Gramática y léxico

Expresiones coloquiales con preposición

Siguió a rajatabla las indicaciones del médico. (Estrictamente).

No me siento a gusto en un ambiente tan tenso. (Cómodo).

No te puedo dar más detalles, solo conozco ese lugar de oídas. (Que no se ha conocido directamente, que se conoce de forma superficial o por referencia).

Vive sola en el piso y la visita algún familiar de higos a brevas, me da mucha pena. (Con muy poca frecuencia).

¿Cómo se te ocurre traerme a este sitio de mala muerte? ¡Vámonos ya! (Muy malo, desastroso).

Creo que 50 € por barba es un precio excesivo para lo que hemos comido. (Por persona).

Por si las moscas, quiero que llames y preguntes si les quedan mesas libres. (Por si acaso).

Este abogado trabaja de pena: hace años que no gana ningún juicio. (Muy mal).

⊖ Signos ortográficos

- **Paréntesis ( )** Para omitir una parte del texto en una cita literal, para introducir aclaraciones o para hacer alusión a varias opciones.
- **Corchetes [ ]** Para omitir una parte del texto en una cita literal o introducir aclaraciones.
- **Comillas « »** Para reproducir citas textuales de textos literarios y de estilo indirecto, para marcar títulos de artículos y conferencias y para indicar el carácter especial de una palabra o expresión.
- **Guion -** Suele ir entre palabras que tienen una dependencia sintáctica y entre palabras compuestas.
- **Raya –** Para hacer incisos.
- **Barra /** En ciertas abreviaturas y en la expresión de fechas.

   C/ Alcalá, s/n   14/12/2014

6 Todos a la mesa

► **A** El comedor escolar tiene muchas ventajas, por eso Maribel y Juanjo decidieron que sus hijos comieran allí. Estas son algunas de esas ventajas, léelas y completa con estos elementos. Puede haber más de una posibilidad.

> en el que / como / con quienes
> lo que / donde / para quienes / que

| **NOTICIAS** | **COMEDOR** | **NOTAS EXTRA** |

✖ Es un lugar _____ se fomenta el aprendizaje de una buena alimentación.

✖ _____ no puedan atender a sus hijos durante la hora del almuerzo, es un servicio fundamental.

✖ _____ se valora de manera más positiva es que el niño prueba gran variedad de alimentos.

✖ Un estudio realizado por la Agencia Española de Seguridad Alimentaria revela que los niños _____ comen en el colegio sufren menos problemas de exceso de peso.

✖ En el centro escolar se almuerza a una hora fija, mientras que, a veces, en casa ni el horario ni el lugar _____ comen es el mismo.

✖ Los niños aprenden por imitación; por eso, en el comedor intentan comer _____ hacen los demás e incluso suelen probar _____ les gusta menos.

✖ Es un momento de socialización para los niños, ya que comparten risas y charla _____ se sientan a la mesa.

► **B** ¿Alguna vez has comido en un comedor escolar? ¿Recuerdas cuál era tu plato favorito? ¿Y el que menos te gustaba? Comentad vuestras experiencias utilizando los relativos.

> *El plato **que** más odiaba era uno que llevaba coliflor; yo es que no quería nada **que** tuviera verdura.*

7 Comer de táper

▶ **A** Pablo, un antiguo compañero de Juanjo, le escribe este e-mail. Fíjate en el asunto, ¿de qué crees que trata el correo? Léelo y completa con los relativos necesarios. Algunos van con preposición.

De	pablito.es
Para	juanjolin.es
Asunto	¡Hartoooooooooo del táper!

Querido Juanjo:

¿Cómo va todo? No sabes cuánto os echo de menos. No me puedo quejar del nuevo trabajo, lo cierto es que estoy mejor de lo que pensaba en un principio. Los compañeros _____ comparto oficina son bastante majos y la manera _____ me tratan es maravillosa. A veces me viene a la mente todo _____ hemos vivido y me encantaría que siguiéramos juntos, pero como dice el refrán: _____ algo quiere algo le cuesta. Al final, acabaré consiguiendo lo que siempre he deseado, que es pedir destino _____ vive toda mi familia.

La verdad es que todo va sobre ruedas; sin embargo, no te puedes ni imaginar lo mal que llevo lo de comer todos los días de táper en el trabajo. Todos los platos _____ me preparo me saben igual, no sé qué cocinar, me aburro comiendo así y al final muchas veces acabo comiéndome un bocadillo o algo rápido. Claro, estoy engordando muchísimo. La comida en fiambrera me parece deprimente. Recuerdo los platos _____ nos preparaba Maribel y se me hace la boca agua.

Ojalá podamos encontrarnos pronto y compartir esa paella _____ celebrábamos los domingos y que estaba para chuparse los dedos.

Bueno, ya te seguiré contando. Un fuerte abrazo para todos, en especial, para tus hijos, _____ adoro de corazón, y tú lo sabes.

Hasta pronto.
Juanjo

▶ **B** Juanjo consulta un blog de gente que come en el trabajo y que hace algunas sugerencias para que comer así no se convierta en algo insoportable. Completa las intervenciones con los verbos en la forma adecuada.

amigos de la fiambrera

Marcelo

Te propongo una solución que *(consistir)* _____ en que organices desde el principio de semana los platos que *(elaborar)* _____ para llevarte al trabajo.

Pedro

Lo mejor es que prepares platos que *(poder)* _____ congelar y que *(poder)* _____ sacar del frigorífico en cualquier momento.

Gema

Si quieres mantener el sabor de la comida de casa, evita alimentos a los que les *(afectar)* _____ el calentamiento posterior, especialmente, los fritos.

Inma

Los que nos *(ver)* _____ obligados a comer así debemos huir de la monotonía, por eso recomiendo que incluyas un menú variado que *(contener)* _____ frutas, verduras y legumbres.

Carmen

Algo que me parece importante es que la ensalada que te *(preparar)* _____ la aliñes justo antes de comértela y no en casa.

8 Preposiciones a diestro y siniestro

▶ **A** Lee estas oraciones y explica el valor de las preposiciones *por* y *para* en cada una de ellas.

1. **Por nosotros**, puedes emborracharte si quieres, pero después no te quejes del dolor de cabeza y la resaca.

2. **Por vosotros** hoy he preparado comida abundante, todo el mundo sabe que coméis como limas.

3. No se recomienda comer melón **por la noche por ser** muy indigesto.

4. **Para dieta** equilibrada y sana, la mediterránea sin duda.

5. Me parece que el agua **está para hervir**; prepara la pasta que tenemos que echarla al agua.

6. Est**ábamos por organizar** una barbacoa con nuestra pandilla, pero resultó imposible conseguir localizar a todo el mundo.

7. Faltan los platos **para el postre**.

▶ **B** Ahora escribe en tu cuaderno algunas oraciones con otros valores de las dos preposiciones.

▶ **C** ⏱2 **18** Lee las oraciones y complétalas con las expresiones del recuadro. Después escucha la audición y comprueba que tu elección es correcta.

> sentirse cómodo
> hecho un asco
> por lo que pueda ocurrir
> nos lo habían recomendado
> muy de vez en cuando
> con exactitud
> cada uno

1 Echaré un puñado más de arroz a la paella, _____ . Seguro que al final se apunta alguien más a comer.

2 No hay nada como _____ en compañía de la gente que quieres.

3 Si quieres que el plato te salga bien, no olvides seguir _____ las instrucciones de la receta.

4 Como la fabada es un guiso bastante fuerte, la comemos _____ .

5 Conocíamos ese chiringuito porque unos compañeros del trabajo _____ _____ en repetidas ocasiones.

6 Ayer almorzamos muy bien y baratísimo, solo pagamos 10 euros _____ .

7 No volveremos a ese bar; no comprendo cómo la gente puede ir a comer allí; estaba todo _____ .

▶ **D** Escribe ahora en tu cuaderno las oraciones anteriores usando las expresiones con preposición estudiadas en esta unidad. Haz las transformaciones necesarias.

1. *Echaré un puñado más de arroz a la paella,* **por si las moscas…**

9 Los signos en su sitio

▶ Lee estos enunciados y escribe los signos que faltan.

1. Estimado a socio a : esperamos que nuestro obsequio sea de su agrado.

2. Las causas del cambio climático que nos afecta a todos son de origen variado.

3. Todo el mundo sabe que Cervantes escribió: En un lugar de la Mancha … ha mucho que vivía un hidalgo de los de lanza en astillero, adarga antigua, rocín flaco y galgo corredor.

4. Este año le han dado el premio a una película luso española.

5. En nuestros establecimientos la relación calidad precio es incomparable.

6. El encuentro Real Madrid Barcelona se resolvió con un empate a cero.

7. Hemos de ingresar ese dinero en la c c que nos indiquen.

10 Es pan comido

► **A** El hijo de Maribel y Juanjo habla con un compañero sobre sus clases. Lee el diálogo y selecciona las palabras o expresiones relacionadas con los exámenes y las calificaciones y con los estudios. Después clasifícalos en su lugar correspondiente.

EXÁMENES Y CALIFICACIONES

ESTUDIOS

Jesús
Buf, mañana examen con don Cristóbal.

Luis
No me lo recuerdes, que estoy como un flan. Espero sacar buenas notas, como mínimo un notable. ¿Tú qué tal lo llevas?

Jesús
Me lo sé de carrerilla, pero además siempre nos pone buenas notas. Cálmate, nunca te ha quedado ninguna asignatura, ¿no?

Luis
Nooooooo, ¡qué va! Pero me hago un lío con tantos apuntes.

Jesús
Hoy podemos plantearle las dudas que tengamos. He hecho algunos resúmenes, si quieres te los paso.

Luis
Gracias. ¡Qué haría yo sin ti!

Jesús
Para eso somos amigos, ¿no?

Luis
La verdad es que hemos discutido y comentado mucho sobre los temas del examen.

Jesús
Incluso hemos hecho varias presentaciones; total, que esto está chupado.

Luis
Para ti, todo es pan comido. Calla, que viene el profe. Ya sabes cómo se pone si no guardamos silencio.

Jesús
Sí. La última vez que me pilló hablando estuve castigado un mes sin salir al recreo.

Profesor
Buenos días, voy a pasar lista. A ver…, José Fernández.

está chupado

está como un flan

► **B** «Ser pan comido» es una expresión coloquial que significa «ser muy fácil». En el diálogo anterior hay cuatro expresiones coloquiales más. ¿Cuáles son? ¿Qué significan? Di un ejemplo con cada una.

▶ C ⏱2 19 A continuación, vas a escuchar una información sobre la paella y el guacamole. Presta atención y contesta las preguntas. Fíjate en el cuadro y en la puntuación. Corrige tus respuestas con ayuda de tu profesor y autoevalúate. ¿Qué nota has sacado?

1 El arroz empezó a cultivarse en grandes cantidades gracias a...

    a. la costa mediterránea ◯

    b. la mejora del riego ◯

    c. la fertilidad del terreno ◯

> 5 puntos: SUFICIENTE
>
> 6 puntos: BIEN
>
> 7-8 puntos: NOTABLE
>
> 9-10 puntos: SOBRESALIENTE

2 La paella es un plato que...

    a. algunos no quieren probar ◯

    b. todos quieren probar ◯

    c. solo lo prueban los foráneos ◯

3 El nombre de *paella* significa...

    a. sartén ◯   **b.** recipiente ◯   **c.** arroz ◯

4 Empezó a conocerse este plato a nivel internacional a partir del siglo.

    a. XV ◯   **b.** XX ◯   **c.** XVI ◯

5 Los que comen paella aprovechan la ocasión para...

    a. hacer una fiesta ◯   **b.** charlar y divertirse ◯

6 La paella original era...

    a. mixta ◯   **b.** de carne y verduras ◯   **c.** marinera ◯

7 La paella se come normalmente...

    a. los fines de semana ◯   **b.** cualquier día ◯   **c.** los domingos ◯

8 El guacamole...

    a. debe tomarse moderadamente ◯   **b.** es indigesto ◯   **c.** no contiene sal ◯

9 A la receta original del guacamole actualmente se le han añadido ingredientes como...

    a. aceite de oliva ◯   **b.** ajo ◯   **c.** azafrán ◯

10 El guacamole tiene un alto contenido de

    a. grasa ◯   **b.** condimentos ◯   **c.** ingredientes ◯

▶ D 👥 Os proponemos que habléis sobre la gastronomía argentina. ¿La conocéis? Buscad en Internet un plato típico argentino y exponedlo en clase. Podéis seguir los siguientes puntos.

Nombre del plato   Origen

Tradiciones   Ingredientes

1 Sabor a México

▶ **A** Malena, una compañera de clase de Luis y Jesús, ha encontrado el siguiente artículo sobre la gastronomía mexicana y lo ha llevado a clase. Léelo y complétalo con los fragmentos que aparecen más abajo.

MUCHO MÁS QUE COMIDA

LA COCINA MEXICANA se caracteriza por su variedad.

1. Fragmento _____ La gran aceptación de estos platos los ha convertido en emblema de la cocina mexicana, es el caso de platos como el mole de puerco, la cochinita pibil o el cabrito.

Hay un componente común en todo el conjunto de cocinas regionales y 2. Fragmento _____ Todo ello acompañado por el jitomate.

El acto de cocinar es considerado como una de las actividades más importantes. Es muy común encontrar grandes cocineras por todo el país.

3. Fragmento _____

Lo más valorado es el hecho de que la comida es mucho más que platos, ya que ofrece la oportunidad de reunir a la familia. Las calles de las pequeñas localidades se quedan desiertas entre las dos y las cuatro de la tarde. Toda la vida social gira en torno al desayunito, la comidita, el cafecito o la cenita.

4. Fragmento _____

En la zona norte del país, la cocina es austera y de sabores sencillos; sin embargo,
5. Fragmento _____

Desafortunadamente, en las zonas urbanas, por el nuevo estilo de vida, e influenciadas por otros países, se va perdiendo la tradición de preparar los platos en casa.

6. Fragmento _____

A Normalmente, son las mujeres las que están al frente de los mejores establecimientos.

B En el sureste, donde la tierra es muy rica, los platos son más elaborados y con una gran variedad de sabores.

C Gracias a la comida se cierran negocios, se hacen amistades o se estrechan lazos familiares.

D Aunque, por otro lado, se mantienen las fondas, que ofrecen la posibilidad de comer por poco dinero y contribuyen al mantenimiento de los sabores de toda la vida.

E Este ingrediente es, en primer lugar, el maíz, así como también el frijol y el chile.

F De hecho, existen tradiciones culinarias y recetas propias casi en cada estado mexicano.

▶ **B** En plenaria, comentad las siguientes cuestiones sobre la comida.

① La sobremesa.
② La presencia del pan en la mesa.
③ Diferentes costumbres culinarias.
④ Comer solo o en compañía.

Creo que la sobremesa está desapareciendo por culpa del ritmo de vida que llevamos; sin embargo, el fin de semana…

2 ¿Encuentras la diferencia?

▸ **A** Entre las oraciones a) y b) de cada par existen diferencias de significado. Comentadlas en gran grupo.

1
a) El mesón donde estuvierais sería caríiiiiisimo.

b) El mesón donde estuvisteis era caríiiiiiisimo.

2
a) Quienes tengan alguna queja pueden pedir el libro de reclamaciones.

b) Quienes tienen alguna queja pueden pedir el libro de reclamaciones.

3
a) Me haría ilusión encontrar un lugar donde preparasen comida casera.

b) Me hizo ilusión encontrar un lugar donde preparaban comida casera.

4
a) Los comensales, que acababan de llegar, se sentaron alrededor de la mesa.

b) Los comensales que acababan de llegar se sentaron alrededor de la mesa.

▸ **B** También es diferente decir que algo es carísimo o caríiiiiiiiisimo. Explica la diferencia. Después, escribe qué dirías en las siguientes situaciones intensificando tu valoración. Observa el ejemplo.

Pruebas una tostada con dulce de leche y te encanta.

Reacción: *Esto está deliciooooooso, dame un poco más…*

1 Has tomado una tapa y una cerveza, y te han cobrado 10 €.

Reacción: _____ .

2 Estás intentando estudiar, pero tus compañeros no se callan.

Reacción: _____ .

3 Estás viendo un partido de fútbol y tu equipo marca un gol.

Reacción: _____ .

4 Tu madre te pregunta por vigésima vez si quieres comer algo y tú te niegas rotundamente.

Reacción: _____ .

3 ¿*Por* o *para?* Esta es la cuestión

▸ **Escribe oraciones que expresen las siguientes ideas utilizando *por* o *para*.**

Opinas que la sobremesa es una costumbre que hay que conservar.

Para mí, hay que conservar la costumbre de la sobremesa.

1 Intentas convencer a alguien de que la bebida más sana durante las comidas es el agua.
_____

2 Vas a salir a cenar con tus amigos y te da igual el sitio que elijan para comer.
_____

3 Tu amiga te explica dónde está su restaurante favorito, pero no sabe la dirección exacta.
_____

4 No estás muy católico y no te apetece ni ver ni hablar con nadie.
_____

5 Quieres decirle algo a un amigo tuyo, aunque sabes que le puede molestar.
_____

4 Otra forma de aprender

▶ **A** Observa estas dos fotografías, ¿qué te sugieren? En plenaria comentad las diferencias que observáis entre ellas.

▶ **B** En este foro varios participantes aportan diferentes puntos de vista sobre la educación en el hogar o *homescholing.* Antes de leer, comentad lo que sepáis sobre ella y si conocéis alguna familia que la lleve a la práctica.

Sandra Roche, catedrática de Derecho e investigadora de la Universidad Complutense de Madrid

A pesar de que los resultados académicos de estos chicos son satisfactorios, en España este es un movimiento todavía minoritario. A día de hoy no existe regulación de esta práctica tal y como ocurre en países como Francia, EE. UU., Bélgica, Gran Bretaña o Portugal.

En la actualidad, en caso de que un niño no asista a clase, los servicios sociales acuden al domicilio familiar y si la postura de la familia persiste, el caso llega a la inspección educativa.

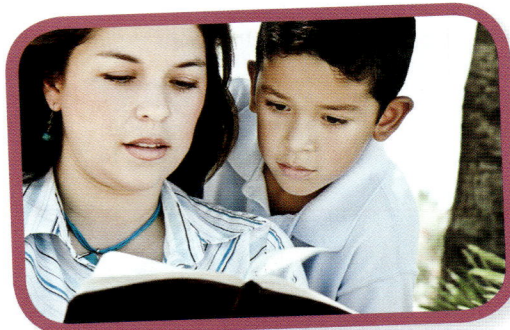

Rebecca Smith, licenciada en Lengua e Historia y profesora de Inglés

Vivíamos en Estados Unidos y esta práctica allí es más común. Sacamos a nuestros cuatro hijos del colegio porque nuestra vida era un auténtico caos. Los niños estudiaban en dos colegios diferentes. Una locura para conciliar trabajo, escuela y vida familiar. Fui yo la que dejé el trabajo y me dediqué a enseñarles en casa.

La experiencia fue positiva, aunque al principio muy dura, sobre todo con los contenidos de la primaria. Después, poco a poco los niños se hacen autodidactas. El tiempo vuela y este año mis dos hijos mayores comienzan su carrera universitaria, eso significa que no hice las cosas nada mal, ¿no?

Rosana Arjana, profesora de secundaria

El principal problema que encuentro yo tiene que ver con la socialización de los niños. Evidentemente, la familia es el primer contexto donde aprendemos a relacionarnos, pero más adelante es fundamental ampliar ese contexto y eso se hace en el ámbito escolar.

Es así como los niños establecen vínculos entre sus iguales y, por otro lado, aumentan su repertorio de aprendizaje. Por todo ello, desde mi punto de vista, no tenemos derecho a privarles de esta convivencia gracias a la cual se aprende a sociabilizarse y a suplir las carencias del seno familiar.

Martín Martínez, profesor de piano y compositor

Yo puedo aportar mi experiencia personal. Fue a los 17 años cuando tomé la decisión de educarme en casa. En clase no me encontraba a gusto, los profesores eran buenos, pero el ambiente no era el más idóneo para aprender debido a la falta de interés de algunos compañeros. Además, estaba muy agobiado pues me costaba compaginar las clases con mis estudios de música y danza.

Junto con mis padres opté por esta modalidad y no me arrepiento en absoluto. Me organizaba como más me convenía y me daba tiempo a todo. He llegado donde quería llegar y no descarto la posibilidad de educar a mis hijos de la misma manera.

▶ **C** Ahora lee los siguientes textos y marca la persona que corresponda.

¿Quién dice que...?	Sandra	Rebecca	Rosana	Martín
1 Llega un momento en el que los niños aprenden por sí mismos y de una manera independiente				
2 Es imprescindible que los niños se relacionen con otros niños para desarrollar su aprendizaje.				
3 Esta forma de educación impide la socialización de los individuos.				
4 Actualmente, hay un vacío legal en España en relación con esta forma de enseñanza.				
5 Está satisfecho por haber elegido esta modalidad de aprendizaje.				
6 Ha alcanzado los objetivos que se había marcado.				
7 La educación en el hogar no cuenta en España con un número elevado de seguidores.				
8 Por la dificultad para llevar al mismo tiempo la carga familiar y laboral decidió optar por la educación en casa.				

El horóscopo decía que…

▶ Necesitamos aprender

- El estilo indirecto
- El uso de los pronombres de sujeto y de los pronombres de Objeto Directo e Indirecto
- Léxico relacionado con los signos del Zodiaco
- Léxico relacionado con el carácter y los estados de ánimo

▶ Para

- Transmitir palabras de otros

INICIO | CONTACTA

▶ CUESTIONARIO

TIERRA

AGUA

VI...

FUEGO

1 ¿De qué signo del Zodiaco eres tú?

▶ A José Carlos le gusta mucho el horóscopo y ha encontrado en el blog de HOROSCOPARIO el siguiente test. ¿Por qué no lo haces tú?

| SIGNOS DEL ZODIACO | ENTRE SIGNOS | HORÓSCOPO CHINO | CUESTIONARIO | OPINIÓN |

Los astros y tú

1 **¿Con qué frecuencia lees tu horóscopo?**

a) Todos los días, en cuanto me levanto. Tengo curiosidad por saber lo que me va a ocurrir. ☐

b) Solo en ocasiones, por ejemplo, cuando leo alguna revista o periódico y me encuentro con esa sección. ¡Me parece divertido! ☐

c) Jamás, me da igual lo que diga. Detesto este tipo de lectura. ☐

2 **Lo que dice tu horóscopo te lo crees:**

a) Al pie de la letra. ☐

b) Cuando me cuenta cosas buenas, si son malas las ignoro. ☐

c) Nunca, no les presto atención a esas tonterías. ☐

3 **¿Crees que todas las personas nacidas bajo el mismo signo del Zodiaco comparten los mismos rasgos de carácter?**

a) Sin duda, la posición planetaria en el momento del nacimiento determina el carácter de la persona y los nacidos bajo el mismo signo tienen una personalidad muy parecida. ☐

b) Es probable que sea cierto, pero no lo tengo muy claro. ☐

c) Esa teoría no tiene ni pies ni cabeza. Conozco personas que tienen el mismo signo que yo y no nos parecemos en nada. ☐

4 **Los signos del Zodiaco se clasifican en signos de:**

a) Fuego, agua, tierra y aire. ☐

b) Aire, tierra y fuego. ☐

c) Pues la verdad es que no lo sé. ☐

5 **Las personas nacidas entre el 20 de marzo y el 19 de abril pertenecen al signo de:**

a) Aries. ☐

b) Tauro. ☐

c) Ni idea, pero creo que a ninguno de los dos. ☐

6 **Elige la definición correcta de la palabra «astrología».**

a) Pseudociencia que estudia las supuestas influencias de los astros en los seres humanos basándose en creencias sin base científica. ☐

b) Ciencia que aplica las teorías de la física y estudia los movimientos y características de los cuerpos celestes. ☐

c) No sé; pero creo que ninguna de las dos es correcta. Es que no me interesa. ☐

▶ INTERPRETACIÓN DE LAS RESPUESTAS

Mayoría de respuestas A: sientes curiosidad por conocer «lo que te cuentan» los astros. Sus recomendaciones las tienes muy presentes y actúas según lo que te dictan las estrellas. Te lo tomas muy en serio. Al contrario que mucha gente, tú no te avergüenzas de reconocer este interés en público. No cambies, sigue tu estrella.

Mayoría de respuestas B: tienes un poco de temor cuando tu horóscopo te advierte de las adversidades a las que debes enfrentarte, entonces haces oídos sordos a lo que te dicen. Sin embargo, cuando los astros están a tu favor, los crees a pie juntillas. Eres una persona «interesada». Sería conveniente que no huyeses de las dificultades y dieras la cara.

Mayoría de respuestas C: tú tienes los pies sobre la tierra, todo lo que haya más arriba no te interesa para nada. No hay duda de que la astrología no está hecha para ti y te es indiferente todo lo que tenga que ver con este tema. ¡Que la suerte te acompañe!

2 Dime cuándo naciste y te diré cómo eres

▶ **A** ◐**2**|**20** José Carlos está escuchando un programa en el que se comentan las características de cada uno de los signos del Zodiaco. Escúchalo tú también y completa con las palabras que faltan.

ARIES (20 de marzo – 20 de abril): los nacidos bajo este signo tienen mucho temperamento y son _____. A veces se creen _____ a los demás y son muy _____. Tienen mucha energía y esto a veces los hace _____ y tercos.

TAURO (20 de abril – 20 de mayo): los tauro son de carácter tranquilo, _____, _____ y _____. Tienen una gran fuerza de voluntad. A veces pueden ser demasiado rígidos y _____.

GÉMINIS (21 de mayo – 20 de junio): como es el signo de los gemelos, su carácter es complejo y contradictorio. Son listos, _____ y sociables, de espíritu inquieto. Son unos excelentes conversadores. Empiezan nuevas actividades y retos con entusiasmo, pero, a veces, les falta _____ para llevarlos a cabo y se desaniman con facilidad.

CÁNCER (21 de junio – 22 de julio): el carácter de un cáncer es el menos claro de todos los signos. Tiene momentos para ser sociable y momentos en los que está muy callado. Desde fuera parecen decididos y _____, sin embargo, en la intimidad, son muy sensibles y _____.

LEO (23 de julio – 22 de agosto): es el signo más dominante del Zodiaco. Caracterizados por su egoísmo, _____ y mal genio, siempre quieren ser el _____ y detestan que los regañen en público. En su lado bueno, que también lo tienen, destacan su alegría, vitalidad y total seguridad en sus capacidades.

VIRGO (22 de agosto – 22 de septiembre): _____ y metódicos, además de _____ al máximo. Son introvertidos, les cuesta mostrar sus emociones y vencer su timidez.

LIBRA (23 de septiembre – 22 de octubre): sociables, _____ y _____. No soportan los conflictos, son _____. Son de carácter abierto y hacen amigos en cualquier parte. Son personas de gran habilidad sobre todo para las manualidades.

ESCORPIO (23 de octubre – 21 de noviembre): _____ y con mucha energía. Independientes y fuertes. _____ _____. No les gusta sentirse agobiados por el control de los demás. Su tenacidad y fuerza de voluntad son únicas, pero son muy sensibles y se sienten dolidos con facilidad.

SAGITARIO (22 de noviembre – 21 de diciembre): es uno de los signos más positivos. Disfrutan compartiendo sus vivencias con los demás; son muy _____. Sienten una gran curiosidad por todo y quieren respuestas lógicas a sus preguntas. Pecan de impaciencia y, en algunas ocasiones, son demasiado _____.

CAPRICORNIO (22 de diciembre – 20 de enero): es uno de los signos más _____ y seguros. Responsables y _____. Cuando buscan algo, son muy constantes y no paran hasta conseguirlo. Les va lo sedentario e intelectual.

ACUARIO (21 de enero – 19 de febrero): les vuelven locos las aventuras, son divertidos y viven en un estado de felicidad eterno. Un poco _____ y amantes de la libertad.

PISCIS (20 de febrero – 19 de marzo): se asustan con facilidad, son un poco _____. Muy _____ y con gran sensibilidad. Se estresan con los gritos y las prisas porque tienen un carácter muy tranquilo. Esta tranquilidad los hace un poco perezosos y _____.

▶ **B** ¿Estás de acuerdo con la descripción de tu signo? ¿Tú eres así? Comentadlo en gran grupo. Sigue el ejemplo.

> Comentan que los piscis…, pero no es verdad…

> Yo soy aries y dicen que soy… Y es verdad porque…

▶ **C** Clasificad las palabras y expresiones del apartado A en virtudes y defectos.

VIRTUDES

DEFECTOS

3 Para matar el tiempo

▶ **2 21** María, Juan y Pilar son amigos de José Carlos y han quedado con él. Mientras lo esperan mantienen la siguiente conversación sobre el horóscopo. Escúchalos y completa la información y sugerencias de sus signos del Zodiaco.

Géminis

(Juan)

AMOR: Le recomienda que _____

Le informa de que _____

TRABAJO: Le recuerda que _____

_____ pero que, de momento _____

SALUD: Le aconseja que _____

_____

Escorpio

(Pilar)

AMOR: Le dice que _____

_____

TRABAJO: Le explica que _____

_____

y que _____

_____

SALUD: Le dice que _____

_____

_____

Piscis

(María)

AMOR: Le cuenta que _____

porque _____

y que _____

TRABAJO: Añade que _____

_____,

pero que _____

_____

SALUD: Le aconseja que _____

_____

▶ **B** Relaciona las dos columnas.

1 Su horóscopo le decía a Juan que

2 Su horóscopo también le decía a Juan que

3 Su horóscopo le recomendó a Pilar que

4 Su horóscopo le decía a Pilar que

5 Su horóscopo le decía a María que

6 A María su horóscopo le añadía que

a habría muchas posibilidades de conocer a alguien nuevo en el trabajo.

b se esforzara más en el trabajo.

c podía que tuviera problemas con su pareja.

d se cuidase y se relajase.

e recibiría una compensación por su trabajo.

f levantaría pasiones.

4 Las palabras se las lleva el viento

▶ **A** Este es un correo electrónico que hace unas semanas recibió José Carlos de su novia, Teresa, que está trabajando fuera. Léelo y observa las formas verbales destacadas.

De	Teresa
Para	José Carlos
Asunto	cosas cotidianas

Hola, ¿qué tal? ¿Cómo te **va**? Te **escribo** para contarte algunas cosillas, pero **no te preocupes**, que te conozco…, y **sé** que al ver mi correo **habrás empezado** a darle muchas vueltas al coco.

Hasta ahora no **he tenido** problemas en el trabajo y antes cuando **llegaba** el viernes **cerrábamos** la oficina a mediodía. Sin embargo, esta semana me estoy trayendo tarea a casa y las cosas se están poniendo feas. Tú **sabes** la falta que me **hace** este trabajo, por eso **tomé** la decisión de venirme aquí cuando ya **había buscado** trabajo por todas partes sin encontrar nada de nada. Bueno, voy al grano, lo que te quiero decir es que solo **podré** ir a verte una vez al mes. ¡Ojalá las cosas **fueran** distintas!, ya sabes que me **encantaría** estar contigo…

Sé que tú, si **hubieras estado** en mi situación, **habrías hecho** lo mismo que yo, ¿o no? Cuando la situación **haya mejorado** un poco, **espero** volver ahí contigo y hacer todas las cosas que ahora nos estamos perdiendo. Ahora que estamos separados, valoro más todo lo que tú y yo tenemos.

Espero que me **comprendas**. Un beso y **ten** paciencia, por favor. ¿Me **echas** de menos?

Ah, se me olvidaba. **He conocido** a un compañero nuevo que **me cae** muy bien. Menos mal que, por fin, ha llegado alguien normal aquí a la oficina.

Teresa

▶ **B** 🔊 **2 22** José Carlos llega a la cita con sus amigos. Está muy triste porque desde que recibió el correo de su novia no ha vuelto a saber nada más de ella. Escucha la conversación en la que José Carlos les cuenta el contenido del correo electrónico y completa.

1 ❯ Primero me preguntó cómo me _____ y después me dijo que me _____ para contarme algunas cosillas y que _____.

❯ Claro, te conoce muy bien.

2 ❯ Espera, espera. Luego me dijo que _____ que al ver su correo yo _____ a darle vueltas al coco.

❯ ¿Ves? Es que siempre te pasa lo mismo.

3 ❯ ¿Queréis dejarme que siga? Entonces me contó que hasta ese momento no _____ en el trabajo y que cuando _____ el viernes, _____ la oficina, pero que esa semana _____ tarea para casa.

❯ Vale, ¿y?

4 ❯ Pues también me comentó que yo ya _____ la falta que le _____ ese trabajo y que, por eso, _____ la decisión de irse allí cuando _____ por todas partes sin encontrar nada.

❯ ¡Qué de vueltas le das a las cosas!

5 ❯ Voy al grano. Pues bien, lo peor de todo fue cuando leí que solo _____ a verme una vez al mes y que ojalá que las cosas _____ distintas porque a ella le _____ estar conmigo.

❯ Uy, uy, uy…

6 ❯ Ya. ¿Ves? Después me dijo que si yo _____ en su lugar, _____ lo mismo que ella. Además, que cuando la situación _____, _____ volver aquí conmigo.

❯ Ya… Qué raro.

7 ❯ ¡Anda que tú también me animas!

❯ ¿Qué quieres que te diga?

❯ Para terminar me pidió que la _____ y que _____ paciencia. Al final me preguntó que si la _____ de menos.

8 ❯ Desde entonces no he tenido noticias de ella. Ah, y para colmo, al final me decía que _____ a un compañero nuevo y que le _____ muy bien. Me temo que aquí hay gato encerrado.

❯ Bueno…, a ver, seguro que todo tiene una explicación y dentro de unos días nos reímos de esta conversación.

✳ RECUERDA

- En el estilo indirecto después de **dice / ha dicho** los tiempos verbales no cambian, excepto cuando hay un imperativo, que cambia a presente o a pretérito de subjuntivo.

*El profesor **dice / ha dicho**: «<u>Llego</u> tarde».*

*El profesor **dice / ha dicho** que <u>llega</u> tarde.* (No cambia).

*El profesor **dice / ha dicho**: «<u>Escuchadme</u> con atención».*

*El profesor **dice / ha dicho** que lo <u>escuchemos</u> con atención.* (Sí cambia).

▶ ▶ ▶

◀ ◀ ◀

✳ RECUERDA

■ En el estilo indirecto, después de *dijo / decía,* los tiempos verbales cambian siempre porque las coordenadas temporales cambian también.

*El profesor **dijo / decía**: «<u>Llego</u> tarde».*

*El profesor **dijo / decía** que <u>llegaba</u> / <u>llegaría</u> tarde.* (Sí cambia).

*El profesor **dijo / decía**: «<u>Preguntadme</u> si tenéis dudas».*

*El profesor **dijo que / decía** que le <u>preguntáramos</u> si teníamos dudas.* (Sí cambia).

ℹ OJO: Si el tiempo verbal del estilo directo es pretérito imperfecto, entonces no cambia.

*El profesor **dijo / decía**: «<u>Llegaba</u> tarde todos los días».*

*El profesor **dijo / decía** <u>que llegaba</u> tarde todos los días.*

▶ **C** Ahora fíjate en las formas verbales resaltadas del correo electrónico y en las que utiliza José Carlos para contar el contenido a sus amigos. Luego, completa el cuadro.

LO QUE DICE TERESA (estilo directo)	LO QUE CUENTA JOSÉ CARLOS A SUS AMIGOS (estilo indirecto)
PRESENTE DE INDICATIVO: *estás, va, escribo, sé…*	PRETÉRITO IMPERFECTO: *estaba, iba, escribía, sabía*
PRESENTE DE SUBJUNTIVO	
PRETÉRITO PERFECTO DE INDICATIVO	
PRETÉRITO PERFECTO DE SUBJUNTIVO	
PRETÉRITO INDEFINIDO	
PRETÉRITO IMPERFECTO DE INDICATIVO	
PRETÉRITO IMPERFECTO DE SUBJUNTIVO	
PRETÉRITO PLUSCUAMPERFECTO DE INDICATIVO	
PRETÉRITO PLUSCUAMPERFECTO DE SUBJUNTIVO	
CONDICIONAL SIMPLE	
CONDICIONAL COMPUESTO	
FUTURO SIMPLE	
FUTURO COMPUESTO	
IMPERATIVO	

▶ **D** Los amigos de José Carlos intentan tranquilizarlo. Lee lo que le comenta María para tranquilizarlo y elige la opción correcta.

«José Carlos, será mejor que te calmes, si Teresa te dijo que **vendrá** a verte es porque lo hará. Seguro que hay una buena explicación para que no se haya puesto en contacto contigo».

A La forma marcada en negrita es incorrecta, debería decir *vendría a verte* porque el futuro simple cambia a condicional simple.

B La forma marcada en negrita es correcta, porque al mantener el tiempo, la persona que reproduce las palabras de otra se compromete con la veracidad de esas palabras (si Teresa dijo que vendrá es porque lo va a cumplir).

▶ **E** Además del cambio de los tiempos verbales, cuando reproducimos lo que dijo alguien en el pasado hay otros elementos que también cambian. Busca ejemplos de esos cambios en los apartados A y B, y anótalos.

	ESTILO DIRECTO		**ESTILO INDIRECTO**
Posesivos y demostrativos	*mi*	⤳	
Pronombres personales		⤳	
Verbos	*venirse*	⤳	
Adverbios		⤳	

5 Los pronombres… ¿Un lío? No lo son

▶ **A** En general, el pronombre personal sujeto no se suele utilizar. Pero hay algunos casos especiales en los que sí aparece. Observa las siguientes situaciones y clasifícalas en la tabla según el valor que tienen en ellas esos pronombres sujeto.

Indicar contraste entre personas diferentes:

_____

_____

Uso enfático para señalar la participación del sujeto en lo realizado:

_____

_____

_____

Situación 1

Chico: Perdone, se ha equivocado; **ella** sí quiere té, pero **yo** he pedido un café.

Camarero: Lo siento, ahora mismo se lo traigo.

Situación 2

Abuela: ¡Qué sed tengo, voy a la cocina a beber!

Nieto: Tranquila abuela, **yo** te la traigo, no te levantes.

Situación 3

Hija: Papá, tranquilo no te estreses ni te enfades.

Padre: Claro que me enfado. Mientras **tú** estás perdiendo el tiempo con el móvil, **yo** no paro de hacer cosas…

Situación 4

Padre: No lo puedes negar, has sido **tú**. Es el segundo cristal que rompes en un mes.

Hijo: Perdón. Ha sido sin querer.

Cuando el sustantivo en función de complemento directo aparece delante del verbo, pero acompaña a un pronombre interrogativo o exclamativo, no se duplica.

¡Qué teléfono te has comprado!

¿Qué problema tenéis ahora?

▶ **B** Como José Carlos sigue preocupado porque no sabe nada de Teresa, sus amigos lo quieren animar y tranquilizar. Observa el uso de los pronombres complemento directo e indirecto y relaciona cada oración con la explicación más adecuada sobre este uso.

1. *La esperanza no la pierdas, José Carlos.*

2. *Todo parece muy **extraño**, pero seguro que no **lo** es tanto.*

3. *Quieres ver**la** a ella, pero quizá ella necesite un tiempo para pensar.*

4. *Cuando **lo** aclaréis **todo**, te sentirás mucho mejor.*

5. *A Teresa le deberías dar un voto de confianza.*

6. *Me parece **a mí** que debes calmarte un poco.*

a) Se repite el complemento indirecto y su correspondiente pronombre cuando el complemento indirecto está delante del verbo.

b) Se usa el pronombre *lo* neutro para sustituir un adjetivo.

c) Se repite el complemento directo y su correspondiente pronombre cuando el complemento directo está delante del verbo. Esto no sucede cuando el complemento directo son las palabras *algo* o *nada*.

d) En los verbos que se construyen con pronombres de Objeto Indirecto (*gustar, parecer, encantar, importar…*) estos pueden duplicarse por énfasis con *a* + pronombre.

e) Para enfatizar, a veces, puede aparecer el pronombre átono y después el tónico.

f) Si el complemento directo está detrás del verbo, no debe repetirse excepto si ese complemento directo es la palabra *todo*.

◘ Gramática y léxico

ESTILO DIRECTO

✳ RECUERDA:

- Reproduce un mensaje o las palabras de alguien de manera exacta.
- El mensaje es introducido por un verbo de comunicación o de lengua (*decir, informar, explicar, advertir…*), dos puntos (:) y comillas (« »).

Juan: «Por favor, no le cuentes a nadie lo de Laura».

ESTILO INDIRECTO

1. Reproduce las palabras que uno mismo u otra persona ha dicho. También se usa para transmitir lo que hemos leído, escuchado o nos han comentado.
   - Verbo introductorio + *que* + oración reproducida:
   *Juan **me dijo que** no le contara a nadie lo de Laura.*

2. Para transmitir preguntas.
   - Si la pregunta lleva pronombre interrogativo, se usa el verbo introductor + pronombre interrogativo. El uso de *que* es opcional.
   El profesor: «¿Qué significa esta palabra?».
   *El profesor **nos preguntó (que)** qué significaba aquella palabra.*

   - Si la pregunta comienza directamente con un verbo, se usa el verbo introductor **+ si.** El uso de *que* es opcional.
   El profesor nos preguntó: «¿Queréis que lo explique otra vez?».
   *El profesor **nos preguntó (que) si** queríamos que lo explicara otra vez.*

◘ Gramática y léxico

CAMBIOS EN EL ESTILO INDIRECTO

1. Cuando el verbo introductor *es dice / ha dicho* los tiempos verbales no cambian, excepto cuando hay un imperativo, que cambia a presente o a pretérito imperfecto de subjuntivo.

*Él ha dicho: «**Pensad** bien lo que hacéis».*
*Juan me ha dicho que **pensemos** bien lo que hacemos.*
*Juan me ha dicho que **pensáramos** bien lo que hacemos.*

2. Cuando el verbo introductor es *dijo / decía* los tiempos verbales cambian.

LO QUE SE DICE	LO QUE SE TRANSMITE
«Voy»	iba
«Fui»	fue / había ido
«He ido»	había ido
«Haya ido»	hubiera ido
«Fuera»	fuera
«Había ido»	había ido
«Hubiera ido»	hubiera ido
«Iría»	iría
«Habría ido»	habría ido
«Iré»	iría / *iré
«Habré ido»	habría ido
«Disfrutad»	disfrutáramos / disfrutemos

DIJO DECÍA QUE…

*A veces, la forma del futuro simple se puede mantener para asumir la responsabilidad de lo dicho, frente a una traslación neutra con el condicional.
*Carlos: «Te **acompañaré** si me necesitas».*
*Carlos dijo que te **acompañará** si lo necesitas (así que no te preocupes).*

3. ✱ RECUERDA: Otros elementos también cambian.
- Pronombres y posesivos
  *«Acompáña**me** a casa».*
  *Me dijo que **la** acompañara a **su** casa.*
- Expresiones de tiempo

Hoy	➜	ayer, ese / aquel día
Ahora	➜	en ese / aquel momento
Ayer	➜	el día anterior
Mañana	➜	al día siguiente
Todavía / aún	➜	hasta ese momento
El mes pasado	➜	el mes anterior

- Demostrativos
  Se ven afectados por cambios espaciales y de contexto.
  Este, esta, esto ➜ ese / aquel, esa / aquella, eso / aquello

- Expresiones de lugar

Aquí, acá	➜	ahí, allí, allá
Ahí, allí, allá	➜	aquí, acá

- Verbos

Ir(se)	➜	venir(se)
Venir(se)	➜	ir(se)
Traer(se)	➜	llevar(se)
Llevar(se)	➜	traer(se)

OTROS VERBOS PARA INTRODUCIR EL ESTILO INDIRECTO

Pedir, avisar, negar, preguntar, contestar, prometer, amenazar, añadir, afirmar, gritar…

El niño dijo: «Nunca más volveré a mentir, de verdad».
*El niño **prometió** que nunca más volvería a mentir.*

CITAS ENCUBIERTAS

A veces, para introducir el estilo indirecto y eludir la responsabilidad sobre lo dicho se usan expresiones como: *según dicen / han dicho, según* + sustantivo, *parece que…*

***Según fuentes fidedignas**, la huelga ha sido desconvocada.*

Uso de los pronombres

- **Pronombres sujeto.** En general no suelen utilizarse, excepto:
  1) para contrastar;
     *Si **tú** no colaboras, **nosotros** tampoco lo haremos.*
  2) para evitar ambigüedades;
     ***Yo** sabía perfectamente lo que **él** estaba haciendo.*
  3) para enfatizar la participación del sujeto en la acción realizada.
     *Perdona, pero **tú** no estás diciendo la verdad.*

- **Pronombres de Objeto Directo (casos de reduplicación).** Se repite el objeto directo y su correspondiente pronombre cuando:
  1) El objeto directo está delante del verbo. Excepciones: en oraciones exclamativas e interrogativas o cuando el complemento directo son las palabras *algo* o *nada*.

◀ ◀ ◀

◀ ◀ ◀

▣ Gramática y léxico

El problema lo hemos resuelto ya.
¿Qué medidas habéis tomado?
Algo deberíamos regalarle antes de que se vaya.

2) Necesitamos diferenciar o enfatizar: usamos el pronombre átono y *a* + pronombre tónico.
< ¿Visteis al final al jefe anoche?
> No, no queríamos verlo a él, sino a su ayudante.

3) El objeto directo es la palabra *todo* y va delante del verbo.
Ojalá lo hayamos aclarado todo cuando él vuelva.

- **Pronombres de Objeto Indirecto** (casos de reduplicación). Se repite el objeto indirecto tónico y su pronombre correspondiente cuando:

1) El objeto indirecto tónico va delante del verbo.

2) Se quiere enfatizar o diferenciar: aparece el pronombre átono después del tónico.
A Teresa le recomendé que visitase el museo del vino. (Es obligatorio le).
Le entregué a Juan los informes que me había pedido. (A Juan es prescindible, se repite para enfatizar).

LO neutro

✱ RECUERDA:

- **Lo usamos para referirnos a una oración completa (como OD).**
< Pienso que Juan está nervioso por el examen.
> Yo también lo pienso.

- **Para referirnos al complemento de los verbos *ser, estar* y *parecer*.**
Parece fiel, pero no lo es tanto.

LÉXICO RELACIONADO CON EL CARÁCTER Y LOS ESTADOS DE ÁNIMO

Tener: fuerza de voluntad, mal genio, vitalidad, constancia, entusiasmo, temperamento, carácter, total seguridad en…

Sentirse: agobiado/-a, dolido/-a, animado/-a, fuerte…

6 Le decía que le dijera…

▶ María, la amiga de José Carlos, recibió un correo de Teresa y le cuenta a Pili lo que le decía en él. Lee con atención. ¿Eres capaz de reproducir las palabras «exactas» que escribió Teresa en su correo electrónico?

Me decía que estaba pasando una mala racha y que no tenía claros sus sentimientos hacia José Carlos. Añadía, además, que pasaba muchas horas en el trabajo y que tendría que decidir pronto lo que debía hacer, pero que no le daba tiempo para reflexionar con calma. Repetía una y otra vez que no quería hacerle daño. Después me comentó que la semana anterior le presentaron a un chico muy interesante en su oficina y que le había resultado muy atractivo. Pensaba que hubiera sido mejor haber hablado con José Carlos sobre lo que sentía antes de irse allí. Por último, me decía que le dijera a él que tuviera paciencia con ella.

Teresa…

Le decía:_____

Añadía:_____

Repetía:_____

Le comentó:_____

Le dijo:_____

Le decía a María:_____

7 Muchas formas de *decir*

► Según el contexto, existen otros verbos, además de DECIR, para transmitir las palabras de otros. Observa el cuadro y completa con el verbo más adecuado las siguientes frases.

pidió avisó negó preguntó
contestó prometió amenazó
añadió gritó afirmó

1 Mi jefe me _____ cuándo tendría listos los documentos porque era muy urgente.

2 El niño le _____ a su madre que no volvería a hacer ninguna travesura más y que se portaría muy bien.

3 El detenido _____ rotundamente tener ningún tipo de relación con el robo de la sucursal bancaria.

4 El grupo de trabajadores _____ con convocar una nueva huelga si se ignoraban sus peticiones.

5 Después de todo lo dicho, además _____ que se sentía muy orgulloso de poder participar en aquel proyecto.

6 El policía nos _____ de que allí no se podía aparcar el coche, pero que habían habilitado una zona de aparcamiento muy cerca.

7 Se volvió loco y _____ a los cuatro vientos que estaba enamorado de aquella chica. Fue una escena muy romántica.

8 A todas las preguntas que le hicieron durante el interrogatorio _____ que no sabía nada y que no tenía nada que ver con aquel asunto.

9 El presentador del programa _____ muchas veces a sus colaboradores que respetaran los turnos de palabra.

10 El portavoz de la familia _____ que la investigación de la policía seguía adelante y que tenían algunas pistas que los llevarían al esclarecimiento de los hechos.

8 Deje su mensaje después de la señal

► ●2 23 Durante estos días José Carlos no tiene ganas de contestar al teléfono. Escucha los mensajes que le han dejado en su buzón de voz. Toma nota, con tus palabras, de lo que le han dicho y comenta con tus compañeros quién le habrá llamado.

La persona que lo ha llamado le ha dicho que…
Puede que sea… porque…

✓ **PERSONA 1** (_____)
Le dijo que… _____
_____
_____

✓ **PERSONA 2** (_____)
Le dijo que… _____
_____
_____

✓ **PERSONA 3** (_____)
Le dijo que… _____
_____
_____

✓ **PERSONA 4** (_____)
Le dijo que… _____
_____
_____

9 ¿Ponemos el pronombre o no?

▸ Señala cuáles de los pronombres marcados se pueden suprimir y explica por qué.

1 Las vacaciones **las** disfrutamos cada verano en familia. ☐

2 ¿**Le** habéis dicho a ella que compre el pan antes de subir a casa? ☐

3 **Le** expliqué a Elena que nosotros normalmente salimos de marcha muy tarde. ☐

4 El mensaje **lo** dejé grabado en su contestador. ☐

5 A vosotros **os** pareció raro que nos fuéramos sin despedirnos. ☐

6 Mientras **yo** estaba estudiando, **vosotros** estabais pasándooslo bomba, ¡qué envidia! ☐

7 Sinceramente no sé qué pensáis **vosotros**, pero **yo** lo tengo muy claro porque no voy a aceptar esas condiciones. ☐

8 Si **tú** fueras un poco más listo, no te dejarías engañar tan fácilmente. ☐

9 Si hubiera ido **yo** contigo, no te habrían tomado el pelo. ☐

10 No, no lo voy a hacer **yo**, lo vas a hacer **tú** y punto. ☐

10 Cuatro ojos ven más que dos

▸ **A** A la hora de corregir estas oraciones se nos han escapado algunos errores. Ayúdanos a localizarlos y corregirlos.

1. Tú lo eres todo para mí. ....

2. (En la mesa) No puedo coger el salero, pásamele. ....

3. > Hace mucho tiempo que no sabemos nada de Pepi y Antonio. ....

< Ah, se me olvidó decírtelo, a Pepi le vi el otro día y me dio recuerdos para ti. ....

4. Dila a Gema que no compre el pan, que lo he comprado yo. ....

5. Les exigí que me explicasen todo lo que había sucedido. ....

6. > ¿Qué explicación le diste a tu jefa? ....

< No tenía nada que explicarle y así lo hice. ....

7. El dinero ya se lo he devuelto a Álvaro. ....

8. La invitación de boda recibimos anteayer, ¡qué ilusión nos hizo! ....

▸ **B** Imagina y escribe oraciones para estos enunciados. Fíjate en el pronombre neutro LO y en el ejemplo resuelto.

1 Creo que Juan aprueba porque tiene mucha suerte. → *Yo no **lo** veo así, Juan estudia mucho, aunque no lo parezca.*

2 _____ . → Pues **lo** parece.

3 _____ . → Tienes razón, sí **lo** están.

4 _____ . → Pues no **lo** son. Se acaban de conocer.

5 _____ . → Sinceramente, yo no **lo** creo.

6 _____ . → Hombre, es que **lo** está, ¿eh? Llegó a casa hecho polvo.

11 ¿Brujas? Haberlas, haylas

▶ **A** ⏱**2 | 24** José Carlos no puede dormir pensando en Teresa, por eso pone la radio y escucha el programa *Misterium 3.* Escucha, contesta las preguntas y toma nota de las ideas principales que transmiten las dos personas que intervienen. Ten en cuenta los cambios.

1) Según Rafael, en la cultura latinoamericana es usual acudir a los santos brujos:

   a) ☐ Solo para curar enfermedades.

   b) ☐ Entre otras cosas, para curar enfermedades.

   c) ☐ Cuando tienes problemas de pareja.

2) Estas creencias pasan de generación en generación:

   a) ☐ Verdadero.

   b) ☐ Falso.

3) Para invocar a las *meigas* podemos:

   a) ☐ Preparar una queimada.

   b) ☐ Salir a su encuentro.

   c) ☐ Hacer una hoguera en el bosque.

4) Las *meigas* pueden predecir el futuro de los demás:

   a) ☐ Falso.

   b) ☐ Verdadero.

▶ **B** ¿Existen en tu país creencias de este tipo? ¿Hay alguna figura similar a los santeros o a las *meigas*? ¿Alguna vez has recurrido a un vidente o curandero, o conoces a alguien que lo haya hecho?

12 Sin pegar ojo

▶ **A** José Carlos, después de escuchar el programa de la radio, sigue sin poder dormir y recuerda que, de pequeño, sus padres le amenazaban con *el coco* si no se dormía. En Internet, buscad información sobre este personaje y poned en común los datos que hayáis encontrado.

Yo me he enterado de que…

Yo leí que…

A nosotros nos dijeron que…

Yo vi que…

Según decía lo que yo leí…

▶ **B** Ahora, en parejas, comentad si en vuestros países, existe algún personaje fantástico que se menciona para que los niños coman, duerman…

Yo recuerdo que mis padres me decían que si no dormía, la bruja con su escoba…

Pues a mí que…

13 ¿Supersticioso yo? No, pero por si acaso…

▶ **A** Teresa también piensa en José Carlos. Es un poco supersticiosa y últimamente le pica mucho la nariz, lo que significa que probablemente va a discutir con alguien. Aquí tienes otras supersticiones muy populares: une las dos columnas para conocerlas. Después, en gran grupo, dad vuestra opinión sobre su significado (si no lo conocéis, usad vuestra imaginación).

A Decir Jesús

B Derramar

C Dejar

D Barrer

E Si te pica

F Ver una

G Ponerse

1 el vino en la mesa.

2 las tijeras abiertas.

3 la mano izquierda.

4 la ropa al revés.

5 cuando alguien estornuda.

6 los pies de una persona.

7 mariposa con las alas blancas.

> Yo digo que… significa que…

> Eso es lo que tú crees, yo diría que…

▶ **B** Investigad y encontrad la explicación correcta para cada una de las supersticiones y, después, comparad lo que dijisteis sobre ellas con la información encontrada. Podéis investigar en la red.

> Dijimos que significaba que…, pero nuestros amigos nos dijeron que…

Enrique Iglesias

Parece que…_____
_____
_____
_____

▶ **C** 🔊2 25 Los famosos también tienen sus supersticiones o manías particulares. Escucha y completa.

Fernando Alonso

Parece que… _____
_____
_____
_____

Juanes

Según dicen… _____
_____
_____

Jennifer López

Según la información… ___
_____
_____
_____

1 Fiesta para el recuerdo

▸ **A** En España y en otros países del mundo se festeja algún día para recordar a las personas que han fallecido. En gran grupo, comentad todo lo que sepáis sobre esta celebración. Después leed este texto en voz alta y comprobad si vuestras ideas aparecen recogidas en su contenido.

FORO

Día de Todos los Santos

Esta fiesta se celebra el 1 de noviembre y se hace en honor a todas las personas fallecidas. Además es una época en que el otoño está en su pleno apogeo y la naturaleza está cambiando: no hay apenas flores y a los árboles se les han caído las hojas. En España algunas familias suelen **aprovechar el día** para ir al cementerio y **depositar flores** junto a las tumbas de los familiares.

La repostería típica de este día son los huesos de santo y los buñuelos.

En Colombia, se celebra el tintilillillo y los chicos llaman puerta por puerta cantando para pedir alimentos con la idea de **preparar la comida** tradicional, el sancocho.

En Guatemala también se visitan los campos santos para llevar flores e incluso comida. También se explotan barriletes gigantes y se come un plato típico preparado a base de verduras y embutidos.

En Perú hacen pan con formas muy variadas y distintos tipos de dulces para compartir con los difuntos que, según se cree, llegan el uno de noviembre y se van el día 2.

En México se hace todo tipo de ofrendas en las tumbas: bebida, comida o determinadas cosas que les gustaban a las personas allí enterradas.

▸ **B** ¿Existe en tu país alguna fiesta similar? ¿Cómo se celebra? ¿Se preparan y comen también algunos platos típicos de ese día? Coméntalo con tus compañeros.

2 Noche de magia

▶ 🔊2 26 La noche de San Juan es una noche mágica donde la diversión y la superstición se unen. Escucha el texto y completa, así conocerás algunos de los rituales que se repiten cada año en esta fiesta.

Noche de San Juan

Cada año, el 23 de junio a las doce de la noche, los más supersticiosos y fiesteros se reúnen, preferiblemente en la playa, para aprovechar la fuerza mágica de la noche de San Juan. Es la noche más corta del año y el fuego de las hogueras ilumina toda la noche para que no falte la luz.

Se queman _____ e, incluso, _____;
esto significa _____ anteriores a la celebración.

En la Antigüedad, nuestros antepasados al ver que el número de horas de sol iba disminuyendo, le rendían tributo al astro en torno al fuego, con la finalidad de devolverle energía.

Es una noche llena de magia y nada mejor que saltar por encima de las hogueras
_____ para todo el año o _____ para tener buena salud. Además del fuego y el agua, _____ son también un elemento importante en esta noche de rituales, ya que se recogen algunas hierbas aromáticas que se dejan en agua para _____ (en algunos lugares se utiliza para resaltar la belleza).

Si se tiene interés por conocer lo que depara el futuro, se deben _____,
y se cuenta que esa noche se tiene un sueño profético. Para que se cumpla un deseo, ha de pedirse este y colocar muérdago debajo de la almohada también. Aumenta _____ si se entierra en ella un trozo de vela que haya ardido en la noche de San Juan.

Por supuesto, hay música, comida y bailes al calor del fuego.

3 Más hechos y menos palabras

▶ **A** Después de muchos intentos, José Carlos consigue que Teresa le coja el teléfono, pero mantienen una discusión y se recuerdan las cosas que se dijeron o se prometieron y que, sin embargo, no han cumplido. Lee sus promesas.

JOSÉ CARLOS

1 «Siempre te querré».

2 «Nunca había estado con nadie tan especial como tú».

3 «¡Ojalá nuestro amor sea para siempre!»

4 «Haría cualquier cosa por ti».

5 «Antes no sabía que se podía ser tan feliz».

6 «El día en que te conocí cambió mi vida».

7 «Si volviera a nacer, te buscaría hasta que te encontrara».

TERESA

1 «Jamás te dejaré».

2 «Para mí, eres lo más importante».

3 «Me encanta pensar que dentro de un tiempo habremos compartido muchas cosas».

4 «Si algún día apareciera otra persona en tu vida, solo te pido que seas sincero conmigo y me digas la verdad, no soporto las mentiras».

5 «Me encantaría formar un hogar contigo».

6 «No te vayas nunca lejos de mí».

7 «No puedo dejar de pensar en ti a todas horas».

▶ **B** La relación no ha ido como José Carlos y Teresa esperaban. Completa estos fragmentos de su discusión telefónica. Fíjate en el ejemplo.

JOSÉ CARLOS HABLA CON TERESA

1. *Tú me prometiste que no me dejarías, pero la realidad es que... ¡Me has abandonado!*
2. _____
3. _____
4. _____
5. _____
6. _____
7. _____

TERESA HABLA CON JOSÉ CARLOS

1. *Tú me dijiste que siempre me querrías; sin embargo, últimamente no me lo demostrabas mucho.*
2. _____
3. _____
4. _____
5. _____
6. _____
7. _____

4 ¡Los regalos no los quiero!

▶ Teresa y José Carlos, finalmente, han roto su relación. Ambos tienen muchos regalos que ya no quieren. Entre todos, decidid qué se puede hacer con ellos.

1 **Las gafas de sol se las** podemos regalar a mi padre porque a él le encantan.

2 **La chaqueta la** podemos guardar para alguna fiesta de disfraces.

3 _____

4 _____

5 _____

6 _____

7 _____

8 _____

9 _____

5 Pequeñas manías

▶ **A** Todos tenemos pequeñas manías, cosas que si no hacemos, nos sentimos mal. Fíjate en el ejemplo resuelto y comenta con tus compañeros qué manías pueden estar relacionadas con estas palabras.

《 bolígrafo
lotería
la luz
zapatos
semáforo 》

El bolígrafo *lo prefiere mucha gente de color azul o negro porque si escriben con rojo les trae mala suerte.*

▶ **B** Algunas personas han escrito en el blog *Yo también tengo manías.* Lee para ver cuáles de esas manías tienes tú y comprueba las interpretaciones que habías hecho en la actividad anterior.

OPINIONES

A

Tengo un bolígrafo muy especial para mí. Lo guardo para hacer exámenes o firmar o completar documentos importantes. Es mi bolígrafo de la suerte.

B

Cuando voy conduciendo me fijo en el primer semáforo que me encuentro, y si está en verde, lo interpreto como una señal de buen augurio.

C

Salgo de mi casa, cierro la puerta, vuelvo a abrirla y vuelvo a entrar. Entonces compruebo que he apagado el gas, las luces y la calefacción. Es un ritual que hasta llego a hacerlo dos o tres veces.

6 Toc

▶ **A** 👥 Seguro que tú también tienes otras manías o conoces a alguien que las tenga. Coméntalo con tu compañero. Después contadlo en plenaria, seguro que descubrís algo que os sorprende de los demás.

▶ **B** 🌐**2** **27** 👥 A veces esas pequeñas manías se convierten en algo más problemático para la persona. Escucha para saber más sobre este asunto y después escribe un pequeño resumen en el que trates los siguientes puntos: definición del problema, características, tipología y solución.

D

No soporto a la gente que lleva los zapatos sucios. Cuando me presentan a alguien y a sus zapatos les hace falta un buen cepillado, entonces empiezo, inevitablemente, a pensar en qué tipo de persona es, cómo es capaz de salir así…

E

No acostumbro a comprar lotería a lo largo de todo el año. Sin embargo, cuando llega la Navidad y mis compañeros compran el tradicional décimo para el sorteo del Gordo, que se celebra el día 22 de diciembre, yo también lo compro porque pienso que, si a ellos les tocara y yo no lo hubiera comprado, me moriría.

Transcripciones

UNIDAD 1

Ejercicio 1 A

Maribel: Cuando ves estas fotos te das cuenta de lo rápido que han pasado estos años.

Juanjo: Sí, y de cómo hemos cambiado. ¡Ay, fíjate qué jovencito estaba yo aquí, con ese flequillo y esas gafotas que llevaba…!

Maribel: Ja, ja, ja, es verdad. Por aquel entonces solo nos conocíamos de vista, pero en esta otra foto ya habíamos empezado a salir juntos.

Juanjo: ¡Qué tiempos aquellos! Fue, si no recuerdo mal, cuando terminamos el primer año de carrera. Fíjate lo guapa que estás aquí, Maribel.

Maribel: ¡Qué melena más larga tenía, madre mía, casi no me reconozco!

Juanjo: Te quedaba muy bien.

Maribel: ¿Eso significa que te gustaba más antes?

Juanjo: No, mujer, ahora también estás estupenda. Por ti no pasan los años…

Maribel: ¡Qué exagerado eres!

Juanjo: Mira, este de aquí es Pepe el Sabelotodo. ¿Te acuerdas de él? Se pasaba el día entero rodeado de libros. Era un auténtico ratón de biblioteca pero también era un donjuán: todas las chicas estaban locas por él.

Maribel: Es verdad. Hace siglos que no lo vemos. Juan sabrá algo de él, era su mejor amigo.

Juanjo: ¡Hombre!, aquí está la Modelitos; me parece que se llamaba Alicia, ¿no?

Maribel: Ah, no me la recuerdes, ¡qué mal me caía! Nos miraba a todas por encima del hombro.

Juanjo: No te pases, podías ser más objetiva. Eso no es del todo cierto… Mira, aquí estamos en la cena de fin de carrera con algunos de nuestros profesores: Miguel, el de Literatura, María, la de Filosofía… ¡Qué recuerdos!

Maribel: Desde luego, como aquel día que entra un perro en clase y todos empezamos a reírnos, y va el profe y no dice ni pío. ¡Como si fuera normal!

Juanjo: Sí, es verdad, siguió dando la clase como si nada y el pobre perro al final salió de allí asustado.

Maribel: ¡Qué risa! Oye, un momentito…

Juanjo: ¿Qué estás pensando?

Maribel: No estaría mal celebrar una cena de antiguos alumnos, así podíamos reencontrarnos y recordar viejos tiempos. ¿No te parece?

Juanjo: Bien pensado, vamos a intentar contactar con ellos.

Maribel: Perfecto, a ver cómo lo organizamos.

Ejercicio 1 F

1. El otro día os dije que os invitaría a mi casa, así que venid este fin de semana.

2. Me gustaría viajar por toda Hispanoamérica.

3. Es verdad, tienes un problema. Yo hablaría con mi jefe y le diría lo que me pasa.

Ejercicio 1 G

1. Se pasaba todo el día muerto de sueño y cuando alguna clase le aburría, no solo se dormía, sino que además roncaba. En la cafetería, en el autobús o en la biblioteca…: cualquier sitio era bueno para echar una cabezadita. ¡Era increíble!

2. Todos los días eran fin de semana para él. No sé de dónde sacaba tanta energía. Cualquier excusa era buena para salir y, si era de noche, mejor que mejor. Estaba al tanto de dónde se celebraba tal o cual fiesta y si no había, la montaba en su casa. La verdad es que le encantaba ser el centro de la fiesta. Lo más increíble era que a la mañana siguiente se levantaba sin esfuerzo para asistir a clase.

3. Lo de la dieta mediterránea no era para él. Por la mañana, tarde y noche, o sea, a todas horas, comía lo mismo. Lo recuerdo siempre con un bocadillo en la mano. Decía que era bueno, bonito y barato, y que se preparaba en un santiamén. Me imagino que ahora su dieta será un poco más variada.

4. ¡Qué cabeza tenía el tipo! A la hora de pagar la cuenta, si era a escote, en unos segundos ya había calculado mentalmente lo que tenía que pagar cada uno. Además, tenía una memoria increíble para las fechas y los números de teléfono; por aquel entonces no había todavía móviles. Yo nunca he conocido a nadie como él.

Ejercicio 7 D

1. ¡Ahora mismo subes y te lavas los dientes sin rechistar!

2. Niños, como os iba diciendo, la Unión Europea da sus primeros pasos en 1950…

3. Mi abuelo siempre decía que hay gente muy pobre porque solo tiene dinero.

Ejercicio 9

1. cace / cauce

2. radar / radiar

3. ves / veis

4. balar / bailar

5. pena / peina

6. gata / gaita

7. laca / laica

Ejercicio 10 D

1. **La tarta.** Desde la Edad Media forma parte de las bodas. Al principio se elaboraba con harina, que es el símbolo de la prosperidad y fertilidad. Ya los romanos hacían pequeños pasteles con harina y sal que el novio se comía durante la ceremonia. Siempre dejaban un poco de la tarta que desmenuzaban encima de la novia como símbolo de buena fortuna y bendición. Los invitados intentaban coger alguno de esos trocitos para tener buena suerte también.

2. **Algo viejo y algo prestado.** Lo viejo simboliza la conexión de la novia con su pasado y también la continuidad del matrimonio. Suele ser alguna joya perteneciente a la familia (pendientes, pulseras, una diadema…). Lo prestado atrae la felicidad y es símbolo de amistad.

3. **Algo nuevo.** Trae buena suerte para el futuro.

4. **Algo azul.** Representa la fidelidad de la pareja. La novia suele llevar una liga de este color. Lo normal es llevar varias puestas en la pierna para luego regalárselas a sus amigas más íntimas.

5. **El ramo.** Las flores simbolizan la fertilidad y la generosidad. La tradición dice que la persona que atrape el ramo cuando lo lanza la novia será la siguiente en casarse.

6. **El arroz.** Se les echa a los novios al salir de la iglesia o del lugar donde se ha celebrado la ceremonia. A veces se acompaña de pétalos de rosa. Es otro de los símbolos de prosperidad y fertilidad.

UNIDAD 2

Ejercicio 1 A

Ana: Mira, Javier. Acabo de venir de la inmobiliaria. Estos son los folletos informativos que me han dado sobre los pisos de los que hablamos ayer.

Javier: ¡Ay! ¿Otra vez vamos a hablar sobre esto? ¡Ojalá fuera más fácil encontrar piso!

Ana: ¡Eh! No te quejes, que soy yo la que ha estado toda la mañana hablando, buscando piso y viendo todas las posibilidades a nuestro alcance.

Javier: Bueno, a ver, ¿cómo te ha ido? ¿Qué has encontrado?

Ana: Pues el caso es que he visto alguno que me ha parecido muy interesante para nuestra economía, pero habría que hacer reformas… y eso supone hablar con un contratista. Es, por supuesto, de segunda mano, aunque también he visto en plano uno supergrande, lindo lindísimo, con terraza, tres dormitorios, un salón monísimo, cocina y dos cuartos de baño que…

Javier: Espera, espera un momento, Ana. No vayas tan deprisa. Eso tiene que ser supercaro y tendremos que firmar una hipoteca enorme… Recuerda que somos mileuristas.

Ana: ¡Eso sí que es un problema! ¡Ojalá tuviéramos dinero ahorrado!

Javier: Bueno, cuéntame más del otro, del piso pequeñito, creo que me va a gustar más. Deberíamos mirar a las afueras, suelen ser más baratos que los céntricos.

Ana: La verdad es que está muy bien… Tampoco es muy grande, pero sí es muy luminoso porque da a la calle principal. Además, está muy bien comunicado.

Javier: ¿Y está bien orientado?

Ana: Pues, chico, no lo sé. Ni lo he preguntado. Te agradecería, sinceramente, que la próxima vez vinieras conmigo… y así podrás preguntar todo lo que quieras al agente inmobiliario… ¡Que siempre tengo que ser yo la que va de un lado a otro preguntando y mirando…!

Javier: Bueeeeno. Mañana mismo vamos los dos. ¡Venga, mujer! No te pongas así… Seguro que todo se arreglará.

Ejercicio 1 C

(Se repite la audición).

Ejercicio 1 D

Javier: ¿Y está bien orientado?

Ana: Pues, chico, no lo sé. Ni lo he preguntado. Te agradecería, sinceramente, que la próxima vez vinieras conmigo… y así podrás preguntar todo lo que quieras al agente inmobiliario… ¡Que siempre tengo que ser yo la que va de un lado a otro preguntando y mirando…!

Javier: Bueeeeno. Mañana mismo vamos los dos. ¡Venga, mujer! No te pongas así… Seguro que todo se arreglará.

Ejercicio 5

Diálogo 1

> ¿Se puede?

< Un momento, por favor.

> ¿Puedo pasar?

< Sí, claro, pase, pase.

Diálogo 2

> Mamá, mira. ¡Se ha roto!

< Tranquilo, hijo. No pasa nada. Anda, ven que te lo arregle.

Diálogo 3

> Niños, vamos, coged las mochilas que llegamos tarde al colegio.

< Un momento, papi. Ya voy…

> Venga, venga. ¿A qué estáis esperando? Vamos, hombre, que es tarde.

Diálogo 4

< Luisa, Luisa.

> ¿Sí? Un momento, ahora salgo…

< Luisa, sal pronto, por favor. Mira quién ha venido.

> ¡Anda! Pero si son mis nietos. ¡Qué sorpresa! Venid aquí y dadme un beso.

Diálogo 5

< ¡Qué nervios! Ya me toca a mí exponer el tema. Tengo ganas de salir corriendo.

> ¡Anda ya! No seas tonta. Vamos, respira profundamente y verás lo bien que te sale.

Ejercicio 9 A

5. < ¿Puedo jugar con vosotros?

> Pero ¡qué dices, pequeñajo. Anda, vete con tu mami.

2. < Inés…, tú estás loquita por José.

> ¡Anda ya! Si es muy feúcho.

3. < ¿Has visto el último trabajo de tu modelo favorita?

> Sí, pero no me gusta nada, está muy flacucha.

4. < ¡Huy! No me caben los vaqueros.

> Sí, no te quería decir nada, pero últimamente te veo más gordita.

---

5. < María, pero ¡qué grandote y altote está tu hijo!

> Sí, hija, todo el mundo lo dice… ¡Ha salido al abuelo!

6. < ¡Mira qué tranquilito se ha quedado el bebé!

> Claro, no nos ha dejado pegar ojo toda la noche y con el estómago lleno… ¡Qué quieres!

Ejercicio 10

Gestar, viajero, ovejero, gestación, relojero, gesto, pasajero, gesticular, gestión, vigesimal, octogenario, brujería, ingenio, angélico, granjero, evangélico, oxígeno, cojera, cajera, nitrógeno, lacrimógeno, sexagésima, relojería, cerrajería, sexagenario.

Ejercicio 11 A

Mensaje n.º 1: Hola, ¿qué tal? Yo muy contento porque… ¡Me voy a comprar un coche nuevo! Ya sabes que el que tengo ahora está muy viejo, pero como sé que a ti te encanta, he pensado que podrías quedártelo tú. Te lo vendo muy barato. Ya sabes conducir, ¿no?

Mensaje n.º 2: ¿Qué tal, Javier? ¿Cómo llevas el día? ¡¡¡Sorpresa!!! ¿Tienes el billete de lotería que compramos? Porque ayer, cuando estaba viendo la tele, me di cuenta de que nos había tocado. ¡¡¡Qué suerte!!! Como sé que eres muy despistado, te llamo para que lo busques. ¡Encuéntralo!

Mensaje n.º 3: Ché, Javi. ¡Qué buena tu fiesta de cumpleaños! Por cierto, ¿qué tal te quedó el bañador que te regalé? No te lo vi puesto el otro día en la pileta. No te quedará pequeño, ¿no? Cuídate…, que te estás poniendo un poco gordito. Hale… Chao.

Mensaje n.º 4: Javi, acaban de decírmelo… ¡Te van a ascender en el trabajo! ¡Enhorabuena! Pero ¿por qué no me lo habías dicho? Somos buenos amigos, ¿no? Ahora que lo pienso, la semana pasada me dijiste que tenías problemas en el trabajo. ¡Esto es muy raro! Javi…, llámame cuando puedas.

Mensaje n.º 5: Hola, Javier. Este fin de semana vamos a hacer una cena en casa. Van a venir algunos amigos, y a Mar y a mí nos gustaría que Ana y vos también vinieran. Será bastante informal. No hace falta que traigas nada, ¿vale? Llámame y me decís. Adiós.

Mensaje n.º 6: Hola, hijo. Soy mamá. Últimamente te noto un poco cansado y me preocupas mucho. Hijo, no contestas a mis llamadas, tienes mala cara, comes muy mal. ¿Qué te pasa? Si quieres, puedo pasar unos días con vosotros: os preparo la comi-

TRANSCRIPCIONES

da, os plancho la ropa… Y así conozco a tu novia, a Ana…, que todavía no me la has presentado, hijo, ¡que hay que ver!, ¿eh?… Anda… Dime algo. Un beso.

Mensaje n.º 7: Javier, hola. ¿Qué es de tu vida? Oye, te llamaba porque en el trabajo me han dado entradas para ver un partido de baloncesto y me preguntaba si querías venir conmigo. Así nos vemos, que hace mucho que no charlamos. ¿Qué te parece? ¿Puedes venir? Venga, hablamos.

¡Extra! Contextos
Ejercicio 2 A

Señoras, señores…, muy buenas tardes a todos. Quien tuviera pensado comprar una vivienda en un futuro próximo se enfrenta a una duda más que razonable en los próximos meses: ¿compro antes de final de año o espero? Antes de decidirse, todo el mundo debería sentarse y hacer números porque los cambios en los próximos meses serán tantos que no deben ser pasados por alto. La respuesta es una decisión particular, pero los números dicen que, dependiendo de los casos, es probable que estos cambios pudieran experimentar una variación mínima, o bien un ahorro equivalente al 10-20%.

Y es que finaliza la desgravación por la vivienda habitual y habrá una subida del IVA de los pisos nuevos del 4% al 10%, aunque la mayoría de los expertos espera que los precios sigan bajando a corto plazo. Esperar puede repercutir en tener una hipoteca levemente más cara a corto o medio plazo. Otra cuestión es si queremos comprar en solitario o en pareja, ya que si se hace entre dos, podría ser que las ayudas fiscales se multiplicaran.

UNIDAD 3
Ejercicio 1 A
Noticia 1

En pleno centro de Ciudad de México abre sus puertas la primera cafetería que permite la entrada al mejor amigo del hombre. Fruto de la iniciativa de Ayako Kanakawa, una japonesa casada con un chef mexicano, a partir de ahora no solo los propietarios sino también sus mascotas podrán compartir un rato agradable con sus semejantes. Mientras sus dueños saborean un cafecito, los canes jugarán y corretearán libremente, algo que muchos amantes de estos animales llevan esperando mucho tiempo.

Noticia 2

Una pequeña editorial argentina ha lanzado al mercado algo totalmente novedoso: un libro cuya tinta desaparece al abrir el libro y entrar en contacto con el aire. El lector dispone de sesenta días para leer la obra, si no lo hace dentro de ese plazo, el texto va desapareciendo. La finalidad de este lanzamiento es la promoción de jóvenes autores, es decir, conseguir que se lean sus primeras obras y facilitar la publicación de una segunda. Ha sido vendido el primer lote completo en un solo día, lo cual demuestra que todavía la letra impresa tiene fuerza frente a los libros electrónicos.

Noticia 3

En Lima, frente a sus computadoras y tras casi cuarenta y ocho horas sin dormir, un centenar de personas han participado en el Congreso Global de Videojuegos. Consiguieron crear un total de quince videojuegos. El encuentro se celebra simultáneamente en cuarenta y ocho países. El pasado viernes comenzó cuando se les informó a los participantes de que la consigna que debían incluir era una serpiente que se devorara a sí misma. Uno de los organizadores explicó que no se trata de una competencia, sino de un espacio de interacción y cooperación entre los participantes. Son más de sesenta y cinco empresas en Perú las que se dedican a los videojuegos y facturan unos cincuenta millones de dólares anuales.

Noticia 4

Han asistido al evento un total de cinco millares de personas. El éxito de esta convención pone de manifiesto que en Colombia se han superado los prejuicios frente a los tatuajes, que han pasado a ser un arte valorado y que cuentan con un gran número de seguidores. *"Ya no me miran raro; es más, las mamás me piden que les enseñe mis tatuajes de* Spiderman *a sus hijos"*, nos cuenta uno de los participantes. Este año han recibido la visita de una familia procedente de una tribu de las islas Samoa, cerca de Australia, lugar original de los tatuajes. Dicha familia ha deleitado a los asistentes con una muestra del arte de tatuar a la manera tradicional.

Ejercicio 2

Quiosquera: ¡Buenos días, Alfonso! ¡Qué tempranito *venís* hoy!

Alfonso: Sí, a las siete de la mañana ya estaba despierto.

Quiosquera: Será porque *vos* estás acostumbrado a madrugar y…

Alfonso: Bueno, no me importa, así hago lo que más me gusta el fin de semana, que es leerme el periódico de la mañana mientras me tomo el cafetito sin prisas. Durante el resto de la semana, lo único que hojeo son los titulares del *20 Minutos*, ese que te regalan en el metro.

Quiosquera: Tomá, aquí tenés tu diario, recién llegó. Hoy viene con el suplemento dominical y además un DVD con la película *Tesis* de Amenábar. Todo por tan solo un euro y medio más.

Alfonso: Gracias, Lía. ¡Huy!, madre mía, le estoy echando un vistazo a la prensa económica y la situación está bastante negra: *El Economista* dice que los salarios han bajado entre un 3% y un 4%… Y *Expansión*, que el precio del billete de transporte público puede que suba próximamente. Estoy interesado en la economía, pero no me voy a llevar ninguno de estos porque el café me va a sentar mal.

Quiosquera: Pues entonces, compreme alguna de esas revistas del corazón: que si este se casa, que si el otro se divorcia, que si van de fiesta, los modelitos que llevan…

Alfonso: Bah, no tengo ningún interés en saber lo que les pasa a esos famosuchos. Eso lo encuentro una pérdida de tiempo.

Quiosquera: Vos sos también de los que dicen que no leen ese tipo de revistas.

Alfonso: No, yo no lo niego. Alguna vez que otra las he leído, pero yo no las compro y me pregunto por qué la gente se gasta el dinero en esas bobadas.

Quiosquera: Tenés razón, pero yo lo que quiero es venderlas.

Alfonso: Anda, el *Marca* informa de que Nadal se mantendrá alejado de las pistas por su lesión, ¡qué lástima! y el *Sport* dice que el equipo femenino de balonmano se ha clasificado para el campeonato europeo.

Quiosquera: Che, te voy a cobrar por leer, ¿eh?… Ja, ja, ja.

Alfonso: Le subiré a mi padre el *Sport* para que se entretenga un poco leyendo. No está muy católico y lleva unos cuantos días sin salir de casa.

Quiosquera: Perfecto, agarralo. Ah, Alfonso, comentale a tu madre que mañana empieza la colección de tacitas de café con la revista *Casa* y que me diga si quiere que le guarde un ejemplar. Ya sabés que luego se agotan rápido.

Alfonso: En cuanto suba, se lo digo. No tenía ni idea de que mi madre se interesara por esas colecciones. Para gustos, los colores. Venga, nos vemos, Lía.

Quiosquera: Ciao, pibe, y ¡que se mejore tu viejo!

Ejercicio 5 A

1. Me molesta no poder escuchar las canciones completas y que, a veces, los locutores las interrumpan para hacer comentarios innecesarios.

2. No es normal que los domingos por la noche pongas la radio y solo puedas escuchar programas deportivos.

3. Desearía, quizá, que hubiera más programas dedicados a los niños durante el fin de semana.

4. Yo les rogaría a los moderadores de los programas de debate que controlasen a los tertulianos, porque a veces hablan todos a la vez y no me entero de lo que dicen.

5. Es fantástico subirse al coche, poner la radio y sentirse acompañado mientras se conduce.

6. Recuerdo que de pequeño le pedía a mi vieja que me pusiera la radio para quedarme dormido…, y todavía hoy me duermo así.

7. En mi época de estudiante, cuando nos reuníamos los compañeros de clase para repasar los apuntes, era habitual que tuviéramos la radio puesta de fondo para tranquilizar un poco el ambiente de estudio.

Ejercicio 11 A

L.: Buenas tardes, queridos radioyentes de nuestra emisora. Como cada sábado, acudimos a nuestra cita con el concurso *Especialistas en ser y estar*. Hoy contamos con una robot muy simpática a la que le acaban de instalar un programa con un curso completo de español, pero sus creadores quieren asegurarse de que el programa funciona bien. Así que por eso la han traído a nuestro programa sobre *ser* y *estar*. Hola, Miluka, ¿cómo estás?

Robot: Hola, muy bien, gracias.

L.: ¿Preparada para concursar? Ya sabes en qué consiste el juego: primero, leemos la definición y tienes 8 segundos para contestar. En nuestra página web podéis ver el círculo de palabras que hay que combinar con el verbo *ser* o *estar*. Desde casa también podéis jugar con nosotros. A ver si sois más rápidos que nuestra amiga Miluka.

Robot: Yo estoy preparada, cuando quieras.

L.: Bien, pues empezamos. Se dice de la persona que es muy alegre, dinámica…

Robot: Ser vivo.

L.: Correcto, seguimos. Se dice cuando una persona presta atención o pone los cinco sentidos para hacer algo.

Robot: Estar atento.

L.: Síiii, muy bien, continuamos: se dice cuando algo hace daño o perjudica, por ejemplo, la salud.

Robot: Ser malo.

L.: Muy bien. Se dice de alguien cuando es muy descarado o tiene poca educación.

Robot: Eh…, creo que eso es estar fresco.

L.: No, ¡qué pena! Has fallado, es ser fresco. Vamos con la siguiente: se dice de una persona que ha recuperado la salud después de estar enferma.

Robot: Estar bueno, esta me la sabía bien.

L.: Llevamos un total de tres puntos. Atenta ahora: se dice de algunos partidos ecologistas o de sus miembros.

Robot: Ni idea, esto no me suena.

L.: Ser verde. Tranquila, todavía quedan muchos puntos que ganar. Escucha: se dice cuando alguien está muy enfadado e irritado.

Robot: Eso es estar negro, ¿no?

L.: Por supuesto, perfecto. Se dice cuando alguien o algo está preparado o terminado.

Robot: A ver, ser listo.

L.: Noooo, estar listo. No te preocupes. Siguiente: se dice de alguien que actúa con violencia.

Robot: Lo tengo claro, ser violento.

L.: Claro que sí. A por otra: usado en forma negativa significa que una persona no se encuentra muy bien de salud.

Robot: Me parece que es no estar católico.

L.: Excelente. Hago recuento de puntos. Hasta ahora has conseguido un total de seis puntos. Otra más: se dice cuando un trabajo o tarea produce cansancio.

Robot: Me la sé; ser cansado.

L.: Perfecto, Miluka, estás demostrando ser una verdadera experta en *ser* y *estar*. Otra más, atención. Se dice cuando alguien no tiene vida.

Robot: ¿Estar muerto?

L.: Síiii, excelente. Queda ya muy poquito. Se dice cuando alguien no está dormido.

Robot: Creo que es estar despierto.

L.: Genial, adelante. Se dice de algo o alguien que produce aburrimiento.

Robot: No lo tengo muy claro, por decir algo, ¿estar aburrido?

L.: No, ¡cuánto lo siento! Es ser aburrido. Solo nos quedan dos, ánimo. Se dice cuando alguien se encuentra incómodo o siente malestar en una situación.

Robot.: Me he quedado en blanco.

L.: No pasa nada, eso es estar molesto. Y ya la última. Se dice cuando alguien es de pocas palabras.

Robot: Ser callado.

L.: Increíble, Miluka. Has conseguido diez puntos. Has tenido algunos fallos, por lo que tus creadores tendrán que hacer algunos ajustes, pero has obtenido muy buena puntuación para no ser hablante nativa. Ja, ja, ja.

Robot: ¡Qué gracioso eres! Pues yo no le veo la gracia.

L.: No te molestes, Miluka. Era una broma. No seas quisquillosa.

Robot: Bueno, vale, me lo tomaré con humor.

L.: Y vosotros, queridos oyentes, ¿cuántos puntos habéis conseguido? No olvidéis que tenemos otra cita el próximo sábado a la misma hora. Sed buenos y no faltéis. Chaooo.

Ejercicio 15 A

Los últimos resultados del reciente estudio general de Internet demuestran que las reservas de viajes son lo que más compran los cibernautas en Internet con un 21%. En el segundo puesto, aparece la compra de libros con un 18% y, en tercer lugar, la adquisición de entradas para diferentes espectáculos con un 17%.

Sorprendentemente, el número de usuarios que optan por adquirir sus equipos electrónicos y electrodomésticos *online* también va en aumento con un 13%. Esto nos demuestra que los hábitos de compra están variando en nuestro país.

Además de estos servicios y artículos, se compran también *hardware* y *software*, 10%; suscripciones a periódicos y revistas, 9%; alojamiento web y correo electrónico, 8%; financiación *online*, 7%; alimentación y artículos de limpieza, 5%; ropa y calzado, 5%, y, en último lugar, coches, motocicletas y accesorios relacionados con el motor, 1%.

El estudio se realiza cada seis meses a través de una encuesta a la que acceden miles de internautas. Para participar en la siguiente consulta, solo hay que acceder a una página web y facilitar una dirección de correo electrónico en la que se recibirá el enlace que lleva hasta la encuesta. Al mismo tiempo que se aporta la opinión, se optará por un premio que alcanza los 6000 euros.

A finales del segundo semestre del presente año, se tiene previsto, con los resultados de sus cuatro primeros estudios, presentar la evolución en el sector.

¡Extra! Contextos
Ejercicio 1 A

Ximo: ¡Ojalá hubiera ido antes! A pesar de estar bastante cerca de Valencia, el pasado mes de julio fue la primera vez que asistí. Me encanta la música independiente, por eso pude disfrutar muchísimo. Es un festival bastante ecléctico y es una oportunidad genial para conocer las nuevas tendencias musicales. Fue increíble ver a Björk encima del escenario o escuchar a Leonard Cohen. No faltaban tampoco actividades teatrales, de cine, de moda… Si además de todo eso, estás al lado del mar, ¿qué más se puede pedir? Quizá quedarse en tiendas de campaña no sea lo más cómodo, pero te permite conocer a gente de todas partes del mundo. ¡Ah!, el alojamiento va incluido en el precio de la entrada. Yo os aconsejaría a todos que no os lo perdierais.

M.ª Elena: Aproveché mi estancia habanera para asistir a una cita teatral que se prolongó durante casi dos semanas. Había compañías de diecisiete países, entre ellos, Argentina, Finlandia o Turquía… Si quieres conocer las tendencias más vanguardistas en la escena mundial, no puedes faltar. Recuerdo que fue la compañía del bailarín español Antonio Gades la encargada de clausurar el evento. Digno de ver, sin duda.

Hugo: Es alucinante que un anfiteatro se llene con más de 15 000 espectadores. Es en el mes de febrero cuando los asistentes pueden vivir la mejor experiencia de sus vidas moviendo las caderas al ritmo de la bachata o el *reggaeton*. No obstante, los amantes de la ópera también tienen su espacio. A lo largo de su historia han pasado por él estrellas hispanas, como Rocío Jurado, Raphael o Julio Iglesias; y, por supuesto, también hispanoamericanas: Thalía, Luis Miguel, Chayanne, Shakira o Ricky Martin.

Elías: Vine desde Colombia porque había escuchado que era algo que no se podía describir con palabras. Me parece estupendo que se pueda combinar el turismo con la cultura. Este ideal se hace realidad en el marco incomparable de los jardines de la Alhambra o de los palacios nazaritas. Coros, orquestas, *ballets* y un sinfín de demostraciones artísticas de un altísimo nivel. Todo ello a buen precio, ya que la organización ofrece descuentos para jóvenes y jubilados. En cuanto pueda, me escapo y repito experiencia.

Eleonora: Siempre me ha fascinado lo clásico, por eso asistir a este encuentro de autores clásicos, tanto nacionales como internacionales, era casi una obligación. Tragedia, comedia, aventuras…; en definitiva, una programación que satisface todos los gustos. Puestas en escena que te dejan con la boca abierta. Palacios, ermitas, plazas o museos han servido para la representación de las obras. Recuerdo que otro de los aspectos que más me impresionó fue que duraba, si no recuerdo mal, unos veinticuatro días. Prácticamente, te quedas pegado a la butaca, ja, ja, ja…

¡Extra! En comunicación
Ejercicio 5 B

Fernando Botero, colombiano universal nacido en Medellín en el año 1932 y reconocido internacionalmente por una manera de crear que convierte lo cotidiano en arte. Lo particular de su estilo reside en su obsesión por el volumen. Según el propio artista, le interesa el volumen por ser una exaltación de la realidad y de la sensualidad. La estética de sus figuras se caracteriza por la grandiosidad y desproporción, lo cual lo hacen único e inconfundible. Sus mujeres llenas de curvas atraen nuestra mirada: buen ejemplo de ello es la escultura *El pensamiento*.

Es a partir de 1960 cuando realiza una serie de obras con las que homenajea a los grandes maestros de la pintura universal como, por ejemplo, su *Mona Lisa a los doce años*, de 1977, en la que la protagonista aparece infantilizada; este óleo sobre lienzo remite a las vanguardias artísticas de principios del siglo xx. También revisa desde un punto de vista irónico la obra de Goya y Velázquez.

Escenas taurinas como el *Picador* o el *Matador* son claro reflejo de su pasión por el mundo de la tauromaquia.

No solo en Colombia se puede disfrutar de su obra, como el *Perro*, el *Gato* o el *Caballo* en Medellín, o *Nuestra Señora de Fátima* en Bogotá, sino que en cualquier rincón del mundo, su arte está al alcance de cualquiera: la *Mano* en el paseo de la Castellana de Madrid, *El gato de la Rambla del Raval* en Barcelona, *El gran pájaro* en Singapur, *La mujer* en Milán, *Familia presidencial* en el MOMA de Nueva York, etcétera.

Por todo ello y mucho más, el artista ha conquistado un reconocimiento unánime y es, sin duda, el artista colombiano de mayor resonancia internacional.

UNIDAD 4
Ejercicio 2 A

Noticia 1

Locutora: Buenas tardes a todos los radioyentes. Hola, Marcela.

Locutora: Hola, Carlos.

Locutor 1: Aquí estamos de nuevo con ustedes, una tarde más para ponerles al día de las noticias relacionadas con nuestro mundo.

Locutora: Así es, Carlos. Hoy estamos de enhorabuena porque después de casi cinco años se reactiva la biosfera del Mediterráneo. Como sabés, la Unesco dio el visto bueno a la reserva de la biosfera entre Andalucía y Marruecos y se diseñó un plan especial de actuaciones. Bien, pues la noticia es que se desarrollará hasta 2015 para posibilitar el empleo, el desarrollo sostenible y la conservación de los espacios naturales de la zona.

Locutor 1: Esta es una buenísima noticia por ser la reserva de la Biosfera del Mediterráneo la única intercontinental que existe en el mundo.

Noticia 2

Locutor 1: En el orden internacional, se habla mucho del golfo de California, una de las zonas de mayor biodiversidad del planeta. La mala noticia es que se teme que puede estar en peligro por un proyecto turístico y empresarial.

Locutora: ¿Ha habido una mala gestión?

Locutor 1: Pues me temo que sí, Marcela, una cosa son los ingresos necesarios que tal proyecto generarán en la pequeña localidad de Cabo Pulmo, con infraestructuras importantes, como un puerto deportivo, campos de golf y un aeropuerto, pero como tú comprenderás, es insostenible y así lo aseguran los expertos, que denuncian que una explotación turística de tal magnitud, que sobrepasa el número de habitantes del pueblo, es, efectivamente, insostenible.

Locutora: Por cierto, Carlos, frente a su costa se encuentra el arrecife de coral más grande del golfo de California y el más viejo del Pacífico americano. Por su importancia ecológica y para protegerlo de la sobreexplotación pesquera, un grupo de pobladores originarios de Cabo Pulmo se organizó y, con el apoyo de la Universidad Autónoma de Baja California Sur, en 1995 se creó una reserva marina de más de 7000 hectáreas con la categoría de parque nacional.

Locutor 1: Pues desde aquí animamos a los vecinos de Cabo Pulmo a que sigan desarrollando su labor de defensores del medioambiente.

Noticia 3

Locutora: A propósito, ¿qué es eso que se escucha?

Locutor 1: Pues mira. Esto es lo que se escucha estos días en la reserva natural Laguna de Fuente de Piedra. Es un humedal situado al sur de España en un paisaje de relieves muy suaves, cubierto de campos de olivo y cereal que se declaró en 1988 Zona de Especial Protección para las Aves (ZEPA).

Locutora: Es un lugar muy importante por ser la zona de nidificación, invernada y paso de muchas aves migratorias, como el flamenco o las grullas. Alberga una de las colonias de flamencos más importantes de Europa. Mejor dicho, la mayor de la península ibérica y la segunda más importante de Europa. La noticia es que ha comenzado la reproducción en las lagunas de Fuente de Piedra y se registran 9300 ejemplares de flamencos en período de cría, dato muy similar al del año pasado. Actualmente, la laguna de Fuente de Piedra presenta un nivel de agua que alcanza los 1,25 metros.

Noticia 4

Locutora: Buena noticia también para los amantes de las aves.

Locutor 1: Para finalizar nuestro programa de hoy, nos vamos a la cordillera de los Andes, la cadena montañosa de América del Sur que atraviesa Bolivia, Chile, Colombia, Ecuador, Perú, Argentina y parte de Venezuela.

Locutora: ¿Conocés los glaciares? Según los investigadores tenés que darte prisa si querés verlos porque la superficie de los glaciares de los Andes se ha reducido hasta en un 50% en los últimos cuarenta años.

Locutor 1: Es horrible, pero lo más grave está por llegar. Dicen que muchos glaciares pueden llegar a desaparecer en los próximos años.

Ejercicio 2 B

(Se repite la audición).

Ejercicio 4 A

Ángela: Ana, ¿qué estás haciendo?

Ana: Estoy preparando un trabajo para mi clase de Ciencias y he encontrado información muy curiosa de algunos animales en Sudamérica.

Ángela: ¡Qué interesante! ¿Me cuentas algo?

Ana: Vale. Mira, he encontrado que en Colombia los llaneros son los cuidadores del ganado: de las vacas y los toros.

Ángela: ¿Ah, sí? Bueno… ¿Y eso qué tiene de curioso?

Ana: Pues que algunos de estos llaneros cantan, hablan y silban a los animales. ¿Y sabes por qué?

Ángela: No. Ni idea. ¿Por qué?

Ana: Porque así el ganado está más tranquilo y no rompe los corrales ni se dispersan por la sabana.

Ángela: ¡Anda! ¡Qué curioso!

Ana: También he leído una leyenda muy curiosa sobre las llamas, uno de los animales más representativos de América del Sur y que ya eran usados en lugar del caballo en el imperio inca.

Ángela: Ah, no lo sabía.

Ana: Otra cosa que no sabía es que Colombia es el segundo país del mundo con mayor número de especies únicas de anfibios, después de Brasil, pero también es el primero en tener estas especies bajo amenaza.

Ángela: Tienen mucho trabajo por delante.

Ejercicio 10 A

Los vecinos del barrio de la Salud se han reunido en asamblea para redactar un escrito explicando las necesidades más inmediatas del barrio. Quieren hacerlo público con objeto de que el ayuntamiento y los vecinos tomen conciencia. Estas son sus quejas:

1. Falta de limpieza de las calles.

   En los últimos meses se ha observado un aumento de la suciedad en aceras y calles. También que los vecinos tiran la basura al contenedor antes de la hora establecida.

2. Escaso alumbrado público.

   Cuando se camina por las calles de noche, se hace difícil ver debido a la poca iluminación.

3. Falta de vigilancia en el parque y áreas verdes.

   Los niños se van del parque porque no pueden jugar a causa de la inseguridad provocada por una pandilla incontrolada.

4. Dificultad de acceso para las personas con escasa movilidad.

   Las aceras no están preparadas para que suban y bajen sillas de ruedas y los carritos de los bebés. Se hace necesario bajar la altura de los bordillos.

5. Excesivo tráfico en la zona.

   En los últimos meses ha aumentado el número de vehículos que circulan por la zona. También se han observado un aumento de la velocidad y un incremento en los accidentes.

UNIDAD 5

Ejercicio 2 A

Están de enhorabuena todos aquellos que no tengan un pueblo para pasar sus vacaciones o aquellos que se están planteando huir del asfalto para vivir lejos del estrés. En nuestro país existen más de dos mil quinientas localidades con menos de dos mil quinientos habitantes. Es decir, que tenemos, por un lado, pueblos sin gente y, por el otro, gente sin pueblos. El objetivo de la campaña *Un pueblo para ti*, lanzada recientemente, es poner en contacto a toda esa gente con los pequeños pueblos para que vuelvan a recuperar la vida que tenían antes del éxodo a las ciudades. En este momento se ofertan medio centenar de localidades diferentes. Estos hijos adoptivos que decidan volver al entorno rural podrán beneficiarse de descuentos en bares, restaurantes y en distintos alojamientos. En algunos de estos municipios incluso se ofrecen de manera gratuita una vivienda y un puesto de trabajo, y tienen preferencia las parejas con hijos ya que se ven en la necesidad de repoblar sus calles, que prácticamente se encuentran desiertas. Sin duda, se trata de una iniciativa muy original, que fomentará el turismo rural, abrirá las puertas a aquellos que necesiten desconectar del bullicio urbano y dará la oportunidad de trabajar y tener una vivienda a familias en paro.

TRANSCRIPCIONES

Ejercicio 6 A

Carlos: Cariño, me han ofrecido un trabajillo en la empresa de Pepe, pero, de todas formas, yo me quiero ir al pueblo.

Eva: No me lo puedo creer. Aunque te hayan ofrecido un trabajo aquí, tú insistes en lo del pueblo…, y eso que te he dicho mil veces que yo prefiero quedarme.

Carlos: Aunque podemos volver a encauzar nuestra vida, ¿tú te niegas? ¡Venga ya! Que tenemos tres niños, Eva; a pesar de que lo estamos pasando mal, no te quieres arriesgar.

Eva: Creo, Carlos, que no eres consciente de lo que dices. Por más que te esfuerces en el campo o por mucho que trabajes, no podrás conseguir lo suficiente para poder llevar una vida digna.

Carlos: Mira, Eva, yo lo que creo es que por muchas dificultades que nos encontremos, lo debemos intentar.

Eva: No sé, quizás tengas razón. Además, con lo cabezota que eres tanto si yo lo acepto como si me niego, tú te vas a ir, ¿verdad?

Carlos: Sí, creo que sí, aunque sé que piensas que estoy loco y aunque después me arrepienta, lo tengo muy claro.

Eva: En fin, sabes que aunque discutamos, en el fondo nos queremos y aunque decidieses ir al fin del mundo, yo te acompañaría.

Carlos: Ya lo sé, cielo, pase lo que pase, estaremos juntos.

Ejercicio 6 F

Hay diferentes nexos que utilizamos para expresar un obstáculo o impedimento para la acción principal. Empezaremos mencionando *y eso que*, usado en el registro informal, que hace referencia y enfatiza algo dicho anteriormente; se construye siempre con tiempos de indicativo, por ejemplo: *Ya te has caído, y eso que te he dicho mil veces que no corras*. Otro nexo es *a pesar de que*, se puede construir tanto con indicativo como con subjuntivo, equivale exactamente a *aunque*, pero este último se utiliza con más frecuencia, por ejemplo: *A pesar de que te quiero mucho, tengo que separarme de ti*. Los nexos *por más* o *por mucho que* + verbo *o por mucho, mucha, muchos, muchas* + sustantivo añaden una idea de intensidad o cantidad y pueden llevar el verbo tanto en tiempos de indicativo como de subjuntivo. Ejemplos: *Por mucho que me esfuerzo, no consigo hablar con él / Por muchos problemas que tenga nunca lo demuestra*. Finalmente,

si queremos expresar dos obstáculos para la acción principal utilizamos *tanto si… como si*, con tiempos de indicativo (excepto el futuro y el condicional simple), o bien usamos el subjuntivo. Ejemplos: *Tanto si te gusta como si no (te gusta), lo haremos a mi manera* o *Tanto si tuvieras mucho dinero como si fueras el último hombre de la Tierra, no me casaría contigo*.

Ejercicio 8

1. ¿Te importaría prestarme tu tienda de campaña?
2. ¿Podríamos dejar aquí nuestro equipaje?
3. ¿Tú serías capaz de comer insectos?
4. Yo solo haría *puenting* si me dieran mucho dinero, ¿y tú?
5. ¿Por qué llevas tanta ropa en la maleta?
6. Como no reservemos la casa rural pronto, nos quedaremos sin alojamiento para el próximo puente.

Ejercicio 10 C

Daniel: Ay, Bea, no sé si hemos tomado la mejor decisión del mundo, justo ahora que tienes tanto trabajo.

Bea: No te preocupes, Dani: aunque no tengamos Internet, puedo trabajar con mis diccionarios y después enviar las traducciones por correo postal.

Daniel: Pero ¿estás segura de que habrá una oficina de correos?

Bea: Aunque no haya una oficina, seguro que hay un buzón en el que depositar las cartas.

Daniel: ¿Y los paquetes?

Bea: Los enviaré desde la capital. Por muchas ventajas que encontremos en el pueblo, será necesario que bajemos de vez en cuando a hacer gestiones a la ciudad, ¿no? Aprovecharé entonces.

Daniel: Tienes razón. Aunque es muy posible que el pueblo cuente con dos o tres tiendecillas, siempre habrá productos que no encontremos allí.

Bea: Sí, y aunque los podamos conseguir, no me resigno a olvidar todos los beneficios de la gran ciudad. ¡Me gustaría seguir disfrutando del cine de vez en cuando! Por mucho que queramos, no podemos renegar del lugar donde nos hemos criado.

Daniel: ¡Claro que no! Aunque pasemos muchos años en la montaña, ¿quién sabe?, siempre necesitaremos nuestro poquito de ciudad.

Ejercicio 11 A

1. Para mí lo más práctico, aunque no siempre sea lo más económico, es el avión. Normalmente, no viajo con equipaje y llevo la tarjeta de embarque en el móvil, de manera que ni siquiera tengo que pasar por los mostradores de facturación. Siempre que puedo, pido un asiento de ventanilla porque me encanta llegar a mi ciudad y verla alumbrada desde las alturas.

2. A no ser que al final me arreglen el coche antes de Nochebuena, que es poco probable, este año tendré que volver a casa en tren. Sinceramente, no tengo ganas ni de Navidad ni de pasar casi un día entero atravesando España en un vagón de tren. Todo son inconvenientes: me sale más caro que pagar la gasolina y encima tengo que hacer un trasbordo en Madrid. Pero, en fin, ¡a mal tiempo buena cara!

3. Por mucho que intento acoplarme en el coche de algún amigo que vaya para el pueblo, siempre acabo yendo en autobús. Lo prefiero al tren porque es más barato y no tengo que hacer trasbordos. Vale que para en cinco o seis estaciones antes de llegar, pero para mí es lo mejor… ¡Con tal de pagar poco y estar durmiendo sin interrupción sentadito en mi asiento, lo que sea!

4. Este año voy a probar con mi hermana un nuevo sistema de viaje. Hemos encontrado una página web en la que puedes entrar en contacto con otras personas que van a hacer el mismo trayecto que tú en coche. Así no vas solo y compartes gastos. Nosotras hemos indicado en la página web que tenemos espacio para tres personas el día 23 para ir de Ciudad Real a Jaén. ¿Nos llamará alguien?

¡Extra! En comunicación
Ejercicio 3 A

1. Desde que estoy jubilado me apunto siempre que puedo a los viajes que organizan para la tercera edad. Realmente son más baratos, especialmente porque suelen hacerse en temporada baja, así que merecen mucho la pena. Mi mujer no está muy conforme porque alega que no le gusta viajar con tantos viejos, como ella dice, pero yo no estoy de acuerdo. Siempre lo pasamos muy bien con las actividades programadas de los

hoteles y las visitas guiadas. Para mí eso es lo mejor: ir a una ciudad y contar con un guía que nos explique todos los detalles.

2. Por cuestiones de trabajo, cuando acabé la carrera, tuve que hacer un poco de turismo lingüístico, es decir, irme a otro país a recibir clases para aprender una lengua. Conseguí una beca por mis buenas notas y elegí España porque tenía que mejorar mi español, si no, no habría podido costeármelo. Por las mañanas iba a la escuela y por la tarde teníamos siempre actividades programadas, como intercambios de idiomas con nativos, excursiones por la zona… Realmente, tuve la sensación de soltarme con el español de una vez por todas, y hoy en día, aunque sigo cometiendo errores, no tengo miedo a expresarme en esta lengua.

3. Desde que entré en el instituto, estuve soñando con que llegara el último año para poder ir de viaje de fin de curso: esa oportunidad única de poner fin a una etapa académica con un viaje en el que disfrutar de los compañeros, eso sí, bajo la supervisión de algunos profesores. Para financiarlo, hicimos rifas, vendimos manualidades que habíamos hecho nosotros mismos… Cuando se es estudiante, hay que buscar los recursos sea donde sea. ¡No es cuestión de hacer pagar a los padres tanto dinero de su bolsillo! Elegimos un viaje por el sur de Inglaterra y visitamos muchos museos impresionantes. Eso sí, también hicimos muchas fiestas, así que a la vuelta del viaje me pasé casi tres días enteros durmiendo.

UNIDAD 6
Ejercicio 2 A

Marta: Hola, Luis.

Luis: ¡Hombre, Marta! ¿Qué tal? ¿Cómo te va?

Marta: Bien, bueno. Te llamaba por si podías hacerme un favor.

Luis: ¡Claro! Tú dirás…

Marta: Verás. Es que tengo que actualizar mi currículum vítae y no sé muy bien cómo hacerlo, porque, ya sabes, hay muchos tipos y no tengo mucha idea. Como tú estás metido en el mundillo laboral, había pensado que me podías echar una mano.

Luis: Por supuesto. ¿Qué necesitas?

Marta: Para empezar, que me expliques los diferentes tipos de currículos que hay.

Luis: Así a grandes rasgos, hay tres. El cronológico, que consiste en ordenar la información del currículum vítae del trabajo más antiguo al más reciente, pero no es recomendable cuando se ha cambiado de trabajo con frecuencia. El currículum inverso permite destacar la experiencia laboral reciente. Es lo mejor si tu experiencia laboral tiene relación con el puesto de trabajo al que aspiras. Por último, está el currículum temático o funcional, que consiste en ordenarlo todo por bloques temáticos. Es muy práctico cuando la experiencia es muy dispersa o cuando tú te has pasado mucho tiempo sin trabajar…

Marta: Perdona que te interrumpa. ¿Puedo preguntarte algo?

Luis: Claro, dime.

Marta: Yo no tengo mucha experiencia laboral, ¿cuál me recomiendas?

Luis: Pues entonces, lo mejor es que prepares un currículum cronológico.

Marta: Vale. ¿Y cómo lo organizo?

Luis: Pues en diferentes secciones. La primera es el encabezado, donde están los datos del aspirante; le siguen los objetivos profesionales, donde uno tiene que establecer de forma clara, concreta y precisa cuál es el tipo de trabajo que quiere realizar. En esta sección explican el tipo de empleo que desean conseguir, el tipo de empresa en la que les gustaría trabajar, habilidades o puntos fuertes de la persona en relación con el puesto que solicitan y progreso que desean conseguir con el transcurso del tiempo.

Marta: Vale. Creo que lo he entendido.

Luis: Después viene la historia laboral, que puede ser ascendente o descendente. Ahí indicas los datos de la empresa en que hayas trabajado, las fechas, la posición ocupada, los principales logros o las funciones que hayas tenido.

Marta: Sí, ya, claro, pero yo no tengo demasiada experiencia…

Luis: Bueno, lo que tengas. Y nada, lo último es la formación académica, donde tienes que presentar todos tus estudios desde el último título obtenido, el lugar de realización, el año de finalización de tus estudios y la institución educativa.

Marta: Hablando de otra cosa. Yo he hecho otros cursos de formación e idiomas y tengo certificados oficiales que lo acreditan,

así como el nivel lingüístico que tengo. ¿Dónde los pongo?

Luis: Déjame que piense… Los cursos de idiomas suelen ir tras la sección de formación académica. Allí se deberán agregar los mismos datos y, en el caso de tener diferentes nivelaciones, como en el caso de los idiomas, el mayor nivel alcanzado.

Marta: Luis…, me has sido de mucha ayuda. Muchas gracias. Te debo una.

Luis: No es nada. Me invitas a un café y ya está.

Marta: Hecho.

Ejercicio 2 C
(Se repite la audición).

Ejercicio 3 A

Marta: Hola, Ángela. Soy Marta.

Ángela: ¡Hola, Marti!! ¿Qué tal?

M: Pues no sé, no sé… Mira, antes de nada, te llamo para contarte que he tenido una entrevista de trabajo.

A: ¿Sí? ¡No me digas! ¡Qué bien! Me alegro un montón.

M: Pues nada. Ya sabes que después de terminar el trabajo de camarera, no he vuelto a trabajar y menos aún de lo mío. He echado currículos en varias empresas, en la SEPE y en diferentes ETT para buscar trabajo. Al mismo tiempo he seguido haciendo cursos y…

A: Sí, sí, ya lo sé. Anda, ve al grano.

M: Y bueno…, que me llevé una sorpresa cuando abrí el correo y me encontré con una cita para una entrevista de trabajo.

A: ¿Dónde? ¿Cuándo?

M: La entrevista la hice ayer, en un estudio de arquitectura.

A: ¿Y qué tal te fue? ¿Estabas nerviosa?

M: ¿Nerviosa? Un poco. El caso es que me presenté allí. Al llegar me recibió la secretaria muy amablemente. Después de que me presentaron a mi entrevistador, me puse muy nerviosa, la verdad. Allí estaba yo con mi carta de presentación, mi currículum vítae y la carta de recomendación de mi anterior trabajo, o eso creía yo. Hasta que no llegó el final de la entrevista no me di cuenta de que la carpeta donde llevaba todos los documentos… estaba vacía.

A: ¡¿Vacía?! ¡Vaya! ¿No tenías un *pendrive* con la información? Lo pasarías fatal, ¿no…? ¿Y qué hiciste?

M: Tuve que disculparme y decirle al entrevistador que lo sentía mucho, que me había dejado los documentos en casa. Pero me dijo que no importaba, que una vez terminada la entrevista podía mandarle los documentos por correo electrónico. En cuanto llegué a casa, recuperé los documentos y se los envié.

A: ¡Uf! ¡Menos mal!

M: Claro, pero ¡vaya comienzo! Ahora…, a esperar. A ver si me llaman.

Ejercicio 3 B

(Se repite la audición).

Ejercicio 4 A

1. > Hola, Marta. ¿Sabes algo ya de tu entrevista? Después de que llamaras tan preocupada no he parado de pensar en ti.

< No, todavía no. No sabes lo nerviosa que estoy. Hasta que no me llamen, no me quedaré tranquila.

2. > ¡Hola, Marti! ¿Qué sabes de la entrevista del otro día?

< Pues nada aún. Me dijeron que me llamarían antes de que finalizara el mes, pero todavía no me han llamado. Gracias por tu interés. En cuanto sepa algo, te lo diré.

> Vale. Nos vemos.

3. > Hola, Ana. ¿Puedo hablar contigo? Es que estoy algo nerviosa con lo de la entrevista y necesito charlar.

< Lo siento, Marta. Ahora estoy muy ocupada. Tengo mucho trabajo. Llámame esta noche después de cenar y hablamos con más tranquilidad. Antes de cenar no voy a poder porque tengo que entregar unos informes y…

> Vale, venga. Te llamo esta noche.

4. > Ya me ha contado Ángela lo de tu entrevista de trabajo. ¿Qué te pasó?

< Pues que nada más terminar la entrevista me di cuenta de que me faltaban los papeles del currículum, así que cuando llegué a casa, los envié por correo electrónico.

< ¿Y has sabido algo más?

> No, nada.

< ¿Y qué estás haciendo mientras tanto?

> Terminar un curso que tengo pendiente, echar más currículos, leer las ofertas de trabajo del periódico, buscar en Internet… Tengo mucho tiempo libre mientras no me salga nada.

< Vaya. Pues yo no tengo tiempo para nada. Cuando sepas algo, me llamas, ¿vale?

5. > Hola, buenos días. Llamaba porque hace unas semanas tuve una entrevista de trabajo en su empresa. Me dijeron que me llamarían cuando supieran algo. ¿Me podría informar?

< Sí, un momento, por favor. Dígame su nombre.

> Marta del Valle.

< A ver. No, todavía no hay noticias. No se preocupe. Apenas sepamos algo, la llamaremos. Pero una vez pasados quince días, si no tuviera noticias nuestras, vuelva a contactar con nosotros, ¿de acuerdo?

< De acuerdo. Muchas gracias.

Ejercicio 7 B

Entrevistador: Hoy en nuestro programa *15 minutos con…* abordaremos una de las actividades comerciales más antiguas: la venta ambulante. ¿Cómo piensan y cómo viven una jornada de trabajo quienes se dedican a esta actividad? Hoy contamos con la presencia de Manuel y María, que como todos los domingos, abren su puesto en la plaza de nuestra localidad, ¿no es así?

Manuel: Sí. Mi familia trabajó durante mucho tiempo en el comercio ambulante. Luego, al llegar los años del *boom* económico, mi hermano y yo lo dejamos. Pero después de trabajar en varias empresas, decidimos volver al negocio familiar. Ahora toda la familia se dedica a esto. Yo seguiré trabajando hasta que me canse: creo que hay que tener nuevas experiencias de vez en cuando.

Entrevistador: ¿Qué pasos hay que seguir para vender en un mercadillo?

Manuel: Pues cuando se abre el plazo de inscripción de una plaza, echamos la solicitud en el ayuntamiento. Mientras tanto, no podemos vender en esa localidad.

Entrevistador: ¿Qué pasa cuando les dan el permiso?

Manuel: Pues que en cuanto pagamos los impuestos, nos asignan un lugar y ponemos nuestro tenderete.

Entrevistador: ¿Qué mercancía venden?

María: Nosotros tenemos un puesto de frutas y verduras.

Entrevistador: ¿Y qué tal les va? ¿Venden mucho?

Manuel: Bueno, no nos podemos quejar.

Entrevistador: Mucha gente viene al mercadillo a comprar porque piensan que aquí todo son chollos. ¿Qué les pasa por la cabeza cuando la gente empieza a regatear?

María: La mercancía tiene un precio, ¿sabe? La mercancía nos cuesta un dinerito. Cuando alguien viene aquí con ganas de regatear, a mí no me gusta aunque sé que es una práctica habitual en el mercadillo.

Entrevistador: ¿Y cómo es un día normal y corriente?

Manuel: Pues empezamos muy temprano y nada más llegar montamos el tenderete. Hay veces que mientras lo montamos, tenemos clientes esperando, ¿sabe? En cuanto llega el primer cliente, ya no paramos en toda la mañana…

Ejercicio 11 B

Laura: Papá, ¿qué lees?

Padre: Pues las noticias del periódico.

Laura: ¿Y qué dicen?

Padre: Hablan de las próximas elecciones.

Laura: ¿Cómo son unas elecciones?

Padre: Bueno…, primero tienes que saber que hay un conjunto de normas que conforman el régimen electoral y que posibilitan que los ciudadanos ejerzan el sufragio.

Laura: ¿Qué significa eso?

Padre: Que los ciudadanos pueden votar para decidir quién quiere que los gobierne.

Laura: Ya veo… ¿Y qué se hace con todo eso?

Padre: Cuando llega el momento, se convocan las elecciones mediante un decreto. Se inicia así el proceso electoral, que en cada país se hace de un modo diferente.

Laura: Ya, pero ¿cómo es un proceso electoral?

Padre: Tiene varias etapas muy definidas. Primero, se presenta a los candidatos y luego comienza la campaña electoral.

Laura: ¿Y qué pasa entonces?

Padre: Que durante este periodo de propaganda electoral, los candidatos y los partidos políticos realizan muchas actividades y mítines por todo el país para informar de su proyecto y convencer a los electores.

Laura: ¿Y cuánto dura una campaña electoral?

Padre: De dos a cuatro semanas, salvo en el caso de México, que dura cuatro meses. Después está la jornada de reflexión de al menos 24 horas.

Laura: ¿Para qué sirve?

Padre: Para que podamos pensar con tranquilidad antes de votar; durante esa jornada está prohibido hacer campaña.

Laura: Yo nunca he visto cómo se vota.

Padre: El día de las elecciones cada votante tiene que buscar su mesa en su colegio electoral y depositar la papeleta en la urna. En la próxima convocatoria me vas a acompañar.

Laura: Vale, qué bien. Yo no sabía que había que hacer tantas cosas.

Padre: Pues todavía no he terminado. Tras la jornada electoral, viene el escrutinio: hay que contar todos los votos, contabilizar los votos nulos, los válidos, los votos en blanco y las abstenciones. Finalmente, se sabe quién es el candidato elegido cuando se ha hecho el recuento de los votos de todas las mesas electorales. Entonces ya se sabe qué partido político ha ganado las elecciones y quién será el presidente o el primer ministro de un país.

UNIDAD 7
Ejercicio 2 A

Pepe, el abuelo: Ah, estoy hecho un chaval. Yo pensaba que, con mi edad, habría perdido el sentido del ritmo, sin embargo, me he dado cuenta de que sigo bailando igual que antes cuando iba a las verbenas del pueblo. Esos pasodobles, el tango, e incluso, me atrevo con la salsa… y no se me da nada mal. Ah, pero lo que he descubierto de verdad… ¡¡¡Es el *rock*!!! Era justo lo que necesitaba en este momento.

Juan, el padre: Bueno, la verdad es que yo nunca creí que llegaría a apuntarme a este tipo de talleres culinarios. Fue un regalo de mi mujer…, graciosa, ¿eh? Al principio reconozco que me pareció un poco fuerte el regalito de cumpleaños…, pero se lo agradeceré toda la vida. El sábado por la tarde, después del partido, me fui al taller y aprendí a preparar una sopa riquísima que estaba pensada para perder peso, ¡que buena falta me haría a mí perder esta barriguita! Ja,ja, ja…

Pepa, la madre: Ay, ¡qué bien me sienta el taichi! En algunos momentos me sentía agotada y estresada, por eso decidí inscribirme en esta actividad en la que desconecto, me relajo, hago movimientos suaves y, también, gracias a ella, estoy conociendo a mucha gente interesante y aprendiendo a ver la vida de otra manera. Al final te das cuentas de que todo está dentro de ti.

Miguel Ángel, el hermano mayor: Libros que no se quedan en una estantería cubiertos por el polvo, sino que pasan de mano en mano, ¡es maravilloso! Esta actividad es una buena ocasión para dar un paseo, buscar una historia que te llame la atención y compartir opiniones con otras personas que también la hayan leído. Todo ello sin gastar nada. ¿Se puede pedir más?

Elisa, la hija: Estoy hecha polvo después de la caminata del domingo. Pero ha merecido la pena. Para mí, el contacto con la naturaleza, el sol, las vistas que se disfrutan y el compañerismo que existe durante las rutas que hacemos… no tiene precio. Al final, llegar a casa es lo más relajante y te permite estar más centrada en tu actividad diaria. Ya me he apuntado a la próxima ruta.

Juan: Ah, mi hijo se lo pasa bomba en esos ratos. Tiene un montón de amiguitos y aunque solo son tres veces a la semana, disfruta él y disfrutamos mi mujer y yo. Este servicio es todo un invento, pues podemos estar tranquilos esos días y no llegar corriendo y tener problemas en el trabajo para venir a recoger al niño. Además, aprende un montón de juegos y les enseñan manualidades muy relajantes.

Ejercicio 6

1. > ¡Qué sino el mío! Siempre pensando en si sí o en si no me he de casar.

2. > No solo entrarán los niños, sino también aquellos acompañantes que lo deseen.

3. > Si no quieres venir, allá tú. Nosotras, desde luego, no solo iremos, sino que, además, estamos seguras de que nos los pasaremos bomba.

4. > ¡Hombre, Juan! ¿Qué tal?
   < Pues, chico, si no me dices nada no te hubiera conocido.

5. > Sí, no, sí, no, sí, no… Bueno, si no me quiere, casi mejor…
   < Anda, anda. No solo es falso que no te quiera, sino que además te adora.

6. > No lo hizo Sara, sino Paqui.

7. > Pregúntale a él si no lo sabes.

8. > Quiero creer que lo has hecho por ayudar, si no, me va a costar volver a confiar en ti.

Ejercicio 9

Diálogo 1

< Oye, Elisa, ¿a qué hora volviste anoche?

> Pues, no sé… Bastante tarde. Serían más o menos las diez cuando nos fuimos de tapas, luego nos tomamos unas cervecitas…

Diálogo 2

< ¿Sabes? Al final no me enterado bien de cómo jugar a ese juego de mesa que me regalaste. Explícamelo de nuevo.

> Bueno, luego, cuando tenga un rato te lo explico.

Diálogo 3

< ¿Vas esta tarde al gimnasio?

> No, ya no voy al gimnasio. Después de tantos años es una pena, pero es que no me queda otra opción. Llego demasiado tarde a casa desde que cambié de trabajo.

Diálogo 4

< Mira, Raúl. Estoy intentando leer un rato tranquila. Si no dejas de molestarme, al final me voy a enfadar contigo.

> Jo, es que me aburro… No sé qué hacer.

Diálogo 5

< Miguel Ángel, te veo más relajado, ¿no?

> Es verdad. Ahora estoy más tranquilo, me he quitado un peso de encima porque he hecho la mitad del trabajo, pero todavía voy a trabajar un poco más durante la próxima semana.

Diálogo 6

< Elisa, ¿qué te ha pasado con tu amiga Marta? ¿Os habéis enfadado?

> Pues, mira, ha sido un malentendido. Salíamos juntas de clase y nos encontramos con Bea, yo empecé a andar mientras hablaba con Bea creyendo que Marta iba a mi lado. Ella se creyó que la había dejado plantada.

Ejercicio 11 A

Llega el buen tiempo. Ahora que ya tenemos las vacaciones encima, es hora de ir pensando en qué vamos a ocupar nuestro tiempo estival…, para los que tienen la suerte de tenerlo, ¡claro! Por cierto, ¿has pensado ya qué vas a hacer en verano? Aquí te dejamos algunas sugerencias, ¡a ver si se te vienen bien!

1. Nada. Sí, eso es, nada. Pero no nos referimos a la natación, sino a la absoluta ausencia de motivaciones este verano. Deja de lado todas las recomendaciones de los suplementos dominicales. Mejor dicho, nada de destinos fantásticos, es-

capadas increíbles o planes perfectos. Descansa, relájate y échate una buena siesta. Incluso, abúrrete, sí, sí, ahora tienes tiempo de aburrirte y de disfrutar con ello. ¿Has pensado alguna vez que no tenemos tiempo, en ocasiones, ni de aburrirnos?

2. Pero si necesitas acción, si es eres de los que en vacaciones aprovecha para no parar, la opción de los parques acuáticos o temáticos es perfecta, especialmente si tienes niños a los que distraer. En otras palabras: disfrutarás a lo grande y vivirás «inolvidables» aventuras con tu familia y amigos.

3. Otra opción es ir de rebajas. Son muy numerosas las ofertas que nos podemos encontrar en los establecimientos: dos por uno, a mitad de precio, tres por dos, rebajas. Raro será si no picas y no te vuelves a casa cargado de cosas y ropa que no necesitas. Pero ¿y lo que has disfrutado?

4. ¿Qué tal salir a cenar? ¿Y de tapas? Seguro que en tu ciudad hay muchas terrazas y bares donde ir a tomarse una tapita y una caña fresquita para quitarte el calor del verano. Te encantará. Siempre tendrás algún amigo o amiga que venga a visitarte y aprovechar para que le enseñes la ciudad.

5. Una cosa: ¿te gustan las actividades culturales? En España se celebran numerosos festivales de teatro, como el Festival de Teatro Clásico de Almagro, con un maravilloso corral de comedias, o el Festival Internacional de Teatro Clásico de Mérida. Y si estás de vacaciones en Colombia o La Habana, no dejes de asistir al Festival Iberoamericano de Teatro de Bogotá o al Festival de Teatro de La Habana. De todas maneras, si quieres más información, indaga en la programación cultural y anímate a ir.

6. Por último, ¿cuánto hace que no ves a tus familiares? ¿Desde cuándo no vas a visitarlos? Pues mejor oportunidad que esta no la vas a encontrar. Y si no tienes parientes a quienes visitar, también está la posibilidad de irte de barbacoa al campo. Vamos, el típico dominguero con la paellita, la tortilla de patatas y el tinto de verano. Eso sí, mucho cuidadito con los fuegos: encenderlos siempre en zonas habilitadas para tal fin.

En definitiva, tiempo libre, relax y ganas de pasarlo bien son todos los ingredientes para disfrutar de unas fantásticas vacaciones.

Ejercicio 11 B

(Se repite la audición).

Ejercicio 11 C

(Se repite la audición).

¡Extra! Practica
Ejercicio 2 C

Locutor: Buenas tardes. De nuevo con todos ustedes para contarles las últimas novedades de la semana. Esta vez, tenemos que centrarnos en la celebración del II Certamen Gastronómico de la Tapa de Villarriba, organizado por la Asociación Gastronómica El Tapete en colaboración con el Ayuntamiento de Villarriba.

Locutora: Así es. Como cada año, vuelve a celebrarse este certamen que gusta tanto a los vecinos de Villarriba como a todos los turistas que se acercan con este motivo a nuestra localidad.

Locutor: ¡Claro! Es que las tapas son exquisitas, hay muchísima variedad y uno acaba poniéndose morado. ¿Cuántos bares y restaurantes se presentan? Deben de ser muchísimos, ¿no, Aurora?

Locutora: Pues acabo de contarlos en el folleto publicitario y son exactamente veinticinco locales de restauración los que se presentan con una tapa original, que podrá degustarse durante el fin de semana en cada restaurante.

Locutor: Sí. Además, han preparado un carné especial para que se selle en cada establecimiento, de manera que quien lo tenga relleno al final del certamen recibirá un premio especial.

Locutora: En efecto. No dejen de participar y disfruten de esta iniciativa gastronómica.

UNIDAD 8
Ejercicio 1 C

1. Mario y Lourdes

Hemos decidido venir aquí porque la terapia y la atención son estupendas. A mi marido le diagnosticaron una úlcera de estómago y, además, tiene sobrepeso; así que necesita bajar algunos kilos y liberarse del estrés. Aquí le han hecho un chequeo con análisis de sangre y de orina, y le han puesto una dieta hipocalórica, y también le están tratando el estrés con acupuntura.

2. Miguel

Soy deportista y me estoy recuperando de un esguince de rodilla. Los tratamientos terapéuticos con aguas termales junto con los masajes del fisioterapeuta son lo mejor para recuperar el tono muscular rápidamente.

3. Petra

Yo presumía de tener una salud de hierro hasta que empecé con unos dolores de cabeza terribles; incluso me daban vómitos y había días que no me podía ni levantar para ir al trabajo. Probé todo tipo de tratamientos hasta que una amiga me recomendó las terapias energéticas de la acupuntura, y desde entonces… ¡Mano de santo! He mejorado muchísimo y ya casi no me dan cefaleas, pero sigo viniendo al balneario de vez en cuando a revisiones.

4. Rocío y Fernando

Fernando tiene problemas de dermatitis y de la piel, en general, y nos dijeron que los baños en las aguas termales le vendrían bien. Así que venimos cada año. A él le hacen una revisión general y yo me relajo también metiéndome con él en las maravillosas piscinas de aguas termales del balneario.

Ejercicio 2 A

Rosa: Hola, Sara. ¿Viste ayer el programa de Rosablanca?

Sara: ¡Claro que no! No pude. Llegué tarde a casa y mientras preparé la cena y todo, se me hizo muy tarde. ¿Hay algo que merezca la pena saber?

Rosa: No. Nada que yo no supiera hasta ahora: que la nueva mujer del torero Pacorrón se ha quedado embarazada.

Sara: ¡Vaya! Ya era hora. Tenían muchas ganas.

Rosa: Sí. Y también dijeron que el actor Mario Mas se ha hecho una liposucción.

Sara: ¡Que no, que no! ¡Que no, mujer! Pero si estaba muy delgado. Se habrá quedado en los huesos. ¿Seguro que era él?

Rosa: ¡Claro! Lo que yo no escuche… Y Bill Gotes se ha vuelto pobre.

Sara: ¡Eso sí que no! Que yo sepa, es multimillonario…

Rosa: Pues yo no sé lo que le ha pasado, pero el caso es que ha perdido toda su fortuna. ¡Ah! Y Antonio Bandejas se ha hecho estadounidense.

Sara: ¡Que no, mujer! Que eso no puede ser. Antonio Bandejas es español y está casado con una actriz estadounidense, pero ¡es español!

Rosa: ¡Qué va! ¡Pero si se han separado! ¡Ah! Y Leo Messilla se ha hecho budista y ha dejado el fútbol. ¿No te extraña?

Sara: Por supuesto que no. Yo ya no me extraño de nada.

Ejercicio 2 B

(Se repite la audición).

Ejercicio 3 A

Inés: ¿Sabes que Blanca está embarazada?

Rosa: ¡No me digas! Su marido se habrá puesto muy contento, ¿no?

Inés: Sí. Ahora están viviendo un momento muy dulce…, pero no siempre es así, ¿verdad?

Rosa: Bueno, la vida da muchas vueltas. También hay momentos malos.

Inés: ¿Cuál ha sido el peor momento de tu vida, Rosa?

Rosa: Sin duda, cuando mis hijos se fueron de casa. Un día se hicieron mayores y se fueron. Me quedé muy sola. Sí, vale, también estaba mi marido, pero ya no era lo mismo. Estábamos solos y él pasaba mucho tiempo trabajando. Pero desde que se jubiló, hacemos muchas cosas juntos: nos hemos vuelto unos bailarines de primera. Bueno, y también recuerdo como un periodo bastante malo la época en que mi marido se quedó sin trabajo. Después de muchos años en la misma empresa, lo pusieron de patitas en la calle. Así sin más. Entonces se puso insoportable. Se volvió antipático, intratable, no quería ver a nadie, no salía. ¡Vaya, que estábamos todos muy preocupados! Menos mal que eso no duró mucho porque encontró otro trabajo y por fin todo volvió a la normalidad.

Inés: Ahora todo es más fácil, ¿no? Disfrutas de tus nietos…

Rosa: Bueno, ahora son mis nietos precisamente los que me preocupan. Mi nieto Mario se ha hecho médico. ¡Quién lo iba a decir! ¡Con el miedo que le daban las agujas! Se ha hecho de Médicos sin Fronteras y está casi todo el tiempo fuera. Martita ha dejado los estudios, se ha hecho *hippie* y ecologista. Está todo el tiempo organizando manifestaciones y protestas en defensa del medioambiente. ¡Quién lo iba a decir! Si parece que fue ayer cuando tuvo que hablar en la ceremonia de fin de curso. ¡La pobre lo pasó tan mal! Se puso roja como un tomate, no le salía la voz, hasta tuvo

que salir la profesora a tranquilizarla. ¡Y mírala ahora! ¡Ha cambiado tanto!

Inés: Tú tenías otro nieto, ¿no?

Rosa: Sí, Jesús, el pequeño. Se puso muy gordo cuando dejó de fumar, pero luego empezó a hacer deporte. Corría todas las tardes, hizo dieta y se quedó muy delgado. Perdió diez kilos en muy poco tiempo. ¡Ahora está hecho un roble! No tiene nada que ver con ese niño flacucho que siempre estaba enfermo. ¿Sabes? Sus padres lo llevaban a la playa todos los veranos porque el médico les había dicho que los baños de sol y el agua del mar eran muy buenos para el niño, y es que tenía muchas alergias y se resfriaba continuamente. No te puedes imaginar lo mal que lo pasó un invierno en el que se puso muy enfermo debido a una infección respiratoria.

Inés: Oye, ¿y tu perro? ¿Qué fue de él?

Rosa: ¡Ay! ¡No sabes cuánto echo de menos a mi perrito Lucas! Desde que lo pilló un coche ya no fue el mismo. Se quedó cojo y no se recuperó ya. Murió hace unos meses.

Ejercicio 4 A

A. Inés: Por cierto, Rosa, ¿y tu sobrino Emilio? ¿Cómo está?

Rosa: Pues, ya sabes, llevar una escayola tantos días es un poco pesado. Dentro de quince días tiene cita con el médico y, si todo va bien, seguramente le quitarán la escayola y le pondrán una venda otros quince días más.

B. Rosa: A quien han hospitalizado ahora es a Marcos, el marido de mi amiga Rita.

Inés: ¿Ah, sí? ¿Qué le pasa?

Rosa: Que llevaba muchos días con muchos dolores de cabeza. Fue al ambulatorio a su médico y le dijo que posiblemente serían cefaleas provocadas por el estrés, pero que para estar más seguros, le harían un TAC.

C. Rosa: Inés, y tú… ¡Qué delgada te has quedado! Te lo he notado nada más verte.

Inés: ¿Has visto? Es que me he puesto a dieta y he empezado a hacer ejercicio. Pero, nada, tú ya sabes cómo es esto. Muy pronto llegan las navidades y con tanta fiesta y tantas comilonas ya verás como seguro que cojo algún kilo de más.

D. Inés: ¿Qué tal tu suegra? Me enteré de que se había caído por las escaleras.

Rosa: Sí. El caso es que no sabe cómo ocurrió. Puede que tropezara con algún escalón… o se habría caído algo al suelo que no vio…, pero el hecho es que resbaló y se dio un golpe terrible. Tuvieron que darle cinco puntos en la frente.

E. Rosa: Me extraña mucho que tu hermana no haya llegado todavía. Iba a venir a tomarse un café con nosotras después de trabajar, ¿no?

Inés: Sí, sí. ¡Y ya es raro! ¿Qué le habrá pasado?

Rosa: Decían que hoy había mucho atasco por el centro. Es muy probable que la haya pillado y por eso no ha llegado.

F. Inés: Bueno…, a lo mejor Inma ha ido al médico con su hijo. Ayer tenía un poco de fiebre…

Rosa: Pues no me digas más… Es posible que haya ido y que haya mucha gente. Ya sabes, en invierno se llenan las salas de espera de gente con los resfriados y la gripe.

Inés: Será eso; tal vez el niño se haya puesto peor y haya mucha gente en la consulta…, pero habría llamado, ¿no crees?

Rosa: Ya la conoces…, cuando tiene algo que hacer, se le va el santo al cielo. Seguramente se le haya olvidado. Estará preocupada por su hijo, como es lógico.

Inés: Ya, tienes razón.

Ejercicio 4 B

(Se repite la audición).

Ejercicio 4 C

(Se repite la audición).

Ejercicio 5 A

1. **Rosa:** Oye, Inés, ¿le habrá pasado algo a Inma? Es raro que no haya aparecido.

   Inés: Pues no tengo ni idea. Estos días no he hablado con ella.

   Rosa: Se habrá equivocado de día. ¡Es tan despistada!

2. **Rosa:** Inés, el otro día llamé a Inma a su casa, pero no me cogió el teléfono. ¿No te parece raro?

   Inés: Sí, porque ella siempre contesta o llama más tarde. Se habría metido en la ducha antes y por eso no lo oyó.

3. **Inés:** Escucha, Rosa, mi prima Marta dice que Inma estuvo unos días en su

ciudad de visita, pero no la llamó para quedar. ¡Qué raro! Ella cree que habría estado en secreto buscando trabajo en otra empresa. Parece ser que está harta de aguantar a su jefe.

UNIDAD 9

Ejercicio 2 B

Juanjo: Bueno, como hoy es domingo, me he levantado a las tantas y me siento fenomenal porque he dormido como un lirón, así que…, familia, estoy por invitaros a comer. ¿Qué os parece? ¿Os apetece?

Maribel: Por mí…, vamos donde tú quieras, pero recuerda que estás a dieta, cariño.

Juanjo: Bueno, sí, lo que pasa es que los domingos me la salto, pero de lunes a sábado la sigo a rajatabla, ¿eh?

Maribel: Bueno, vamos a ver dónde podemos ir. Chicos, venid un momento, que vamos a elegir un sitio que nos guste a todos para almorzar. Papá se ha levantado hoy con ganas de invitarnos a comer.

Hijo: Huy, papá, ¿qué mosca te ha picado? Tú solo nos invitas de higos a brevas, no recuerdo cuándo fue la última vez que…

Juanjo: No exageres, que ya sabes que ahora mismo no estamos para tirar el dinero…

Maribel: Mirad, aquí hay un sitio que tiene muy buena pinta; además, estos platos no engordan. Conozco este restaurante de oídas. María, la que trabaja conmigo, me ha comentado que las mariscadas están para chuparse los dedos, bueníiiiisimas, y que es un lugar muy agradable, donde se come muy a gusto.

Juanjo: Ya, Maribel, pero esto no está al alcance de nuestro bolsillo…

Hija: Mamá, ahí no voy yo, prefiero este otro en el que piensan en quienes somos más golosos. Fijaos qué postres tan variados; todo parece muy rico. Seguro que preparan también buen mate.

Juanjo: ¡Qué tentación!, aunque deberíamos buscar otro que esté por esta zona.

Hija: Jo, nunca os parece bien lo que yo propongo. Seguro que al final acabaremos yendo a un sitio de mala muerte.

Hijo: Bah, pues por mí, vamos donde queráis.

Juanjo: Puedes opinar, estás muy raro, ¿no? Para ser tú, llevas mucho rato sin decir esta boca es mía.

Hijo: Vale, si insistes… Ya sabéis que yo soy de buen comer y me encanta la proteína, así que ¿por qué no cambiamos la mariscada por una buena pieza de carne? Llegamos en un santiamén, está cerquísima.

Juanjo: No sé, no sé… ¿A cuánto saldrá por barba? Hijo, por si las moscas, vamos a pensar en algo más baratito.

Hija: ¿Ves?, no sé para qué nos preguntas, si no nos haces ni caso. ¡Jo!

Maribel: ¡Haya paz! Se supone que queremos pasar un buen rato y no merece la pena que nos enfademos.

Juanjo: Eso, eso. Escuchadme un momento, algo picante, guacamole… y por poco dinero, ¡qué combinación! Decidido.

Maribel: Veo, cariño, que te has olvidado de tu querida úlcera de estómago.

Juanjo: Ay, qué vida la mía. En fin, creo que al final nos vamos a quedar en casa. Me pongo el delantal y cocino yo.

Hijo: Pero, papá, si cocinas de pena. Yo me voy a comer con los abuelos.

Hija: Y yo.

Maribel: Y yo también, que hace mucho que no discuto con mi madre.

Juanjo: ¡Ay!, ¡familia!

Ejercicio 4 A

Pepe: Mira, Juanjo, esto lo ha dejado el jefe para ti, para que lo revises para mañana sin falta.

Juanjo: ¿Todo eso? Pues por mí, que diga lo que quiera, pero es imposible que lo tenga todo listo con tan poco tiempo.

Pepe: Venga, no te lo tomes así. Lo que te pasa es que, como hoy es lunes, no estás para nada. Seguro que, al final, lo acabas sin problema. Bueno, vamos a callarnos porque él se pasa por aquí sobre las doce y son menos cinco, así que está por llegar.

Juanjo: Además, hoy me tengo que ir pronto para casa… ¡Me van a quedar cosas por hacer!

Pepe: Si quieres, te envío por correo electrónico todo lo que yo haga. Yo por ti hago lo que sea.

Juanjo: Gracias, Pepe, ¿qué haría yo sin ti? En fin, lo mejor será que me lo tome con calma, aunque te digo una cosa: estoy por cogerme unos días libres, que aún me quedan vacaciones. Además, bien pensado, en esta época por poco dinero te puedes escapar con toda la familia.

Pepe: Sí, claro, por ser temporada baja. Anda, ponte a trabajar que se pasa el tiempo.

Juanjo: Calla, calla, que ya viene por el pasillo.

Jefe: Buenas, ¿cómo va todo? Oye, Juanjo, para mañana por la mañana me harían falta los informes que te he dejado antes y, además, tienes que echarle un vistazo a la cartera de clientes que ha sido organizada por el agente comercial.

Juanjo: Claro, claro… ¿Alguna cosa más?

Jefe: No, con eso es suficiente. Nos vemos luego, me pasaré más tarde por aquí.

Pepe: Pero, Juanjo, ¿cómo es que no le dices que eso es demasiado trabajo? Desde luego, para quejica tú, pero a la hora de la verdad… no se lo dices a la cara…

Juanjo: Eh, eh, deja de criticarme, que a ti te pasa igual.

Pepe: ¿Ah, sí? Ay, ten amigos para esto. Anda, ponte a trabajar y no protestes más.

Juanjo: Pero que sepas que para mí no eres tan buen compañero.

Pepe: Ya está otra vez quejándose el señorito.

Ejercicio 8 C

1. Echaré un puñado más de arroz a la paella, por lo que pueda ocurrir. Seguro que al final se apunta alguien más a comer.

2. No hay nada como sentirse cómodo en compañía de la gente que quieres.

3. Si quieres que el plato te salga bien, no olvides seguir con exactitud las instrucciones de la receta.

4. Como la fabada es un guiso bastante fuerte, la comemos muy de vez en cuando.

5. Conocíamos ese chiringuito porque unos compañeros del trabajo nos lo habían recomendado en repetidas ocasiones.

6. Ayer almorzamos muy bien y baratísimo, solo pagamos 10 euros cada uno.

7. No volveremos a ese bar; no comprendo cómo la gente puede ir a comer allí; estaba todo hecho un asco.

Ejercicio 10 C

La paella es, sin duda alguna, el plato más representativo de la cocina española. Conocida en todo el mundo, no hay foráneo que se niegue a probarla. El arroz, su ingrediente principal, entró en Europa, procedente de Asia, y se empezó a cultivar en grandes cantidades con la llegada de los árabes a la Península, que mejoraron los sistemas de riego, fundamentalmente en la costa mediterránea. Como plato, nace en las zonas rurales de Valencia entre los siglos XV y XVI. Era de simple elaboración con los ingredientes que pastores y agricultores tenían al alcance de la mano: aves, conejo, verduras frescas, arroz, azafrán y aceite de oliva. Se ignora si la paella de pescado y marisco nace simultáneamente a la de carne y verdura, pero sí que es cierto que es una sabrosa y suculenta alternativa. A partir del siglo XX cruzó fronteras y poco a poco fue transformándose desde la receta original —con pollo, pato, conejo, caracoles...— hasta la marinera —con pescado y marisco— y la mixta, mezcla de carne y pescado.

Su nombre, *paella*, en realidad, hace referencia a la sartén, al recipiente donde se cocina y no propiamente al arroz.

Es un plato festivo y su preparación es una excusa para el divertimiento y la conversación de los comensales. Se suele aprovechar la jornada dominical para degustarla.

El guacamole tiene su origen en las selvas de América Central. Su nombre era *ahacamuili*. Es una pasta verde hecha de puré de aguacate y sal. Cuenta la leyenda que el primer guacamole lo elaboraron los aztecas y que lo apreciaban mucho por su alto contenido en grasas y poder energético. Los españoles que colonizaron México también lo tomaban. Actualmente, contiene diferentes ingredientes como el tomate, zumo de lima o limón, cebolla y ajo. Se usa como condimento en los platos mexicanos. Se sirve como salsa en tacos, enchiladas o burritos. Es un alimento muy nutritivo y, como hemos dicho anteriormente, con mucha grasa, por lo que debe ingerirse con moderación.

UNIDAD 10

Ejercicio 2 A

Buenas tardes, amigos y amigas que nos sintonizáis para que os hagamos el tiempo más ameno. Hoy vamos a hacer un repaso del horóscopo: ¿cuáles son vuestras virtudes y defectos según vuestro signo? No os perdáis un detalle.

ARIES (20 de marzo – 20 de abril): los nacidos bajo este signo tienen mucho temperamento y son valientes. A veces se creen superiores a los demás y son muy ambiciosos. Tienen mucha energía y esto a veces los hace agresivos y tercos.

TAURO (20 de abril – 20 de mayo): los tauro son de carácter tranquilo, comprensivo, racional y solidario. Tienen una gran fuerza de voluntad. A veces pueden ser demasiado rígidos y egocéntricos.

GÉMINIS (21 de mayo – 20 de junio): como es el signo de los gemelos, su carácter es complejo y contradictorio. Son listos, fantasiosos y sociables, de espíritu inquieto. Son unos excelentes conversadores. Empiezan nuevas actividades y retos con entusiasmo, pero, a veces, les falta constancia para llevarlos a cabo y se desaniman con facilidad.

CÁNCER (21 de junio – 22 de julio): el carácter de un cáncer es el menos claro de todos los signos. Tiene momentos para ser sociable y momentos en los que está muy callado. Desde fuera parecen decididos y cabezotas, sin embargo, en la intimidad, son muy sensibles y mimosos.

LEO (23 de julio – 22 de agosto): es el signo más dominante del Zodiaco. Caracterizados por su egoísmo, arrogancia y mal genio, siempre quieren ser el centro de atención y detestan que los regañen en público. En su lado bueno, que también lo tienen, destacan su alegría, vitalidad y total seguridad en sus capacidades.

VIRGO (22 de agosto – 22 de septiembre): observadores y metódicos, además de responsables al máximo. Son introvertidos, les cuesta mostrar sus emociones y vencer su timidez.

LIBRA (23 septiembre-22 octubre): sociables, impulsivos y animados. No soportan los conflictos, son conciliadores. Son de carácter abierto y hacen amigos en cualquier parte. Son personas de gran habilidad sobre todo para las manualidades.

ESCORPIO (23 octubre – 21 de noviembre): apasionados y con mucha energía. Independientes y fuertes. Incapaces de morderse la lengua. No les gusta sentirse agobiados por el control de los demás. Su tenacidad y fuerza de voluntad son únicas, pero son muy sensibles y se sienten dolidos con facilidad.

SAGITARIO (22 de noviembre – 21 de diciembre): es uno de los signos más positivos. Disfrutan compartiendo sus vivencias con los demás; son muy entusiastas. Sienten una gran curiosidad por todo y quieren respuestas lógicas a sus preguntas. Pecan de impaciencia y, en algunas ocasiones, son demasiado exigentes.

CAPRICORNIO (22 de diciembre – 20 de enero): es uno de los signos más estables y seguros. Responsables y maduros. Cuando buscan algo son muy constantes y no paran hasta conseguirlo. Les va lo sedentario e intelectual.

ACUARIO (21 de enero – 19 de febrero): les vuelven locos las aventuras, son divertidos y viven en un estado de felicidad eterno. Un poco rebeldes y amantes de la libertad.

PISCIS (20 de febrero – 19 de marzo): se asustan con facilidad, son un poco cobardes. Muy cariñosos y con gran sensibilidad. Se estresan con los gritos y las prisas porque tienen un carácter muy tranquilo. Esta tranquilidad los hace un poco perezosos y dormilones.

Ejercicio 3

María: Mirad, chicos, he traído esta revista y hay una sección especial con el horóscopo para este año. ¿Queréis que os lo lea mientras llega José Carlos?

Juan: Ah, vale. Así, mientras llega, matamos el tiempo. Yo soy géminis, léemelo, léemelo.

María: Un momentito... A ver, en el amor te recomienda que ordenes tus ideas y te informa de que habrá muchas probabilidades de que conozcas a una persona nueva en tu entorno laboral.

Juan: Desde luego..., es verdad que tengo que aclarar mis ideas...

Pilar: Lo dices por lo de esa chica..., ¿cómo se llamaba?

Juan: Eugenia, pero prefiero no hablar del tema...

María: Que sigo, callaos. En el trabajo te recuerda que es necesario que te esfuerces más y que, de momento, debes seguir donde estás.

Juan: ¡Vaya, hombre! Yo pensaba que tenía alguna posibilidad de mejorar. Bueno, la esperanza es lo último que se pierde..., o eso dicen. Venga, sigue.

María: Huy..., me parece que no te cuidas mucho..., y la salud es muy importante. Según pone aquí, has llevado muy mala vida y te aconseja que te organices tanto en tu alimentación como en las horas de actividad y descanso. Total, que eres un desastre, Juanito.

Juan: Pues vaya, en vez del horóscopo parece que está hablando mi madre, que me dice lo mismo.

Pilar: Ahora me toca a mí, así que tú te callas, Juan. Venga, María, lee.

María: ¿Tú qué eres?

Pilar: Yo soy escorpio, nací el 2 de noviembre.

María: Madre mía…, lo que dice aquí.

Pilar: Cuenta, cuenta, ¿qué?

María: Que levantarás pasiones y que te enamorarás cada día de alguien diferente.

Juan: ¡Vaya año te espera, Pilarcita!

Pilar: ¡Qué exagerado!, yo no me lo creo, si soy muy tranquilita…

María: En el trabajo parece que vas a emprender nuevos proyectos y lo conseguirás todo con éxito.

Pilar: ¡Qué añito voy a tener!, ¿y la salud?

María: Que te cuides y te relajes un poco, meditando o practicando yoga o algo así. Dice que el año pasado estuviste muy liada y este año tienes que tomarte las cosas con más calma.

Pilar: Juan, estás muy atento y muy callado, ¿qué te pasa?

Juan: No, no me pasa nada, tú me has dicho muy clarito que me calle y eso es lo que he hecho yo.

María: ¿No te habrás mosqueado?

Juan: Que no, que no…

Pilar: Y a ti, María, ¿qué te cuenta? Tu signo era Piscis, ¿no?

María: Perdona…, ¿qué decías?

Pilar: Hija, estás sorda como una tapia. Te he preguntado que qué te cuenta a ti el horóscopo y que si eras piscis.

María: Ah sí, sí. Yo misma me lo leo… Uf, empezamos bien. Me dice que puede que tenga problemas con mi pareja porque surgirán algunas diferencias, pero que al final lograremos superarlas. Ah, vale…

Juan: Es que las mujeres sois…

Pilar y María: ¿¿¿Qué???

Juan: Bastante complicadas.

Pilar: Anda, no digas más tonterías.

María: Luego añade que tendré muchísima responsabilidad en mi trabajo, pero que recibiré mi compensación más adelante.

Juan: Eso, eso, que no falte trabajo.

María: Ja, ja, ja.

Pilar: ¿De qué te ríes?, ¿qué dice?

María: Que controle mi dieta, que no sea tan glotona… ¡Hasta el horóscopo sabe que me encanta comer!

Pilar: Bueno, no está mal el año que nos espera. Por ahí viene José Carlos. Venga, vamos a tomarnos algo.

Juan: Bien pensado. María…, tú recuerda que no puedes comer nada.

María: ¡Qué graciosillo eres!

Ejercicio 4 B

José Carlos: Primero me preguntó cómo me iba y después me dijo que me escribía para contarme algunas cosillas… y que no me preocupara.

Juan: Claro, te conoce muy bien.

JC: Espera, espera. Luego me dijo que sabía que al ver su correo yo habría empezado a darle vueltas al coco.

Pilar: ¿Ves? Es que siempre te pasa lo mismo.

JC: ¿Queréis dejarme que siga? Entonces me contó que hasta ese momento no había tenido problemas en el trabajo y que cuando llegaba el viernes terminaban y cerraban la oficina, pero que esa semana se estaba llevando tarea para casa.

Pilar: Vale, ¿y?

JC: Pues también me comentó que yo ya sabía la falta que le hacía ese trabajo y que, por eso, había tomado la decisión de irse allí cuando ya había buscado por todas partes sin encontrar nada.

María: ¡Qué de vueltas le das a las cosas!

JC: Voy al grano. Pues bien, lo peor de todo fue cuando leí que solo podría venir a verme una vez al mes y que ojalá que las cosas fueran distintas porque a ella le encantaría estar conmigo.

Juan: Huy, huy, huy…

JC: Ya. ¿Ves? Después me dijo que si yo hubiera estado en su lugar, habría hecho lo mismo que ella. Además que cuando la situación hubiera mejorado, esperaba volver aquí conmigo.

Pilar: Ya… Qué raro.

JC: ¡Anda que tú también me animas!

Pilar: ¿Qué quieres que te diga?

JC: Para terminar me pidió que la comprendiera y que tuviera paciencia. Al final me preguntó que si la echaba de menos. Desde entonces no he tenido noticias de ella. Ah, y para colmo, al final me decía que había conocido a un compañero nuevo y que le caía muy bien. Me temo que aquí hay gato encerrado.

María: Bueno…, a ver, seguro que todo tiene una explicación y dentro de unos días nos reímos de esta conversación.

Ejercicio 8

1. Hijo, ¿dónde estás? No hay quien te encuentre. Llevo llamándote varios días y no me contestas al teléfono. Estoy preocupada; llámame tú cuando tengas un ratillo libre. Ya sé que siempre me dices que soy una pesada, pero no me voy a quedar tranquila hasta que no hable contigo. Anda, llámame.

2. Hombre, ya te he llamado tres veces. Solo quería quedar contigo. Hace mucho que no nos vemos y seguro que tienes que contarme muchas cosas. El otro día me encontré con Beatriz y me dijo que le encantaría que nos juntáramos los tres, ¡como en los viejos tiempos! Bueno, espero tu llamada, ¡no te olvides!

3. Buenos días, lo llamamos para informarle de que su móvil ya está reparado y de que puede pasarse a recogerlo cuando quiera. El importe de la reparación es de 30 €. Para cualquier duda o consulta, recuerde que puede llamar al… o contactar con nosotros en nuestra página web.

4. Me he enterado de que andas preocupado últimamente. Si te apetece hablar con alguien, ya sabes que estoy aquí. Siempre que has tenido problemas te he ayudado, por eso, no dudes en contarme lo que te pasa. ¡Para eso está la familia! Besos.

Ejercicio 11 A

Locutor: Bienvenidos, amigos y amigas de la noche, como cada sábado, a este encuentro con el misterio. Hoy el tema que tratamos es la brujería, y tal y como os pedíamos la semana pasada, nos habéis dejado vuestros testimonios en el contestador telefónico de nuestro programa. En primer lugar, vamos a escuchar a Rafael; él es de Vigo pero de ascendencia dominicana, y después, a Uxía, también gallega y natural de Ourense. Poned atención porque después abriremos nuestras líneas para que podáis opinar o contarnos vuestras experiencias sobre el tema.

Rafael: Hola, me llamo Rafael y os quiero contar que en la cultura centroamericana es muy normal acudir a los santos brujos o a algún ritual para cambiar la suerte, curar una enfermedad o para saber cosas más íntimas, como si tu pareja te es infiel. A mi abuela le encantaban estos temas y según me decía ella, estas creencias son el resultado de la influencia de los conquistadores españoles y los rituales de los esclavos que llegaron a estas tierras. Es algo que pasa de padres a hijos. Hay una parte de la brujería conocida como santería o magia blanca. Su origen data, precisamente, del sincretismo entre la religión africana y los santos de la fe católica. Los esclavos, para despistar, pusieron a sus propios santos los nombres de los de la nueva religión. Estas creencias son más fuertes sobre todo al sur y al este del país, donde la presencia esclava fue mayor. Toda la santería se relaciona con los elementos de la naturaleza: los ríos, el mar, los árboles, las piedras… y todos ellos se utilizan para curar, mejorar la suerte, etcétera. Todos creen en mayor o menor medida en la santería, tanto las clases bajas como las clases altas.

Uxía: Buenas, soy Uxía, y os hablo desde Ourense. Me gustaría hablaros un *poquiño* acerca de las *meigas*. Su nombre viene de la palabra latina *magicus*. Son nuestras brujas y se dice que son mujeres con poderes sobrenaturales. Actúan como curanderas y videntes. Las hay de muchos tipos, malas y buenas. La Baulura tiene una gran joroba y nariz aguileña. Va caminando sobre un bastón y su mirada es aterradora. La Marimanta es la *meiga* del saco que roba niños. Sin embargo, la Aureana, más joven, es una *meiga* buena. Si te la encuentras por el camino, curará cualquier enfermedad que padezcas. La Sabia también es buena y, si te cruzas con ella, te sanará todos los males. Si las quieres invocar, tenemos una bebida, la *queimada*, para hacerlo. Hoy en día, la creencia no está arraigada, pero estos seres sirven de atractivo turístico.

Ejercicio 13 C

Los famosos tampoco escapan a las supersticiones o manías. Así, por ejemplo, parece que Enrique Iglesias antes de subir a un escenario tiene que jugar al billar. Juanes, según dicen, se levanta con el pie derecho, evita pasar por debajo de una escalera y si se le cae la sal, luego, se la echa sobre el hombro izquierdo con la mano derecha. Según la información que tenemos, Jennifer López, para ahuyentar la mala suerte, quemó su vestido de novia. Parece que el piloto Fernando Alonso se calza primero la bota derecha antes de una carrera.

¡Extra! Contextos
Ejercicio 2

Cada año, el 23 de junio a las doce de la noche, los más supersticiosos y fiesteros se reúnen, preferiblemente en la playa, para aprovechar la fuerza mágica de la noche de San Juan. Es la noche más corta del año y el fuego de las hogueras ilumina toda la noche para que no falte la luz. Se queman cartones y madera e, incluso, muñecos hechos con ropa vieja; esto significa la destrucción de todo lo malo que ha sucedido en los doce meses anteriores a la celebración.

En la Antigüedad, nuestros antepasados al ver que el número de horas de sol iba disminuyendo, le rendían tributo al astro en torno al fuego, con la finalidad de devolverle energía.

Es una noche llena de magia y nada mejor que saltar por encima de las hogueras para ganarse la protección del fuego para todo el año o entrar en el agua y saltar las olas para tener buena salud. Además del fuego y el agua, las plantas son también un elemento importante en esta noche de rituales, ya que se recogen algunas hierbas aromáticas que se dejan en agua para lavarse con ella a la mañana siguiente y purificarse (en algunos lugares se utiliza para resaltar la belleza).

Si se tiene interés por conocer lo que depara el futuro, se deben recoger nueve flores y colocarlas debajo de la almohada, y se cuenta que esa noche se tiene un sueño profético. Para que se cumpla un deseo, ha de pedirse este y colocar muérdago debajo de la almohada también. Aumenta la fertilidad de la tierra si se entierra en ella un trozo de vela que haya ardido en la noche de San Juan.

Por supuesto, hay música, comida y bailes al calor del fuego.

¡Extra! En comunicación
Ejercicio 6 B

El trastorno obsesivo-compulsivo es una alteración consecuencia de los estados de ansiedad del individuo. Este comportamiento está caracterizado por pensamientos que se repiten, temores o comportamientos que escapan al control de la persona afectada. En cualquier momento de nuestra vida y a cualquier edad, los síntomas de este trastorno pueden aparecer. Se ha establecido una tipología muy variada según sea el comportamiento de la persona. Así, por ejemplo, se puede hablar de los hipocondríacos, que viven con un miedo constante a padecer una enfermedad grave o que interpretan cualquier síntoma que tenga su cuerpo como una señal de una enfermedad mortal. Los lavadores y limpiadores son aquellos que, obsesionados por la contaminación y la suciedad, ya que estas son causa de enfermedad, se pasan el día lavándose las manos o lavando su ropa. Quienes dedican todo el tiempo posible a ordenar las cosas de manera totalmente simétrica se denominan ordenadores. Otros, los numerales, buscan un significado en todos los números que están a su alrededor, de manera que suman, restan, multiplican o dividen para obtener un número que tenga un sentido para ellos. En cuanto a la solución para este problema, pasa desde la farmacología hasta la terapia conductista, que consiste en enfrentar al paciente a aquello que teme y se lo ayuda a que evite esos rituales que dominan su vida privada e incluso laboral.

Glosario

Glosario

Español	Inglés	Francés	Alemán	Italiano	Portugués (Brasileño)

A

Español	Inglés	Francés	Alemán	Italiano	Portugués (Brasileño)
Abaratar	cut prices on	baisser le prix	billiger machen	abbassare i costi	baratear
Abastecer	supply/provide	approvisionner	versorgen, beliefern	rifornire/approvvigionare	abastecer
Aburrirse como una ostra	get bored	s'ennuyer comme un rat mort	sich zu Tode langweilen	annoiarsi a morte	estar muito entediado (estar de saco cheio)
Acabar (por)	end/finish	finir (par)	letztendlich etwas tun	finire (per)	acabar
Acantilado	cliff	falaise	Steilküste	dirupo	precipício
Acupuntura	acupuncture	acupuncture	Akupunktur	agopuntura	acupunctura (acupuntura)
Afectar	affect	affecter	treffen	influenzare	afetar
Agobiarse	be overwhelmed	se sentir oppressé, e	gestresst sein	essere sopraffatto	afligir-se (angustiar-se)
Agresivo, a	aggressive	agressif, ive	angriffslustig, aggressiv	aggressivo/a	agressivo, a
Agronomía	agronomy	agronomie	Landwirtschaftskunde	agronomia	agronomia
Aguas termales	thermal waters	eaux thermales	Thermalquelle	acque termali	águas termais
Al pie de la letra	very precisely	au pied de la lettre	wortgetreu	alla lettera	ao pé da letra
Albañil	builder/construction worker	maçon	Maurer/in	muratore	pedreiro
Alcoholismo	alcoholism	alcoolisme	Alkoholismus	alcolismo	alcoolismo
Aldea	small village	bourgade	Dorf, Ortschaft	villaggio/borgo	aldeia
Aliñar	dress	assaisonner	anmachen, zubereiten	condire	temperar
Almacenero, a	storekeeper	magasinier, ère	Lagerleiter	bottegaio	armazenista
Almeja	clam	palourde	Venusmuschel	vongola	almêijoa
Altar	altar	autel	Altar	altare	altar
Ambicioso, a	ambitious	ambitieux, euse	ehrgeizig	ambizioso/a	ambicioso, a
Ambulante	street trade	ambulant	Wander-, ambulant	ambulante	ambulante
Amenizar	liven up	agrémenter	unterhaltend gestalten, verschönen	intrattenere	entreter
Analgésico	painkiller	analgésique	Schmerzmittel	analgesico	analgésico
Animador, a	entertainer	animateur, trice	Unterhalter(in)	animatore/animatrice	animador, a
Ansiedad	anxiety/worry	anxiété	Beklemmung, Angst	ansia	ansiedade
Antídoto	antidote	antidote	Gegenmittel, Gegengift	antidoto	antídoto
Antiinflamatorio	anti-inflammatory	anti-inflammatoire	entzündungshemmendes Mittel	antinfiammatorio	anti-inflamatório
Apasionado, a	enthusiastic	passionné, e	leidenschaftlich, begeistert	appassionato/a	apaixonado, a
Apodo	nickname	surnom	Spitzname	apodo/soprannome	alcunha (apelido)
Apoyo	support	soutien	Unterstützung	appoggio	apoio
Apuntarse (a)	take up	s'inscrire (à)	sich eintragen	iscriversi (a)	inscrever-se em
Arrogancia	arrogance	arrogance	Arroganz	arroganza	arrogância
Arsenal terapéutico	therapeutic store	arsenal thérapeutique	therapeutisches Arsenal	arsenale terapeutico	arsenal terapêutico
Asador	grill/grill house	rôtisserie	Grillrestaurant	rosticceria	assador (churrascaria)
Ascenso	promotion	promotion	Beförderung	promozione	ascenso (promoção)
Aspirante	candidate	candidat, e	Anwärter(in)	aspirante	aspirante (a un puesto de trabajo)

Español	Inglés	Francés	Alemán	Italiano	Portugués (Brasileño)
Audiencia	audience	audience, public	Zuhörerschaft	udienza	audiência
Autóctono, a	indigenous/ autochthonous	autochtone	Einheimische	autoctono/a	autóctono, a
Autodidacta	self-taught	autodidacte	Autodidakt(in)	autodidatta	autodidata
Ave migratoria	migratory bird	oiseau migrateur	Zugvogel	uccello migratore	ave migratória
Avistamiento	bird watch	observation	Sichten	avvistamento	avistamento

B

Español	Inglés	Francés	Alemán	Italiano	Portugués (Brasileño)
Balneario	spa	station balnéaire	Heilbad, Kurort	località balneare	estância termal
Barro	clay	argile	Lehm, Ton	fango	barro
Biomasa	biomass	biomasse	Biomasse	biomassa	biomassa
Biosfera	biosphere	biosphère	Biosphäre	biosfera	biosfera
Bisturí	scalpel	bistouri	Skalpell	bisturi	bisturi
Bizcocho	sponge cake	gâteau	Zwieback, Biskuit	pan di Spagna	pão-de-ló
Bonachón,a	affable/good-natured	bon enfant	gutmütig	bonaccione	bonachão
Bucear	dive	faire de la plongée	tauchen	fare immersione	mergulhar
Buñuelo	profiterole	beignet	Krapfen, Windbeutel	ciambella	filhó (sonho)

C

Español	Inglés	Francés	Alemán	Italiano	Portugués (Brasileño)
Cabezota	pig-headed	têtu, e	Dickkopf	testardo/a	teimoso
Cama supletoria	extra bed	lit supplémentaire	Zusatzbett	letto in più	cama extra
Caminata	hiking/trekking	trotte	(beschwerlicher) langer Fußmarsch	camminata	caminhada
Camionero, a	lorry/truck driver	chauffeur routier	Lkw-Fahrer(in)	camionista	camionista (caminhoneiro,a)
Canijo, a	week/frail	chétif, ve	schwächlich, kränklich	piccino	minorca (franzino,a)
Caña	cane	canne	Zuckerrohr	canna	cana
Capataz	supervisor/foreman	contremaître	Vorarbeiter	caposquadra	capataz
Caradura	cheeky person	gonflé, e	unverschämter Mensch	faccia tosta	descarado (cara de pau)
Carburante	fuel	carburant	Kraftstoff, Treibstoff	carburante	carburante (combustível)
Carnicero, a	butcher	boucher, ère	Metzger(in)	macellaio	talhante (açougueiro, a)
Carpintero, a	carpenter	menuisier	Schreiner(in)	falegname	carpinteiro, a
Cerámica	ceramics	céramique	Keramik	ceramica	cerâmica
Cheque	cheque	chèque	Scheck	assegno	cheque
Chile	chilli pepper	piment	Chili	peperoncino piccante	chili
Chiringuito	beach bar	buvette	Strandbar, Bude	chiosco	bar de praia
Chiste	joke	blague	Witz	barzelletta/scherzo	anedota (piada)
Chollo	bargain	aubaine	Schnäppchen	conveniente (a buon mercato)	pechincha
Cobarde	coward	lâche	feige	codardo	covarde
Colirio	eye drops	collyre	Augentropfen	collirio	colírio
Combatir una enfermedad	fight	combattre une maladie	eine Krankheit bekämpfen	combattere una malattia	combater uma doença
Comer como una lima	eat like a horse	manger comme quatre	essen wie ein Scheunendrescher	mangiare come un cavallo	comer como um abade (comer muito)
Comunismo	Communism	communisme	Kommunismus	comunismo	comunismo

GLOSARIO

Español	Inglés	Francés	Alemán	Italiano	Portugués (Brasileño)
Conciliador, a	moderator	conciliateur, trice	versöhnlich, beschwichtigend	conciliatore/ conciliatrice	conciliador, a
Concursante	contestant	candidat, e	Wettbewerbsteilnehmer(in)	concorrente	participante
Condimento	condiment	condiment	Gewürz	condimento	condimento (tempero)
Confesión	confession	confession	Konfession	confessione	confissão
Conjuntivitis	conjunctivitis	conjonctivite	Bindehautentzündung	congiuntivite	conjuntivite
Conocer de oídas	to know sb. by the word of mouth	avoir ouï-dire	etwas vom Hörensagen kennen	conoscere per sentito dire	conhecer de ouvido
Consultor, a	consultant	consultant, e	Berater(in)	consulente	consultor, a
Contrarreembolso	cash on delivery	contre remboursement	gegen Nachnahme	contro assegno	cobrança por reembolso postal
Cordillera	mountain range	cordillère	Gebirgskette	cordigliera	cordilheira
Cortometraje	short film	court-métrage	Kurzfilm	cortometraggio	curta-metragem
Costes	costs	frais	Kosten	costo	custos
Creer a pies juntillas	blindly believe	croire dur comme fer	felsenfest an etwas glauben	credere ciecamente	ccreditar cegamente
Cría	young/offspring	petit	Zucht	cucciolo	filhote
Cuenta corriente	checking account	compte courant	Girokonto	conto corrente	conta corrente
Culinario, a	culinary	culinaire	kulinarisch	culinario/a	culinário, a
Cumbre	peak	sommet	Gipfel	cima	topo

D

Español	Inglés	Francés	Alemán	Italiano	Portugués (Brasileño)
Dar la cara	face the consequences	ne pas se dérober	zu etwas stehen, sich nicht verstecken	Rispondere in prima persona o Mettere/ Dare la faccia	encarar
Darle vueltas al coco	think over	se prendre la tête	sich einen Kopf (über etw.) machen	girare qualcosa in testa	dar voltas à cabeça
De higos a brevas	once in a blue moon	tous les trente-six du mois	ganz selten	ad ogni morte di Papa	de tempos em tempos
Decorador, a	decorator	décorateur, trice	Dekorateur(in)	decoratore (de interiores: arredatore)	decorador, a
Degustación	tasting	dégustation	Verkostung	degustazione	degustação
Delincuente	delinquent/criminal	délinquant, e	Straftäter(in)	delinquente	delinquente
Denuncia	formal complaint	plainte	Anzeige	denuncia	denúncia
Dermatólogo, a	dermatologist	dermatologue	Dermatologe(-in)	dermatologo/a	dermatologista
Derramar	spill	renverser	verschütten	rovesciare/versare	derramar
Desafinar	be off pitch/tune	chanter faux	falsch singen	scordare	desafinar
Desarrollo sostenible	sustainable development	développement durable	nachhaltige Entwicklung	sviluppo sostenibile	desenvolvimento sustentável
Desbordamiento	overflowing/flooding	débordement	Überlaufen	straripamento	transbordamento
Descenso de cañones	canyon descending	descente de canyons	Canyoning (Schluchteln)	torrentismo	descida de desfiladeiros
Descentralización	decentralisation	décentralisation	Dezentralisierung	decentralizzazione/ decentramento	descentralização
Deshielo	melting	dégel	Schmelzen, Tauen	disgelo	degelo
Diagnóstico	diagnosis	diagnostic	Diagnose	diagnosi	diagnóstico
Dietética	dietetics	diététique	Ernährungswissenschaft	dietètica	dietética
Difundir	spread	diffuser, répandre	verbreiten	diffondere	difundir
Difunto, a	the deceased	défunt, e	Verstorbene	defunto/a	defunto, a
Discordancia	disagree	désaccord	Uneinigkeit, Unstimmigkeit	discordanza	discordância
Divertirse a lo grande	have a whale of a time	s'amuser comme un fou	sich nach Herzenslust amüsieren	divertirsi alla grande	divertir-se imenso (divertir-se à beça)

Español	Inglés	Francés	Alemán	Italiano	Portugués (Brasileño)
Doctrina	doctrine	doctrine	Doktrin	dottrina	doutrina
Donjuán	Casanova/womanizer	don Juan	Frauenheld	rubacuori	don Juan

E

Español	Inglés	Francés	Alemán	Italiano	Portugués (Brasileño)
Ecografía	sonography/ultrasound scan	échographie	Ultraschall(-bild)	ecografia	ecografia (ultrassonografia)
Ecosistema	eco-system	écosystème	Ökosystem	ecosistema	ecossistema
Efecto invernadero	greenhouse effect	effet de serre	Treibhauseffekt	effetto serra	efeito estufa
Efecto placebo	placebo effect	effet placebo	Placeboeffekt	effetto placebo	efeito placebo
Efectos secundarios	side effects	effets secondaires	Nebenwirkungen	effetti collaterali	efeitos colaterais
Egocéntrico, a	egocentric/self-centred	égocentrique	Egozentriker(in)	egocentrico/a	egocêntrico, a
Egoísmo	selfishness/egoism	égoïsme	Egoismus	egoismo	egoísmo
Electricista	electrician	électricien, ne	Elektriker(-in)	elettricista	eletricista
Emisión de gases	gas emission	émission de gaz	Abgas	emissione di gas	emissão de gases
Empanada	pie	feuilleté	Pastete	panzerotto	empadão
Empeorar	get worse	empirer	verschlechtern	peggiorare	piorar
Emprendedor, a	businessman/woman	entrepreneur, euse	unternehmungslustig	imprenditore	empreendedor, a
Encalar	whitewash	blanchir à la chaux	kalken	incalcinare	caiar
Energía eólica	wind energy	énergie éolienne	Windenergie, Windkraft	energia eolica	energia eólica
Energía hidráulica	hydraulic energy	énergie hydraulique	Wasserkraft	energia idraulica	energia hidráulica
Energía renovable	renewable energy	énergie renouvelable	erneuerbare Energie	energia rinnovabile	energia renovável
Energía solar	solar energy	énergie solaire	Solarenergie	energia solare	energia solar
Ensobrar	to put in an envelope	mettre sous enveloppe	in einen Briefumschlag stecken	mettere in una busta	ensobrar
Ermita	chapel	chapelle	Eremitage	eremo	ermita
Escayola	plaster	plâtre	Gips	scagliola	gesso
Escondite	hide-and-seek	cache-cache	Versteckspiel	nascondiglio	esconderijo
Escrutinio	scrutiny/recount	dépouillement des voix	Stimmenauszählung	scrutinio	escrutinio (apuração)
Esguince	sprain	entorse	Verstauchung, Verrenkung	distorsione	entorce
Esparadrapo	surgical tape	sparadrap	Heftpflaster	cerotto	esparadrapo
Espeleología	speleology	spéléologie	Höhlenkunde	speleologia	espeleologia
Estafar	swindle/defraud	escroquer	betrügen	truffare	vigarizar (dar o golpe)
Estar a gusto	be comfortable/at ease	être à l'aise	sich wohl fühlen	essere/sentirsi a proprio agio	estar à vontade
Estar chupado	It's a piece of cake.	être simple comme bonjour	kinderleicht sein	essere una passeggiata	estar no papo
Estar como un fideo	as thin as a pancake	être maigre comme un clou	eine Bohnenstange sein	sembrare un chiodo	estar como um palito
Estar como un flan	be on pins and needles/have butterflies in stomach	avoir la frousse	das reinste Nervenbündel sein	tremare come una foglia	estar muito nervoso
Estar hecho un roble	as strong as an ox	être fort comme un chêne	sehr robust sein	essere forte come un toro	estar muito forte
Estar mal de la olla	be nuts	être cinglé, e	verrückt sein	essere fuori di testa	estar doido
Estar para chuparse los dedos	It's delicious	être à s'en lécher les babines	zum Fingerschlecken	essere buono da leccarsi i baffi	estar delicioso
Evacuar	evacuate	évacuer	evakuieren	evacuare	evacuar

F

Español	Inglés	Francés	Alemán	Italiano	Portugués (Brasileño)
Fachada	facade/front	façade	Fassade	facciata	fachada

GLOSARIO

Español	Inglés	Francés	Alemán	Italiano	Portugués (Brasileño)
Fallecido, a	the deceased	décédé, e	Verstorbene	deceduto/a	falecido, a
Fantasioso, a	imaginative	présomptueux, euse	voller überspannter Ideen	fantasioso/a	fantasioso, a
Farola	street lamp	réverbère	Straßenlaterne	fanale	poste
Fauna	fauna	faune	Fauna, Tierwelt	fauna	fauna
Fiambrera	lunch box	gamelle	Frischhaltebox	portavivande	tupperware
Fichaje	signing	transfert	Verpflichtung eines Spielers	ingaggio	contratação
Fichar	sign	acheter (un joueur)	unter Vertrag nehmen	ingaggiare	contratar
Fiscal	public prosecutor/ district attorney	fiscal, e	Staatsanwalt	procuratore (la persona) / fiscale (relativo al fisco)	fiscal
Fisioterapia	physiotherapy	physiothérapie	Physiotherapie	fisioterapia	fisioterapia
Flequillo	fringe/bangs	frange	Ponyfrisur	frangia	franja
Fonda	inn	auberge	Gasthof	locanda/osteria	pensão
Fonendoscopio	phonendoscope	stéthoscope	Phonendoskop	fonendoscopio	fonendoscópio
Formalizar una matrícula	register for the course	formaliser l'inscription	sich einschreiben	iscriversi	fazer a matrícula
Fortaleza	strength	forteresse	Festung	fortezza	portaleza
Fortificación	fortifications	fortification	Verteidigungsanlage	fortificazione	fortificação
Fraude	fraud	fraude	Betrug, Täuschung	frode	fraude
Fritura	fried fish	friture	Fritüre	frittura	fritura (porção de peixes fritos)

G

Español	Inglés	Francés	Alemán	Italiano	Portugués (Brasileño)
Gafas graduadas	prescription glasses	lunettes de vue	Gleitsichtbrille	occhiali da vista	óculos de grau
Gasa	bandage	gaze	Verband(s)mull	garza	gase
Gestor, a	consultant/manager	gestionnaire	Geschäftsführer(in)	gestore	gestor, a
Glaciar	glacier	glacier	Gletscher	ghiacciaio	glaciar (geleira)
Golfo	gulf	golfe	Golf	golfo	golfo
Graduado, a	graduate	diplômé, e	Akademiker(in)	laureato/a	graduado, a
Granito	granite	granit	Granit	granito	granito

H

Español	Inglés	Francés	Alemán	Italiano	Portugués (Brasileño)
Hacer oídos sordos	turn a deaf ear	faire la sourde oreille	sich taub stellen	fare orecchie di mercante	fazer ouvido de mercador
Hacer trampas	cheat	tricher	mogeln, schummeln	imbrogliare	fazer batota (trapaça)
Hacer un brindis	toast	porter un toast	anstoßen	fare un brindisi	fazer um brinde
Hacerse (budista)	become (a Buddhist)	se convertir (au bouddhisme)	(Buddhist) werden	diventare (budista)	converter-se em
Hacerse la boca agua	make your mouth water	en avoir l'eau à la bouche	das Wasser im Mund zusammenlaufen	avere l'acquolina in bocca	ficar com água na boca
Hemisferio	hemisphere	hémisphère	(Erd)Halbkugel	emisfero	hemisfério
Hoguera	bonfire	bûcher	Lagerfeuer	falò	fogueira
Homeopatía	homeopathy	homéopathie	Homöopathie	omeopatia	homeopatia
Huerto	garden	potager	Gemüsegarten	orto	horta

I

Español	Inglés	Francés	Alemán	Italiano	Portugués (Brasileño)
Ilegible	illegible	illisible	unlesbar	illeggibile	ilegível
Impartir (un taller)	give/teach	dispenser (un atelier)	einen Workshop leiten	dare (una classe)	dar
Indígena	indigenous	indigène	eingeboren, einheimisch	nativo/a	indígena (indio)
Indignarse	be outraged	s'indigner	sich empören	indignarsi	indignar-se

Español	Inglés	Francés	Alemán	Italiano	Portugués (Brasileño)
Inflamación	inflammation	inflammation	Entzündung	infiammazione	inflamação
Infraestructura	infrastructure	infrastructure	Infrastruktur	infrastruttura	infraestrutura
Intolerancia alimentaria	food intolerance	intolérance alimentaire	Nahrungsmittelunverträglichkeit	intolleranza alimentaria	intolerância alimentar
Invasión	invasion	invasion	Invasion, Eindringen	invasione	invasão
Ir al grano	get to the point	aller droit au but	zur Sache kommen	arrivare al punto/ andare al dunque	ir ao ponto (direto ao assunto)
Ir sobre ruedas	go smoothly	aller comme sur des roulettes	wie am Schnürchen laufen	filare liscio come l'olio	correr bem
Irrespetuoso	disrespectful	irrespectueux, euse	respektlos	irrispettoso	desrespeitoso

J

Español	Inglés	Francés	Alemán	Italiano	Portugués (Brasileño)
Jeringuilla desechable	disposable/single-use syringe	seringue jetable	Einwegspritze	siringa monouso	seringa descartável
Jornada de reflexión	day before the election	journée de réflexion	wahlkampfreier Tag vor den Wahlen	giornata di riflessione	jornada de reflexão

L

Español	Inglés	Francés	Alemán	Italiano	Portugués (Brasileño)
Ladrillo	brick	brique	Ziegel(stein)	mattone	tijolo
Lamentable	pitiful/terrible	lamentable	beklagenswert, jämmerlich	dispiacevole	lamentável
Lanzar	launch	lancer	auf den Markt bringen	lanciare	lançar
Largarse	leave	se casser	abhauen	andarsene	ir embora
Largometraje	feature-length film	long-métrage	Spielfilm	lungometraggio	longa-metragem
Laringoscopio	laryngoscope	laryngoscope	Laryngoskopie, Kehlkopfspiegelung	laringoscopio	laringoscópio
Lesión	injury	blessure	Verletzung	lesione	lesão
Liga	garter	jarretière	Strumpfband	giarrettiera	liga
Llama	llama	lama	Lama	lama	lhama
Luna de miel	honeymoon	lune de miel	Flitterwochen	viaggio di nozze	lua de mel
Lunar	mole	grain de beauté	Muttermal	neo	lunar

M

Español	Inglés	Francés	Alemán	Italiano	Portugués (Brasileño)
Maestría	skill	maestria	Geschicklichkeit	padronanza	habilidade
Maletín	briefcase	mallette	Handkoffer	ventiquattrore	Maleta (pasta)
Manjar	feast	mets	Delikatesse	prelibatezza	Manjar
Marcapasos	pacemaker	pacemaker	Herzschrittmacher	pacemaker	Pacemaker (marca-passos)
Marisquería	seafood restaurant	restaurant de poissons et fruits de mer	Geschäft für Meeresfrüchte	ristorante di pesce	marisqueira (restaurante de frutos do mar)
Medicamento genérico	generic drug	médicament générique	Generikum (Nachahmerpräparat)	farmaco generico	medicamento genérico
Mejilla	cheek	joue	Wange, Backe	guancia	bochecha
Membrillo	quince tree	cognassier	Quittenbaum	cotogno	marmeleiro
Mercadillo	street market	marché ambulant	Straßenmarkt, Flohmarkt	mercato	feira
Metódico, a	methodical	méthodique	Methodiker(in)	metodico/a	metódico, a
Mimoso, a	affectionate	câlin, e	anhänglich	affettuoso/a	meigo, a
Mitin	rally	meeting	Treffen	manifestazione politica	comício
Monasterio	monastery	monastère	Kloster	monastero	mosteiro
Montar un restaurante	set up/open a restaurant	monter un restaurant	ein Restaurant eröffnen	aprire un ristorante	abrir um restaurante

GLOSARIO

Español	Inglés	Francés	Alemán	Italiano	Portugués (Brasileño)
N					
Nacionalismo	nationalism	nationalisme	Nationalismus	nazionalismo	nacionalismo
Natillas	custard	crème renversée	Cremespeise	crema inglese	leite-creme (mingau)
Nivel de colesterol	cholesterol level	niveau de cholestérol	Cholesterinspiegel	livello del colesterolo	nível de colesterol
No decir ni pío	not to say a word	ne pas piper mot	keinen Mucks mehr von sich geben	non aprire bocca	não dar (um) pio
No estar para nada	I'm knackered	n'être bon, ne à rien	auf nichts Lust haben	non farcela più	não ter vontade de fazer nada
No tener ni pies ni cabeza	absurd/makes no sense	n'avoir ni queue ni tête	weder Hand noch Fuß haben	non avere senso	não ter nem pés nem cabeça
O					
Observador, a	observer	observateur, trice	Beobachter(in)	osservatore/ osservatrice	observador, a
Odontólogo, a	odontologist/dentist	odontologue	Zahnarzt (-ärztin)	dentista	odontologista (dentista)
Oftalmólogo, a	ophthalmologist/eye-doctor	ophtalmologiste	Augenarzt(-ärztin)	oftalmologo	oftalmologista
Orca	killer whale	orque	Schwertwal	orca	orca
Otitis	otitis	otite	Ohrenentzündung	otite	otite
Otorrinolaringólogo, a	otorhinolaryngologist/ ENT specialist	otorhinolaryngologiste	Hals-Nasen-Ohren-Arzt(-Ärztin)	otorinolaringoiatra	otorrinolaringologista
P					
Paja	straw	paille	Stroh	paglia	palha
Palacio	palace	palais	Palast	palazzo	palácio
Panadero, a	baker	boulanger, ère	Bäcker(in)	panettiere	padeiro, a
Parador	tourist hotel	parador	Staatliches Hotel	locanda	tipo de hotel
Paraje	place/location	parage	Gegend	località	lugar
Parapente	paragliding	parapente	Gleitsegel	parapendio	parapente
Parcela	plot/area	lopin	Grundstück	appezzamento	lote
Pasar de largo	go by/past	passer son chemin	durchfahren	tirare diritto	passar sem parar
Pasar lista	call the roll	faire l'appel	die Anwesenheit überprüfen	fare l'appello	fazer a chamada
Pasar una mala racha	be through a bad patch	traverser une mauvaise passe	eine Pechsträhne haben	essere in un periodo no	não estar de boa maré
Pasarlo bomba	have a super time	s'amuser comme un petit fou	einen Riesenspaß haben	divertirsi alla grande	divertir-se imenso (à beça)
Pastelería	pastry shop	pâtisserie	Konditorei	pasticceria	pastelaria (confeitaria)
Patología	pathology	pathologie	Pathologie	patologia	patologia
Patrulla	police patrol	patrouille	Patrouille, (Polizei)streife	volante	patrulha
Pediatra	paediatrics	pédiatre	Kinderarzt(-ärztin)	pediatra	pediatra
Pegar un respingo	jump with fear	sursauter	einen Schreck bekommen	prendersi un colpo	levar um susto
Pegarse un batacazo	come a cropper	se casser la figure	hinfallen	fare un volo	levar um tombo
Peligro de extinción	danger of extinction	voie d'extinction	vom Aussterben bedroht	pericolo di estinzione	perigo de extinção
Peluquero, a	hairdresser	coiffeur, euse	Friseur, Friseuse	parrucchiere	cabeleireiro, a
Peña	club	club	Freundeskreis, Fanclub	circolo ricreativo	grupo
Pesca	fishing	pêche	Fischerei, Fischfang	pesca	pesca
Petrolero	oil tanker	pétrolier	Öltanker	petroliera	petroleiro
Pinchar un enlace	click on	cliquer sur un lien	den Link anklicken	fare clic/cliccare su un collegamento	clicar num link
Plazo de admisión	registration/enrolment period	délai d'admission	Einschreibefrist	termine per l'ammissione	prazo de admissão

Español	Inglés	Francés	Alemán	Italiano	Portugués (Brasileño)
Pomada	cream	pommade	Salbe	pomata	pomada
Poner buenas / malas notas	give good/bad marks	mettre de bonnes / mauvaises notes	gute/schlechte Noten geben	mettere bei/brutti voti	dar nota alta / baixa
Ponerse (contento, a)	get (pleased)	être (content, e)	werden	essere (felice)/ mettersi (a)	ficar
Ponerse morado	to gorge/stuff yourself	s'en mettre plein la panse	sich den Bauch vollschlagen	abbuffarsi	empanturrar-se
Por si las moscas	just in case	au cas où	für alle Fälle	nel caso in cui	por precaução
Precipitaciones	rain/rainfall	précipitations	Niederschlag	acquazzone	precipitações
Prejuicio	prejudice	préjugé	Vorurteil	pregiudizio	preconceito
Prevenir una enfermedad	prevent	prévenir une maladie	einer Krankheit vorbeugen	prevenire una malattia	prevenir uma doença
Programa electoral	election manifesto	programme électoral	Wahlprogramm	programma elettorale	programa eleitoral
Prospecto	pamphlet/leaflet	prospectus	Prospekt	prospetto	bula
Puchero	pot	marmite	Kochtopf	pignatta	panela (caldeirão)
Pupitre	desk	pupitre	Schulbank	banco di scuola	carteira

Q

Español	Inglés	Francés	Alemán	Italiano	Portugués (Brasileño)
Quedar (una asignatura)	fail a subject	avoir échoué (une matière)	ein Fach wiederholen müssen	rimandare (una materia)	ter uma cadeira (matéria) pendente
Quedarse en los huesos	become skinny	n'avoir que la peau sur les os	nur Haut und Knochen sein	diventare pelle e ossa	ficar em pele e osso
Quejarse (de)	complain about	se plaindre (de)	sich beschweren, jammern	lamentarsi	queixar-se (de)
Quirófano	surgery/operating room	bloc opératoire	Operationssaal	sala operatoria	sala de cirurgia

R

Español	Inglés	Francés	Alemán	Italiano	Portugués (Brasileño)
Racional	rational/reasonable	rationnel, le	rational	razionale	racional
Rebelde	rebellious	rebelle	Rebell(in)	ribelle	rebelde
Reclamación	complaint	réclamation	Beschwerde	reclamo	reclamação
Reclamar	complain	réclamer	reklamieren	reclamare	reclamar
Recolector, a	picker/harvester	récolteur, trice	Pflücker(in)	raccoglitore	recoletor, a
Recursos naturales	natural resources	ressources naturelles	natürliche Ressourcen	risorse naturali	recursos naturais
Regatear	haggle/bargain	marchander	feilschen	tirare sul prezzo	pechinchar
Relámpago	lighting	éclair	Blitz	lampo	relâmpago
Relieve	relief/topography	relief	Relief	rilievo	relevo
Rememorar	remember/recall	remémorer	ins Gedächtnis zurückrufen	richiamare	rememorar
Reproducción	reproduction	reproduction	Fortpflanzung	riproduzione	reprodução
Retribución	retribution	rétribution	Vergütung, Entgelt	retribuzione	retribuição
Reutilizar	reuse	réutiliser	wiederverwerten	reimpiegare	reutilizar
Rígido, a	rigid	rigide	starr, streng	rigido/a	rígido, a
Ruina	bankruptcy	ruine	Ruin	rovina	ruína

S

Español	Inglés	Francés	Alemán	Italiano	Portugués (Brasileño)
Saber de carrerilla	know by heart	savoir par cœur	etwas (in- und) auswendig wissen	sapere a memoria	saber de cor
Seguir a rajatabla	stick to/follow strictly	suivre à la lettre	sich ganz genau halten an	seguire rigorosamente	seguir à risca
Seguro médico	health insurance	assurance santé	Krankenversicherung	assicurazione medica	seguro médico (plano de saúde)
Sembrar	sow	semer	säen	seminare	semear
Senador	senator	sénateur	Senator(in)	senatore	senador
Senderismo	hiking/trekking	randonnée	Trekking	escursionismo	caminhada

Español	Inglés	Francés	Alemán	Italiano	Portugués (Brasileño)
Seno familiar	family	sein familial	Schoß der Familie	seno familiare	seio familiar
Sentirse dolido, a	feel hurt	se sentir blessé, e	sich gekränkt fühlen	sentirsi male/ umiliato	sentir-se magoado, a
Sequía	drought	sécheresse	Dürre	siccità	seca
Ser cosmopolita	be a cosmopolitan	être cosmopolite	ein Weltbürger(in) sein	essere cosmopolita	ser cosmopolita
Ser indigesto, a	indigestible/hart to digest	être indigeste	schwer verdaulich sein	essere indigesto/a	ser indigesto, a
Ser pan comido	be a piece of cake	être du gâteau	kinderleicht sein	essere un gioco da ragazzi	estar no papo
Ser un fresco, a	be cheeky	avoir du toupet	unverschämt sein	avere la faccia tosta	ser um descarado (cara de pau)
Sindicato	trade union	syndicat	Gewerkschaft	sindacato	sindicato
Sobreexplotación	over-exploitation	surexploitation	Raubbau	sovrasfruttamento	superexploração
Socavón	subsidence/hole	nid-de-poule	Schlagloch	buca	buraco
Sociabilizarse	socialize	socialiser	sich sozialisieren	socializzare	sociabilizar-se
Socialismo	Socialism	socialisme	Sozialismus	socialismo	socialismo
Subasta	auction	enchère	Versteigerung, Auktion	asta	leilão
Sucursal	branch (office)	succursale	Geschäftsstelle	succursale	sucursal (filial)
Supositorio	suppository	suppositoire	Zäpfchen	supposta	supositório

T

Español	Inglés	Francés	Alemán	Italiano	Portugués (Brasileño)
Taberna	pub/tavern/bar	taverne	Kneipe	taverna	taberna
Talar	cut down	abattre	fällen	diboscare	talar
Taquilla	box office	guichet	Kasse, Schalter	biglietteria	bilheteira (bilheteria)
Telebasura	junk TV	télé-poubelle	Schlechte Fernsehsendungen	telespazzatura	telelixo (lixo televisivo)
Templo	temple	temple	Tempel	tempio	templo
Tenderete	stand/market stall	étal	Verkaufsstand, Marktstand	bancarella	banca (barraca)
Tener achaques	suffer/have ailments	avoir des maux	Altersbeschwerden, Gebrechen haben	avere dolori	ter mal-estar
Tentativa	attempt	tentative	Versuch	tentativo	tentativa
Terco, a	obstinate/stubborn	entêté, e	stur, dickköpfig	testardo/a	teimoso, a
Tinta	ink	encre	Tinte	inchiostro	tinta
Tirante	tense/strained	tendu, e	gespannt	teso/a	esticado
Tormenta	storm	tempête	Gewitter, Unwetter	tormenta	tempestade
Torrencial	torrential	torrentiel, le	sintflutartiger Regen	torrenziale	torrencial
Transfusión	transfusion	transfusion	Transfusion	trasfusione	transfusão
Tratamiento	treatment	traitement	Behandlung	cura	tratamento
Tratar una enfermedad	treat	soigner une maladie	eine Krankheit behandeln	curare una malattia	tratar uma doença
Traumatólogo, a	traumatologist	traumatologue	Traumatologe, Traumatologin	traumatologo/a	traumatologista
Trueno	thunder	tonnerre	Donner	tuono	trovão
Tumba	tomb	tombe	Grab	tomba	tumba

U

Español	Inglés	Francés	Alemán	Italiano	Portugués (Brasileño)
Urbanización	residential area	lotissement	(Wohn)siedlung, Wohnanlage	urbanizzazione	condomínio
Urna	ballot box	urne	Urne	urna	urna

V

Español	Inglés	Francés	Alemán	Italiano	Portugués (Brasileño)
Vacante	vacancy	poste vacant	freie Stelle	vacante	vaga
Vecindario	neighbourhood	voisinage	Nachbarn, Nachbarschaft	vicinato	vizinhança

Español	Inglés	Francés	Alemán	Italiano	Portugués (Brasileño)
Vencer (la timidez)	overcome	vaincre (la timidité)	seine Schüchternheit überwinden	vincere	vencer
Venda	bandage	bande	Binde	fasciatura	venda
Vitalidad	vitality	vitalité	Lebenskraft, Lebensfreude	vitalità	vitalidade
Volante	steering wheel	volant	Lenkrad	sterzo	volante
Volverse (antipático, a)	become unfriendly/ unlikable	devenir (antipathique)	immer unsympathischer werden	diventare (odioso/a)	tornar-se (antipático, a)

Y

Español	Inglés	Francés	Alemán	Italiano	Portugués (Brasileño)
Yeso	plaster/cast	plâtre	Gips	gesso	gesso

Z

Español	Inglés	Francés	Alemán	Italiano	Portugués (Brasileño)
Zona verde	green zone	espace vert	Grünanlage, Grünfläche	zona verde	área verde
Zumbar los oídos	buzz	avoir les oreilles qui bourdonnent	die Ohren dröhnen	fischiare le orecchie	zumbir os ouvidos